普通高等教育"十三五"学前教育专业系列规划教材

学前教育研究方法

XUEQIANJIAOYUYANJIUFANGFA

陈秋珠 郭文斌 编 著

西安交通大学出版社
XI'AN JIAOTONG UNIVERSITY PRESS

内 容 提 要

　　本书由三篇内容构成，第一篇基础篇包含第一章至第三章内容，介绍了学前教育研究方法的理论基础，具体包括学前教育研究概述、问题的选择以及研究设计。第二篇方法篇包含第四章至第十章内容，介绍了学前教育具体的研究方法，即观察法、访谈法、问卷法、实验法、测验法、个案法和叙事研究法。第三篇撰写篇包含两章内容，重点介绍了开题报告的撰写、研究资料的分析与结果的呈现。

　　本书既可作为高等院校学前教育专业的教材，也可作为学前教育相关研究人员的参考用书。

序
Preface

做任何一件事情都要学习和掌握一定的方法,教育研究当然更不例外。

教育研究,是针对教育对象与问题的研究,教育的问题非常复杂,涉及许多方面,既有历史问题,也有现实问题;既涉及政治、经济、民族、文化传承等因素对教育的影响,也涉及教育的内容、过程、手段的改进和信息化等问题;既可以聚焦于教育的对象,如儿童教育、成人教育等,也可以聚焦于教育的环境、场所与设施,如学校教育、家庭教育、远程教育等问题。正因为这样,教育学作为一级学科,可以划分为基础教育、高等教育、职业教育、学前教育、特殊教育等许多二级学科。这些学科的形成和发展是人们教育活动的总结,是教育研究成果的汇聚。

记得 20 世纪 90 年代初,我自己在编写《心理学、教育学的研究原理与方法》时,教育方法一类的中文书,在国内尚不多见。后来,随着我国教育事业的发展和研究水平的提高,这类工具性的专著、译著和编著也不断增多。但由于研究者对教育这门学科的属性有不同的理解,每人的知识和专业背景不同,在编写教育方法相关书籍时,选择的内容角度和侧重点多不相同:有的强调研究的理论基础,有的强调研究的操作过程;有的偏向于量的研究和统计分析,倡导用数据说明问题,有的侧重于质的研究,探求基本的规律;有的侧重于现象描述,有的侧重于假设的验证。

陕西师范大学陈秋珠和郭文斌副教授在他们前期编著研究生教材《教育研究方法》获得良好声望的基础上,又编著了《学前教育研究方法》,采用了博采众长兼容并蓄的方法,用三篇十二章的篇幅,比较系统地阐述了学前教育研究的理论基础、学前教育研究七种具体方法和学前教育研究材料的撰写。为了避免工具书本身的枯燥和单调,增加学生对研究学前教育问题的兴趣,这本教材还别开生面地采用了故事导读、问题思考、实践领会相互支撑的编写方式。更值得一提的是,作者在本书的编写过程中,尽可能地结合发表的学前教育科研论文来讨论学前教育研究方法的实际运用。本教材没有专门地讨论教育统计和数据处理,是考虑到这些学生都在大学本科期间,比较系统地学习或者开设过"教育统计"或"统计学原理"课程,掌握了一般的数据处理方法。

我相信,编者的用心良苦一定会收到预期的效果,能帮助各位学员更好学习和实际运用学前教育研究的原理和方法来探讨我国学前教育改革和发展中层出不穷的理论和实际问题。

华东师范大学终身教授　方俊明

2017 年 7 月 18 日

前言
Foreword

我们从2000年在高校执教以来，既连续担任过本校从专科生到研究生阶段的"教育研究方法"课程教学工作，又担任过多届校长培训班、省级领雁班"教育研究方法"课程教学工作。在教学中，我们使用过不同版本的"教育研究方法"教材，这些教材各有千秋，也都较好地对教育研究方法做了较为细致和完善的介绍，对于使用者具有一定的实践操作指导意义。但是，它们都存在一个共同的不足：内容的趣味性较为欠缺。因为其内容较为枯燥，趣味性不够，使得很多原本打算深入了解和掌握教育研究方法的初学者打起了退堂鼓，严重挫伤了他们学习和掌握教育研究方法的兴趣和勇气。

为了帮助初次学习教育研究方法的硕士研究生和工作一线的教师熟悉掌握具体的教育研究方法，同时解决已有教材的上述不足，我们前期编撰出了既具有一定趣味性，又兼有前沿性和实践指导性的《教育研究方法》教材，在硕士研究生教学中进行了实践应用，获得了不错的反响。趁着这样的契机，我们又斗胆尝试着编著了应用于学前教育本科生的《学前教育研究方法》教材。

为了使本教材能够更加实用和特色鲜明，我们在教材编著过程中，延续使用了前期教材编著中使用的几个原则：

第一，以一个有趣的故事导入开始每章的学习内容，让读者带着问题开始阅读本章的内容，将趣味性和理论性进行有机融合。

第二，教材编著中为了保持内容的前沿性和准确性，我们在文献选取上，大量引用了最近5年在权威教育刊物发表的论文和有代表性的书籍。

第三，教材编著中为了便于读者阅读，在相应的章节增加了延伸阅读环节，通过延伸阅读将一些有关的概念、材料、操作示范等内容呈现给读者，供他们阅读使用。

第四，为了促进读者更好地掌握每章介绍的方法，每章内容后面还给出了每种方法的应用举例及讨论，并给出了参考文献、进一步阅读文献、操作训练栏目，供读者进一步深入学习使用。

第五，为了使教材内容更实际有用，我们根据自己多年了解学生的实际情况和自己运用每种方法的经验对编写内容进行了取舍。

本教材每个章节的总体框架为：先以故事导入，再以具体事例和内容介绍相结合给出相关内容，最后通过具体例子和操作训练巩固已学的学习内容。为了更好地使学习者深入学习每章的相关内容，在每章编著的具体内容部分还不时插入延展阅读材料，供有需要的学习者自己阅读使用。

本教材由三篇具体内容构成，它们围绕这样的线索展开：首先介绍学前教育研究方法的理论基础（第一篇），其次介绍了具体的研究方法（第二篇），最后是撰写篇（第三篇）。教材中，第一篇基础篇包括第一章到第三章的内容，首先，介绍了学前教育研究的概述（第一章），对科学研究、学前教育科学研究的含义及主要术语以及学前教育研究的道德准则进行了详细说明；其次，介绍了学前教育问题的选择（第二章），对学前教育研究问题的来源、选择，核心概念的界定，研究假设以及变量的识别与操作化进行了具体的介绍；最后，介绍了学前教育研究设计（第三章），对学前教育研究设计的含义、抽样的方法及基本要求，研究工具、材料的选择或设计，资料分析处理的方法等内容进行了详细说明。第二篇方法篇包含七章内容，重点详述了七种主要的学前教育研究方法：教育观察法（第四章）、访谈法（第五章）、问卷法（第六章）、实验法（第七章）、测验法（第八章）、个案法（第九章）和叙事研究法（第十章）。第三篇撰写篇包含两章内容，重点介绍了开题报告的撰写（第十一章）、研究资料的分析与结果的呈现（第十二章）。在教材每章的最后部分都结合相关资料，对每部分知识的具体操作作出了示范和要求。

在本教材的编著过程中，我们的研究生导师华东师范大学终身教授——方俊明先生——不仅仔细审读了书稿，提出了许多中肯而具体的修改意见和建议，而且还欣然为本书作序，让我们倍受鼓舞和感动；陕西师范大学教育学院的领导和同仁为本书的编著提供了大力的支持；西安交通大学出版社的王建洪编辑为本书的出版做了大量工作；我们的硕士研究生为本书的编著做了大量实际、有用的工作，其中黄瑜、覃阿敏、郭琴、翟晓婷、余晓、王策、汤佳佳和吴冰冰硕士分别撰写了本教材第四章到第十一章的初稿；我们的家人、朋友在我们编著此书时，给予了大力的帮助，在此一并表示衷心感谢！

本教材的编著虽然参阅了大量的国内外权威资料，但是由于我们能力和水平有限，书中错误和疏漏在所难免，请使用者不吝指正。

陈秋珠　郭文斌
2017 年 7 月 10 日于陕师大田楼定心斋

目 录
Contents

第三篇　撰写篇

》 第一篇

基础篇

本篇作为学前教育研究方法的起始篇,详细介绍了学前教育研究方法的含义、学前教育研究问题的选择、学前教育研究设计的具体操作过程,是后续两篇学习的基础篇章。

本篇主要包含三章,其中第一章学前教育研究的概述对科学研究、学前教育科学研究的含义及主要术语以及学前教育研究的道德准则进行了详细说明。第二章学前教育问题的选择对研究问题的来源、选择,核心概念的界定,研究假设以及变量的识别与操作化进行了具体的介绍。第三章学前教育研究设计介绍了学前教育研究设计的含义、抽样的方法及基本要求,研究工具、材料的选择或设计,资料分析处理的方法等内容。

第一章

学前教育研究概述

导读

什么血型最招蚊子?

夏天除了天气炎热外,蚊子也是最让人难以忍受的,而什么血型的人最招蚊子? 也是人们争议的话题。为了给这个问题一个确切的答案,Wood 于 1972 年进行了第一个实验。实验过程是找来 102 个不同血型的人,然后让他们把胳膊伸进装有 20 只蚊子的密封箱里。10 分钟后,通过检验蚊子肚子里血液的血型来判断叮咬情况。对 100 多次实验的结果进行分析发现,O 型血的人被叮次数最多,研究得出的结论为:O 型血可能最招蚊子。对于原因研究者并不清楚,推测可能由于决定血型的抗原在皮肤表面和汗液中也有分布,由此导致血型间对蚊子吸引力的差异。该研究成果刊发在《自然》杂志上。

思考

1.此研究科学吗? 其得出的结论可靠吗?

2.如果让你重新进行上述研究,你打算如何设计才科学?

抛砖引玉

可以考虑:①科学研究的概念;②研究的内在效度;③户外与室内的条件差异;④空气的流动;等等。

第一节　教育科学研究的本质

一、科学研究的本质

科学研究在我们日常生活中随处可见,大到科学家通过科学严密的研究,将宇宙飞船送上太空;小到幼儿园小朋友通过小实验,如何使一枚图钉不沉入水底。那么,科学研究的本质是什么呢?

(一)科学研究的含义

所谓科学研究,一般是指利用科研手段和装备,为了认识客观事物的内在本质和运动规律而进行的调查研究、实验、试制等一系列的活动,为创造发明新产品和新技术提供理论依据。科学研究的基本任务就是探索、认识未知。因此,从本质上来看,科学研究是一种认识过程。

但科学研究与人们一般的认识过程的不同在于：它有更高的理论自觉性、研究的目的性和研究设计的周密性、科学性，因而有可能缩短认识过程，并减少错误。

(二)科学研究的特征

科学研究一般具有三个特征：高度的自觉性与组织性、自觉的继承性与创新性、极强的探索性与创造性。

1.高度的自觉性与组织性

无论出于什么样的目的，科学研究都是研究者自觉自愿进行的。研究者自觉地选择研究问题，自觉地组织研究团队，自觉地进行研究设计，自觉地进行项目申报，并自觉围绕研究问题有目的、有计划、有组织地开展相关的活动。而且，在社会发展愈来愈强调团队合作的今天，单打独斗的科学研究很难出高水平的研究成果，有组织的团队合作在科学研究中的优势越来越明显。

2.自觉的继承性与创新性

科学研究本质上是一种认识过程，以探索、认识未知为基本任务，这就决定了科学研究必然要继承一切的人类科学知识，不可能脱离人类的认识系统和知识体系。正如牛顿曾说过的："如果我看得更远一点的话，是因为我站在巨人的肩膀上。"但科学研究仅仅继承、停留在原有水平上是远远不够的，还需要在继承的基础上有所创新，为人类科学知识的繁荣进步提供新的理论或信息。创新可能是研究问题的新颖，也可能是研究方法的革新、突破，还可能是研究结果的创新。

3.极强的探索性与创造性

科学研究的基本任务是探索自然界和人类社会未知的领域，发现新的规律，创造出新的研究成果，因而它具有极强的探索性与创造性。而且这种探索和创造是没有止境的，因为人类认识并已有定论的已知世界只是非常小的一部分，而有待于探索的未知世界却是绝大部分。卡·冯·伯尔曾说："科学的永恒性就在于坚持不懈地寻求之中，科学就其容量而言，是不枯竭的，就其目标而言，是永远不可企及的。"当然，科学研究的探索与创造需要相当的勇气和毅力。马克思曾说："在科学的入口处，正像在地狱的入口处一样，必须提出这样的要求：'这里必须根绝一切犹豫；这里任何怯懦都无济于事。'"

(三)科学研究的类型

关于科学研究的分类，曾经出现二分法、三分法、四分法、五分法，但这四种分法基本上是二分法——基础研究和应用研究的展开和细化。从与教育科学研究关系更为密切的角度，我们根据科学研究的目的，将科学研究分为三种，探索性研究、描述性研究、解释性研究。

1.探索性研究(exploration research)

探索性研究是一种对所研究对象或问题进行初步了解，以获得初步印象和感性认识的，并为日后更为周密、深入的研究提供基础和方向的研究类型。使用这种研究类型的情况通常是：对某些研究问题缺乏前人研究经验，对各变量之间的关系也不大清楚，又缺乏相应的理论根据。这种情况下进行精细的研究，会出现顾此失彼或以偏概全的问题，以及浪费时间、经费与人力。属于这种研究类型的方式有多种，如：参与观察、无结构式访谈、开放式问卷调查、查阅文献、个案研究等，一般为小规模的研究活动。

2.描述性研究(descriptive research)

描述性研究又称为叙述性研究，指为客观描述某些总体或某种现象的特征或全貌的研究，任务是收集资料、发现情况、提供信息，并从杂乱的现象中描述出主要的规律和特征。这种研究的重点不在于为什么会存在这样的状况，而是描述（或叙述）这种状况的准确性和概括性。描述性研究与探索性研究的差别在于它的系统性、结构性和全面性，以及研究的样本规模大。一般是有计划、有目的、有方向、有较详细提纲的研究，收集资料主要采用封闭式问题为主的问卷调查，并采用科学的统计方法处理资料数据，得出以数字为主的各种研究结果，并把它们推论到总体。教育方面的很多研究问题都适于描述性研究。属于这种研究类型的方式有多种，如：封闭式问卷调查、测验调查、个案研究、比较研究、相关研究、发展研究等。

3. 解释性研究（explanatory research）

解释性研究也称为因果性研究，这种研究类型主要探索某种假设与条件因素之间的因果关系，即在认识到现象是什么以及其状况怎样的基础上，进一步弄清楚或弄明白事物或现象为什么是这样。解释性研究是指探寻现象背后的原因，揭示现象发生或变化的内在规律，回答为什么的科学研究类型。因果关系是比较复杂的，有某一条件与某一现象之间的因果关系，也有多种条件与某一现象之间的因果关系。教育方面的因果关系大都属于后者。解释性研究通常是从理论假设出发，设计实验或深入到实地，收集资料，并通过对资料的统计分析，来检验假设，最后达到对事物或问题进行理论解释的目的。在研究的设计上，除了与描述性研究一样，具有计划性、目的性、系统性以外，解释性研究更为严谨和科学。在分析方法上，往往要求进行双变量或多变量的统计分析。对于这种因果关系的研究只能采用实验研究方式，实验研究可分为实验室实验与现场（或称自然）实验。

延伸阅读 1－1

人类获取知识的途径

理性主义（正式的、有结构证据）

图1－1　人类获取知识的途径

从图1－1中可以看出，人类主要通过假设性方法、不言而喻的事实、权威方法、文献方法、未经检验的意见和科学方法来获取知识。上述各种获取知识的方法可以综合为五种，分别是：个体经验、听取他人意见、逻辑推理、归纳推理和科学方法。

二、教育科学研究

(一)教育科学研究的对象

科学研究在教育领域的展开即为教育科学研究。所谓教育科学研究是以教育现象和教育问题为研究对象,运用科学的理论(哲学、教育学、心理学、社会学等),采用科学的方法手段,探寻教育活动规律及有效途径和方法的一种科学实践活动。教育科学研究的目的是揭示教育的本质和规律,为教育教学的实践服务。

教育现象是以培养生命体的下一代为主体内容的社会实践活动的外在表现形式,是各种各样教育活动的外在表现,包括教育社会现象和教育认识现象。教育现象存在于每时每刻的教育活动中,因而是非常广泛的。"教育围城现象""马太效应现象""二律背反现象""近亲繁殖现象""代沟现象"等均值得教育研究工作者认真思考。

教育问题与教育现象之间既有一定的联系,又有本质的区别。教育现象是对教育活动最广泛的概括,又是教育活动的外在表现,因而是转瞬即逝、变幻莫测的。教育现象中包含着教育问题,教育问题不会存在于教育现象之外。但并不是所有的教育现象都可以构成教育问题。只有当教育现象中的某些矛盾引起了人们的注意,并具有研究价值的时候,才能构成教育问题,成为教育科学研究的对象。中央教育科学研究所教育理论研究中心提出"我国当前十大教育热点问题"为:如何改革高考招生制度问题、如何解决农村教师问题、如何发展职业教育问题、如何解决择校问题、如何提高高等教育质量问题、如何改革教师评价制度问题、如何加大政府教育投入问题、如何破解大学生就业难问题、如何发展学前教育问题、如何减轻中小学生学业负担问题。

(二)教育科学研究的特点

教育科学研究除具有科学研究的基本特征外,还具有自己独特的特点。

1. 整体性与综合性

教育本身就是一项系统工程,涉及方方面面的因素,学校的、家庭的、社会的以及学生个人的因素都会影响某个教育现象或教育问题的产生和发展。因此,教育科学研究也必须综合考虑各种可能的影响因素,从整体上以及综合的角度进行研究。

2. 研究周期长

"十年树木,百年树人",教育一个人是一项长期的工程。而学生经常作为教育科学研究的主要对象,要在学生身上产生效果,绝不是一朝一夕的事情,往往是长期积累的结果。因此,教育科学研究往往需要较长的时间,有时甚至要用毕生的精力来完成一个研究工作。

3. 实践性

教育是一种社会实践活动,教育科学研究当然也不能脱离教育实践。从研究问题的选择来看,教育实践是一条非常重要的研究问题来源渠道;从研究的目的来看,教育研究一定得为教育实践服务;从研究的过程来看,很多教育研究就是在教育实践中进行的,边教育边研究。

4. 复杂性

教育现象充满复杂性,不同的要素不可分割地交织在一起,共同构成矛盾的统一体。因此,教育科学研究也存在明显的复杂性,许多研究问题需要跨学科、跨专业、跨地区的合作研究才可能达到研究目的。

(三)教育科学研究方法的分类

1.根据研究目的的不同,教育科学研究可分为:基础研究和应用研究

(1)基础研究(basic research)。

基础研究指为获得关于现象和可观察事实的基本原理及新知识而进行的实验性和理论性工作,它不以任何专门或特定的应用或使用为目的,旨在揭示教育现象的一般规律,建立具有普遍性的理论,增进人类知识。

基础研究的特点是:①以认识现象、发现和开拓新的知识领域为目的,即通过实验分析或理论性研究对事物的物性、结构和各种关系进行分析,加深对客观事物的认识,解释现象的本质,揭示物质运动的规律,或者提出和验证各种设想、理论或定律。②没有任何特定的应用或使用目的,在进行研究时对其成果看不出、说不清有什么用处,或虽肯定会有用途但并不确知达到应用目的的技术途径和方法。③一般由专门的研究人员承担,他们在确定研究专题以及安排工作上有很大程度的自由。④研究结果通常具有一般的或普遍的正确性,成果常表现为一般的原则、理论或规律,并以论文的形式在科学期刊上发表或学术会议上交流。因此,当研究的目的是为了在最广泛的意义上对现象的更充分的认识,以及(或)当其目的是为了发现新的科学研究领域,而不考虑其直接的应用时,即视为基础研究。

(2)应用研究(applied research)。

应用研究指为获得新知识而进行的创造性的研究,它主要是针对某一特定的实际目的或目标,旨在寻找解决实际问题的方法或途径。

应用研究的特点是:①具有特定的实际目的或应用目标,表现为:为了确定基础研究成果可能的用途,或为达到预定的目标探索应采取的新方法(原理性)或新途径。②在围绕特定目的或目标进行研究的过程中获取新的知识,为解决实际问题提供科学依据。③研究结果一般只影响科学技术的有限范围,并具有专门的性质,针对具体的领域、问题或情况。④成果形式以科学论文、专著、原理性模型或发明专利为主。一般可以这样说,所谓应用研究,就是将理论发展成为实际运用的形式。

2.根据研究范式的不同,教育科学研究可分为:定性研究、定量研究、混合研究

(1)定性研究(qualitative research)。

定性研究也叫质性研究、质化研究、质的研究,即用事件说话,是根据社会现象或事物所具有的属性和在运动中的矛盾变化,从事物的内在规定性来研究事物的一种方法或角度,是一种在社会科学及教育学领域常使用的研究方法,通常是相对定量研究而言的。定性研究有两个不同的层次,一是没有或缺乏数量分析的纯定性研究,结论往往具有概括性和较浓的思辨色彩;二是建立在定量分析的基础上的、更高层次的定性研究。定性研究实际上并不是一种方法,而是许多不同研究方法的统称,人种学研究、访谈研究、历史研究等是常用的定性研究方法。由于它们都不属于量化研究,被归成同一类探讨。定性研究者的目的是更深入了解人类行为及其理由。定性研究方法调查人类决策制定的理由和方法,而不只是人做出什么决定、在何时何处做出决定而已。因此,相对于定量研究,定性研究专注于更小但更集中的样本,产生关于特定研究个案的资讯或知识。

(2)定量研究(quantitative research)。

定量研究也叫量化研究、统计学研究,指的是采用统计、数学或计算技术等方法来对教育科学的现象进行系统性的考察。即用数据说话,这种研究的目标是发展及运用与教育现象有

关的数学模型、理论或假设。定量研究中最重要的过程是测量的过程,因为这个过程根本上联结了现象的"经验观察"与"数学表示"。量化数据包括各种统计数字形式呈现的资料。定量研究方法一般会经历获得数据、数据统计、数据分析等阶段。定量研究也不是一种方法,而是许多不同研究方法的统称,常用的定量研究方法有实验研究、准实验研究、调查研究等。美国教育研究方法专家维尔斯曼认为,"定性研究,研究是用文字来描述现象的,而不是用数字和量度的;定量研究,研究是用数字和量度来描述的,而不是用语言文字的。"

(3)混合研究(mixed research)。

混合研究指研究中既有定性研究,也有定量研究。根据维尔斯曼的观点,"从研究实践的角度看,定量研究、定性研究的程序经常是混杂的。无论如何,各种方法论都可以被置于从定性研究到定量研究的连续体中"。因此,在与朱尔斯合作修订的《教育研究方法导论》第八版中,他们把这种既包括有定性方法又包含有定量方法的研究称作混合方法研究。美国教育研究方法论学者约翰逊和奥屋格普兹在《混合方法研究的时代已经来临》一文中,把混合方法研究称为继定量研究范式和定性研究范式之后的"第三种教育研究范式"或教育研究运动的"第三次浪潮",并且明确提出"混合方法研究的时代已经来临"。

3.根据研究的范围不同,教育科学研究可分为:宏观研究、中观研究、微观研究

(1)宏观研究(macro-research)。

宏观研究指对教育系统较大范围内的整体性、综合性和系统性的研究,它包括两个方面:一是教育与外部的关系,如教育与政治经济、教育与社会发展、教育与人口等关系研究;二是教育内部带有全面性问题的研究,如教育事业的发展、教育政策、教育结构、教育管理、教育投资等研究。

(2)中观研究(medium research)。

中观研究指介于宏观研究和微观研究之间,是对一个范围、一个领域、一条战线、一个部门内的教育科学研究。如幼儿教育研究、初等教育研究、职业教育研究、成人教育研究、农村教育研究、师范教育研究、特殊教育研究等。

(3)微观研究(micro-research)。

微观研究指对教育问题某个单独因素进行具体细致的研究,这种研究立足教育教学实际,往往是针对某个问题的研究。如学校德育的研究、学习障碍研究、语文教学方法研究等。

4.根据资料收集方法的不同,教育科学研究可分为:观察研究、实验研究、问卷研究、访谈研究、测验研究等

(1)观察研究。

观察研究是指在自然情境或控制的情境下,根据既定的研究目的,对现象或个体的行为做有计划、有系统的观察,并依据观察记录,对现象或个体的行为做客观性解释的一种研究。

(2)实验研究。

实验研究指在可控的教育情景中,依据一定的理论假设,有目的地改变一些教育因素(自变量),并控制无关因素,观察记录另一些教育因素的变化,到了一定时间后,在统计分析的基础上,找到两类教育因素之间的内在联系,验证理论假设的方法。

(3)问卷研究。

问卷研究指通过书面形式,以严格设计的调查问题,向调查对象收集资料和数据的一种方法。

（4）访谈研究。

访谈研究指通过研究者和受访者面对面地交谈来了解受访者的心理和行为的一种研究方法。

（5）测验研究。

测验研究指采用标准化的心理测验量表或精密的测验仪器，来测量被试有关的心理品质的研究方法。

三、学前教育科学研究

（一）学前教育科学研究的含义

学前教育科学研究是指有计划、有目的地对学前阶段的教育现象和问题进行了解和分析，进而发现学前教育现象的本质和客观规律的认识过程。学前阶段是指一个人进入小学前的阶段，是 0～6 岁这一年龄段；教育现象可能发生在幼儿园或托儿所，也可能发生在家庭或社区。因此，从广义上来说，学前教育科学研究泛指对 0～6 岁学前儿童的家庭教育、幼儿园或托儿所教育、社区教育进行的科学研究。从狭义上来说，学前教育科学研究单指对 0～6 岁学前儿童的幼儿园或托儿所教育进行的科学研究。

（二）学前教育科学研究的意义

1. 学前教育科学研究是学前儿童健康成长的必然要求

学前阶段是一个人身心发展最为迅速的时期，而且，随着时代的发展以及人们生活水平与生活条件的不断提高，学前儿童的发展表现出不同于以往的显著特点以及发展面临更多的机遇与挑战。因此，要科学地教育学前儿童，必然要科学地了解学前儿童，而进行学前教育科学研究就是了解学前儿童的重要途径。

2. 学前教育科学研究是从事学前教育专业的老师专业发展的必然要求

通过专业发展提高自身的专业性是教育对老师提出的迫切要求，对于这一点，世界各国早已达成共识。因为多种原因，从事学前教育专业的老师的专业性一直受到社会的质疑。如何提高从事学前教育专业的老师的专业性？如何促进从事学前教育专业的老师的专业发展？毫无疑问，进行学前教育科学研究，提高自己的科研意识和科研水平是促进专业发展的必然要求。

3. 学前教育科学研究是解决幼儿园保教工作实际问题的必然要求

幼儿园保教工作中往往会碰到很多问题，有些问题可能凭借经验就可以解决，而有些问题无法从经验中找到满意的答案，需要通过科学的研究或许会豁然开朗。而且，幼儿园保教实践是学前教育科学研究问题的重要来源，通过科学研究解决幼儿园保教工作中的实际问题也是学前教育科学研究的现实目的。

4. 学前教育科学研究是学前教育事业兴旺发展的必然要求

任何事业的发展都离不开科学研究的贡献，学前教育事业的兴旺发展当然也离不开学前教育科学研究的强有力的支持。涂尔干认为："一门学科如欲发展成为一个合乎科学的学术，首先必须有确定的研究主题与对象，其次必须有科学的研究方法。"通过学前教育科学研究，探索学前教育事业发展的内在规律，而规律反过来促进学前教育事业的更好发展。

(三)幼儿教师进行教育科学研究的优势、条件及需要克服的问题

许多幼儿教师在进行教育研究方面总是自信心不足,总认为自己不是"那块料",还认为进行教育科学研究是大学教授、科研机构里的专职研究人员的事。这是因为他们没有认识到自己在进行学前教育科学研究方面比起大学教授、科研机构里的专职研究人员也有自己得天独厚的优势的缘故。其实,幼儿教师在进行教育科学研究方面也有许多自己的优势,认识到这些优势,对树立进行教育科学研究的信心和进行教育科学研究都有积极的意义。那么,幼儿教师在进行教育科学研究方面有哪些优势呢?

1.幼儿教师最了解幼儿园的情况

了解幼儿园保教情况是开展学前教育科学研究的前提和基础。幼儿教师是幼儿园保教工作的实践者,整天看的做的想的都是幼儿园的保教工作,对幼儿园保教工作的对象、任务、内容、过程都非常熟悉,对保教工作中利弊、甘苦都有自己的感受。而这些都是提出课题、研究课题的最有利条件。和专业科研工作者相比,这可谓是她们得天独厚的优势。

2.幼儿园保教工作的对象是幼儿,学前教育科学研究的对象一般也是幼儿

幼儿是处于不断发展变化中的个体。不了解幼儿,保教工作就难以有效地进行,教育科学研究就更难以搞好。而幼儿园的教师和领导,特别是教师,整天和幼儿在一起,对每一个幼儿的音容笑貌、个性特点都了如指掌,这不仅会给教育科学研究提供便利,而且还能使有关研究不被假象所迷惑,非常有利于获得正确的结论。

3.幼儿园教师具有丰富的实践经验

这也是幼儿教师进行教育科学研究的一个重要优势。作为一线的幼教工作者,长期参加幼儿教育实践工作,对实践有着丰富的经验。同时还经常碰到一些新问题,而对这些经验只要进行系统化,将之提高到理论高度就可以出成果;碰到问题,只要用教育理论去思考,去研究,在实践中去探讨,也是同样可以出成果的。实践中不管是成功还是失败,只要我们用心去研究,去总结,分析其中的原因,提出自己的看法,同样也可以出成果。

不少幼儿教师在学前教育科学研究中取得了很大的成绩,这也证明了幼儿教师是完全能够从事教育科学研究工作的,所以在这方面幼儿教师应该对自己充满信心。

延伸阅读 1-2

幼儿教师要成为真正的教育科学研究者要具备的条件和克服的困难

(1)幼儿教师要成为真正的教育科学研究者,需要具备的条件:

①教育研究的意识;②终生学习的习惯;③自我反思和批判的能力;④掌握教育教学研究的基本方法;⑤独立的教育研究精神。

(2)幼儿教师要成为真正的教育科学研究者,需要克服的困难:

①心理障碍。

有的幼儿教师认为,科学研究是"专家的事"——自信心不足;有的幼儿教师认为,"科研值几个钱"——价值取向出现了问题;有的幼儿教师认为,"职称都到顶了,还进行科研做什么"——缺乏内在的动力;有的幼儿教师认为,"当教师的只要把课上好了就行了,搞科研是多余的"——没有看到科学研究与教学能力的提高是相辅相成的。

②理论困难。

幼儿教师整体上学历不高,虽然近几年幼儿教师队伍中增加了不少研究生学历的教师,但还有很多幼儿教师是学前教育专科毕业的。加上学前教育专业在培养学生时注重对学前教育技能的培养,比较忽视理论学科的学习,导致学前教育专业毕业的学生理论思维能力不强,因而在教育科学研究方面往往不占优势。

③科研意识弱。

有些幼儿教师拥有丰富且先进的教育经验,可就是从来没有想过要用教育理论去总结它,梳理它,使它上升到理论的水平。有的幼儿教师在工作中碰到各种各样有价值的问题,但就是没有敏锐地抓住它,使它成为教育科学研究的主题。

④教学工作和其他杂务过多。

幼儿园的保教工作的确非常繁杂,幼儿教师经常处于手忙脚乱的"应付"状态中,这就使得幼儿教师进行教育科学研究十分困难。但时间都是挤出来的,只要愿意挤,总能够挤出科学研究的时间。

第二节　教育研究的效度和信度

教育研究的信度和效度是教育科学研究设计中应该遵守的标准,也是评价研究设计乃至整个研究结果科学性水平和质量的标准。

一、研究的效度

所谓研究的效度(validity),通俗地来说,就是研究的有效程度。从科学意义上来说,研究的效度是指研究结论能被明确解释的程度(内在)以及研究结论的普遍性(外在)。从效度的定义可以看出,效度包含内在效度和外在效度。

(一)内在效度

1.内在效度的含义

内在效度(internal validity)是指研究结论能被明确解释的程度,即研究的自变量与因变量之间存在一定关系的明确程度。如果自变量和因变量之间的关系并不会因为其他变量的存在而受到影响,从而变得模糊不清或复杂化,那么这项研究就具有较高的内部效度。因此,内在效度所涉及的问题是:①所研究的两个或多个变量之间是否存在一定的关系? ②是否确定是自变量的变化引起了因变量的变化?

2.影响内在效度的因素

因为内在效度关注的是研究结论能被明确解释的程度,也即自变量和因变量关系的密切程度,因此,影响内在效度的因素主要是各种各样的无关变量。美国坎贝尔和斯坦利认为下列八项因素是影响内在效度的无关变量:①历史或同时事件,即研究进行过程中发生的一些事情可能与自变量一起影响因变量;②被试的成熟,即在研究期间,被试不论是生理或是心理均会发生变化,这些变化都可能影响研究结论的明确得出;③测验,即存在前测和后测的研究,往往前测获得的经验常常有助于后测分数的提高,所以,即使没有自变量的效果,也可能因前测获得经验的影响而导致后测分数的提高;④研究工具,即研究工具本身的质量存在差异,有的研究工具较长且复杂,致使被试在完成时会产生疲劳、不情愿做等,这些也可能改变研究的结果;

⑤统计回归,即被试的测量分数在第二次测量时有向团体平均数回归的倾向;⑥被试选择,即选择被试时未用随机抽样和随机分派,选择的几组被试在未施加自变量的影响之前,本来各方面就存在差异,所以研究结果得出的几组被试之间存在差异可能并不是自变量导致的,而是被试之间的差异导致的;⑦被试的流失,即研究被试在研究期间流失,如迁居、退学等,则可能使研究结果难以解释;⑧被试选择和成熟的交互作用及其他,上述七项因素的彼此交互作用,将构成影响内在效度的另一因素,被试选择和成熟的交互作用就是常见的例子。

研究的内在效度不会自动形成,内在效度的获得,主要是通过科学的研究设计。研究设计要认真细致地选择变量,切实控制好各种变量,使与研究目标无关的变量对研究结果的影响很小或没有影响。只有这样,研究变量之间(如自变量与因变量之间)的关系才是确定的和真实的,也意味着一项研究的内在效度高。如何通过控制无关变量,提升研究的内在效度,此部分内容本章节暂时略过,在第二章再进行详细介绍。

(二)外在效度

1.外在效度的含义

外在效度(external validity)是指研究结论的普遍性,也即研究结论能够一般化和普遍适用到样本来自的总体和到其他的总体中的程度,即研究结果和变量条件、时间和背景的代表性和普遍适用性。

2.外在效度的分类

外在效度可以细分为总体效度和生态效度两类。

(1)总体效度。

总体效度指研究结论能够适应于研究样本来自总体的程度与能力,或者说对总体的普遍意义。要使研究结果适用于总体,就必须从总体中随机选取样本,使样本对总体具有代表性。如果研究所选样本有偏差或数量太小,不足以代表总体,其研究结论就难以对总体特征进行概括。

(2)生态效度。

生态效度指研究结论可以被概括化和适应于其他研究条件和情景的程度和能力。要使研究结果能够适用于其他研究条件和情景,就必须特别设计研究条件与情景,保证对其他条件、情景有代表性。因为实验室实验法对实验条件控制特别严格,致使实验条件与真实条件存在很大的差异,因此,实验室实验法经常面临生态效度的问题。

3.外在效度的影响因素

外在效度的威胁主要来自三个方面:①研究样本,即抽取的样本代表性差,如样本人数过少、样本来源单一等,致使样本不能很好地代表总体;②人工环境,即研究环境与真实环境差距太大,致使研究结论无法推广到更大范围;③霍桑效应,即在研究的过程中,研究被试发现或知觉到自己正在被观察或正在参与研究,那么他们的行为表现会明显地不同于他们没发现或未知觉到自己被观察或正在参与研究,因此,所获得的研究结果只能应用于该特殊的研究情况,而不可以推论在其他或一般的情境。另外,新奇效应、研究者效应、测量效应、练习效应等都可能影响到研究的外在效度。

(三)内在效度和外在效度的关系

内在效度是研究设计的基本要求,是研究质量的根本保证,是外在效度的先决条件。没有内在效度便无所谓外在效度,因为一个研究本身不科学、不精确,内在效度很低,即使它再有推广价值,也不能正确解释问题现象,也不可能有什么实际意义。因此,一个研究首先要考虑是否具有内在效度,其次才考虑外在效度。

而且,内在效度和外在效度有时候是矛盾的。内在效度是研究本身的严谨程度所决定的,研究越严谨,内在效度越高。同时,为了提高研究的严谨度势必要控制更多的无关变量。而无关变量控制越多,就会使研究环境越来越脱离真实环境,也使研究结论无法推广到更大范围,而这正是外在效度关注的问题。外在效度与内在效度正好相反,外在效度是指通过研究得出来的结论能够在多大程度上进行推广,那么如果内在效度很高,所要被控制的变量就很多,但是真实环境是不可能控制那么多变量的,所以相应的外在效度就很差了。因此,在研究过程中,研究者需要求得一种平衡,使某一研究结果既得到合理解释,又具有某种程度的推广价值。而且,研究是否在意外在效度,也与研究的性质有关,如定性研究就不特别关注研究结果的广泛适用性。

延伸阅读 1－3

影响下面研究内在效度的因素有哪些？如何提升其内在效度？

某研究者想研究一种新的阅读教学方法的效果,他对一组被试实施阅读测验,经过一个学期的新的阅读方法教学后,再以同样的阅读测验测量他们的阅读能力,结果发现后一测验的分数显著高于前一测验的分数。因此,他得出结论:新阅读教学方法是一种较好的阅读教学方法。

二、研究的信度

所谓研究的信度(reliability),通俗地来说就是研究的可信程度。从科学意义上讲,研究的信度是指研究的方法、条件和结果是否可以重复(外在)以及是否具有前后一贯性(内在)。通常,研究的信度高低说明研究和研究结果是否可重复,是否具有前后一贯性,或研究的前后是否具有一致性以及研究能在多大程度上重复。所以,正确的教育科学研究的结果必定是稳定、一致的,否则便是不可信的。一个不可信的研究可比作一根"可伸缩的橡皮材料的尺子",在重复研究时,会产生不同的研究结果。因此,研究结果的稳定性和一致性是保证研究科学性的重要先决条件。

根据信度的定义,信度也包含内在信度和外在信度两种。

(一)内在信度

内在信度(internal reliability)是指在给定的相同条件下,资料收集、分析和解释能在多大程度上保持一致。例如,使用多个人收集的资料,内在信度的问题是:研究的材料收集人之间能达成一致吗?如果对学习者进行行为研究,使用课堂观察方法收集资料,内在信度的问题便是:两个或更多的观察者在看待同一学习者的表现时,能产生相同的看法和观点吗?观察者之间的协同程度如何?如果缺乏内在信度,资料仅是收集者个人意义上的一种看法,不能客观地反映真实发生的情况。

(二)外在信度

外在信度(external reliability)涉及的是研究者能否在相同或相似的背景下重复同样的研

究,如果能的话,那么结果是否总能够保持一致? 如果研究者在相同方法、相同条件下可以多次得到与先前研究大致相同的结果,则该研究是可信的。如果反之,则说明外在信度差。

三、效度和信度的关系

就整个研究而言,研究的效度是指研究在揭示所研究内容的本质或其规律方面的准确、客观、科学程度,或者说研究结果符合客观实际的程度。效度是一个研究程序的性质和功能,也是对研究结果正确性的评价标准,一个有效度的研究程序,不仅能够明确地回答研究的问题和解释研究结果,而且能够保证研究结果在一定规模的领域中推广。研究信度是研究结果所显示的一致性、稳定性程度,是对研究结果一致性和稳定性的评价标准。一个具有信度的研究程序,不论其过程是由谁操作,或进行多少次同样的操作,其结果总是非常一致的。因此,教育科学研究设计要优先考虑研究的效度,以研究的效度为前提,并作为评价研究设计与结果的基本标准。

当然,把两者的作用结合起来看,信度和效度是一项教育科学研究活动和结果具有科学价值和意义的保证。研究的信度是研究的效度的一个必要的前提,没有信度,效度不可能单独存在,也就是说,一项研究不可能没有信度却具有效度。

延伸阅读 1-4

影响下面研究信度的因素有哪些? 如何提升其信度?

某夫妻(A 代表男,B 代表女)打算要小宝宝,B 在孕初期到指定的医院进行孕期优生优育检查,医院给出的结果显示,患儿有弓形体病。请帮助该对夫妻进行科学的判定,其宝宝到底是健康还是患有弓形体病。

第三节 学前教育科学研究的道德准则

因为教育科学研究常涉及观察及测量人的行为或特质,因此,教育科学研究必须遵循一定的伦理道德,否则可能会对研究对象的身心发展带来意想不到的伤害。学前教育科学研究的对象更多的是 0~6 岁的学前儿童,学前儿童的身心发展呈现出不成熟、稚嫩、脆弱、易受伤害的特点,因此,进行学前教育科学研究时更应该遵循其道德准则。美国心理学会 1992 年修订的《心理学家伦理信条与守则》(Ethical principles of psychologists and code of conduct) 6.11—6.19 等条文对以人作为研究对象时,规定任何研究必须坚持两项原则:其一是研究目的必须对于研究对象有直接或间接的助益;其二是研究的进行必须无条件地尊重研究对象的尊严①。佛兰凯尔(Fraenkel)和沃兰(Wallen)在《如何设计和评价教育研究》一书中提到:以儿童为对象时应遵守必要规范,儿童在研究中容易受到伤害,因此要特别注意,如:要事先征求家长或监护人的书面同意,研究结果不作为研究以外之用途,不强迫或威胁儿童参与,不能使用

---

① American Psychological Association. Ethical principles of psychologists and code of conduct[J]. American Psychologists,1992(47):1597-1611.

其他福利措施来免除研究伦理的保障①。

纵观教育科学研究的道德准则,在此我们提出学前教育科学研究应该遵循以下道德准则:

一、征得参与者的同意

征得参与者的同意包含以下四层含义:

(1)能力。能力指的是一个有责任、成熟的个体在获得相关信息时能够做出正确的决策,它要求研究者不应当在个体由于不成熟或某种心理缺陷而缺乏这种能力时做出判断。

(2)自愿。要求研究者能够保证参与者进行自由选择。

(3)充分的信息。让参与者能够了解与研究有关的全部信息,当然有时这方面的要求很难满足。

(4)理解。让被试充分理解研究的性质。

根据以上四个标准衡量,学前教育科学研究的对象更多的是学前儿童,在多数情况下,他们自己没有能力根据信息做出正确的判断,对研究的性质以及充分的信息也无法理解,因而无法做出参与或不参与的选择。但是,我们不能利用学前儿童的这些特点,就忽视学前儿童参与研究的同意权。以学前儿童为对象的教育科学研究,一定需要征得其家长或老师的同意,这是对学前儿童的尊重,也是对学前儿童家长或老师的尊重。

二、尊重参与者的隐私与保密

在学前教育科学研究的过程中,为了达到研究的目的,有时不可避免地会涉及参与者的隐私。但是,研究者心里一定要清楚:我们是在做研究,而不是在搜集茶余饭后笑谈的资料。所以,学前教育科学研究还要尊重参与者的隐私,并对隐私或研究结果进行保密。为此,需要做到以下几点:

(1)避免询问不必要的问题,尤其是隐私的问题。被试不愿回答的问题尽量不涉及。

(2)一般情况下,用号码而不用姓名登记所有被试的资料。当然,有时为了研究目的的需要也可以登记被试姓名。

(3)研究者尽量选择集体数据而不选用个人数据,可将研究中的个别数据合并起来而报告他们的平均分数。

(4)研究开始之前,向被试公开讲明,他们并不是被特别选拔的研究对象,而是随机抽取出来的代表。

(5)一般情况下,不能把个人数据泄露给他人,更不能把个人研究结果当作茶余饭后笑谈的资料。

三、杜绝欺骗

美国心理学会1992年修订的《心理学家伦理信条与守则》明确规定:研究者不宜用过量的金钱或其他不当诱饵,争取或勉强研究对象参与;除非确实有科学上、教育上或实用上的价值,

---

① Fraenkel J R, Wallen N E. How to design and evaluate research in education (3dr. ed)[M]. New York: Mc Graw-Hill, 1996.

而且没有其他可行的方法,否则研究者不得通过欺骗的方式收集当事人的资料。但足以影响研究对象参与意愿的欺骗行为是绝对不允许的,所以学前教育科学研究绝对不能用欺骗的方式赢得学前儿童的参与。

四、对参与者无害

所有学前教育科学研究的道德准则或伦理规范,其最根本的目的是为了保护参与者免受伤害。伤害可能是身体上的伤害,即影响到学前儿童的身体健康发展;也可能是心理上的伤害,即损害了儿童心理的健康发展。

延伸阅读 1-5

来源于丁香园网站关于知情同意书的故事

1998 年 4 月《加拿大医学协会期刊》(CMAJ)刊发了一项关于非洲艾滋病流行病学的研究。研究者认为有必要使读者对所研究的患者的状况有更好的了解,在论文中添加了一幅在现场工作时拍摄的照片,其中恰好包含了一位正在微笑的患有该疾病的小男孩。该论文招致了一位读者的强烈批评,他质疑男孩的父母或监护人是否已书面同意发表此照片(即这种发表行为是否违反保密性规定),进而质疑这种违规行为是否是出于科学目的。最后,CMAJ 的总编辑发表了公开声明,就"在未获得同意的情况下,即草率地发表关于患者病情的信息和患者照片"的行为表示了道歉。

本章概念

科学研究;教育科学研究;学前教育科学研究;研究的效度;研究的信度;内在效度;外在效度;内在信度;外在信度。

推荐进一步阅读文献

[1] 蒋雅俊.从封闭到开放:教育研究方法范式的转换[J].南京师范大学学报(社会科学版),2009(5).

[2] 陈云奔.初论教育研究方法的多元化[J].太原师范学院学报(社会科学版),2003(4).

[3] 郑日昌,崔丽霞.二十年来我国教育研究方法的回顾与反思[J].教育研究,2001(6).

[4] 陈桂生.关于教育研究方法的比较研究[J].比较教育研究,1997(1).

[5] 黄毅英.教授现在告诉你:如何开展教育研究[M].武汉:华中师范大学出版社,2010.

问答题

1. 科学研究的基本特点是什么?
2. 教育科学研究的特点有哪些?
3. 常用的教育科学研究方法有哪些?
4. 如何理解幼儿教师进行教育科学研究的优势?
5. 幼儿教师要成为真正的研究者,应该具备的条件以及应该克服的问题有哪些?
6. 个案研究法因为其研究对象是典型个案,如何保证个案研究的外在效度?

7.如何理解学前教育科学研究应该遵循的道德规范?

思考与练习

1.随着智能手机的普及,幼儿使用手机的现象也越来越普遍。有不少人认为,幼儿使用手机越多,会导致幼儿视力的下降。有研究者通过研究发现,使用手机多的幼儿,其视力明显比使用手机少的幼儿差。

请问,这一研究结论可靠吗? 这一研究的内在效度如何? 如果内在效度不高,存在的影响内在效度的无关变量都有哪些?

2.某同学进行一项有关家长教养方式与幼儿分享行为的研究,共选取两个幼儿园作为被试园,其中一个是高校附属幼儿园,一个是民办私立幼儿园,对这两个被试园运用分层抽样的方法选取小中大班共125名被试,对他们进行分享行为实验测试。通过研究得出相应的结论。

请问,该研究所得结论能否大范围推广? 为什么?

3.使用威克斯勒儿童智力量表对某小朋友进行智力测验,第一次测验结果显示该小朋友的智商分数为120分。间隔2个月后用同样的量表同样的方法对该小朋友进行第二次智力测验,结果显示该小朋友的智商分数为80分。

请问,你是怀疑该小朋友智商分数为什么起伏这么大? 还是想到其他的问题?

操作训练

对幼儿园中班的幼儿进行一项饮食习惯的调查研究,需准备一份知情同意书,请撰写并予以完善。

第二章
研究问题的选择

导 读

一部丢失名字的电影

有部电影描写的是,主角 A、主角 B 以及几个朋友一起驱车前往足球联赛的路途中,决定在野外露宿一夜,这成为他们毕生中最后悔的一个决定。在营地中,他们与一位神秘的卡车司机发生了冲突,令大家都产生了一丝不安,气氛也变得逐渐凝固起来。紧接着主角 C 与头脑发热、性情刚烈的 D 发生了争执,A 为了令他们俩和睦相处,也被折腾的精疲力尽。第二天他们醒来的时候,发现他们的车似乎被人动过手脚。冒着车子搁浅的危险,他们接受了一个当地人的邀请,前往离营地最近的小镇寻找援助。这是一个阴森、黑暗并且令人毛骨悚然的小镇,地图上都无法找到此地,而且 A 和朋友们发现镇上似乎根本没人居住。一到那里,他们就被该镇的主要建筑——"杜蒂"的蜡像馆所吸引,那里面充满了栩栩如生的蜡像。很快,他们就发现了隐藏在蜡像馆背后的秘密,以及为何这些蜡像会看起来如此逼真的原因。原来,蜡像馆中所有的雕塑品都是由真人做成的! 由一个极其残暴的杀人魔将被害人身体做成的"人肉蜡像"。发现了这个惊人秘密之后,他们被杀人魔列为下一个要追逐残杀的对象,躲在暗处的蜡像院魔王随时都有可能跳出来将他们一一弑杀。为了生存,A 和她的朋友们必须参与到这场血腥斗争中,寻找一条逃出去的路。最终,她们是否能幸运地从杀人魔的手掌中逃脱,还是成为蜡像馆中另外几座永恒的"人肉蜡像"呢?

思 考

1. 请根据故事情节,为上面这个电影起个名字?
2. 你刚才给这部电影起名字的时候考虑了哪些主要因素?

抛砖引玉

可以考虑:①电影名称是否涵盖了上述主要内容? ②电影名称是否新颖? ③电影名称是否有冲击力? ④是否言简意赅、朗朗上口? 等等。

第一节 选择研究问题

每一项科学研究都是从选择研究问题开始的,研究问题决定了研究活动的目标和方向,体现了研究者的水平、专业理论知识、研究方法知识、开阔的视野、敏锐的洞察力、比较强的判断力、丰富的社会生活经验。学前教育科学研究也是如此。所谓研究问题就是指学前教育科学研究所要回答的具体问题,是一个可以通过研究来进行回答的问题。

一、研究问题的来源

学前教育科学研究的问题,可以从以下三条渠道提出:

(一)从学前教育实践中提出研究问题

丰富的学前教育实践永远是研究问题的重要来源,有人这样说:"生活中不是缺乏问题,而是缺乏发现问题的眼睛。"对于一般的人来说,天天完成的教学工作和所看到的现象好像没有任何特别的感觉,这些工作和现象似乎都已成为了一种习惯,甚至也不愿意多考虑它一下,因为它太平常、太普通了。但是敏锐的思维则往往可以看出其中的问题,而这些问题也多是我们可以解决的、有价值的问题。例如:"区角活动中的幼儿合作行为研究""幼儿的入园适应行为研究""新入职幼儿教师的职业认同研究""幼儿园安全管理体系的建构""幼儿冲突行为研究"等研究问题,都是敏锐的研究者从学前教育实践中发现的。

(二)从教育理论的分析中提出研究问题

教育理论是教育实践的提升,教育理论最大的特点是具有很强的概括性,通过对教育理论的深刻分析,也许能提出值得研究的问题。如:通过对教育投资理论的分析,结合当前中国家庭对教育的重视,可以提出"当前中国家庭学前教育投资研究"的问题;通过对皮亚杰理论的关注,结合儿童思维发展现实提出"皮亚杰关于儿童思维发展的有关理论的验证研究"问题。下面这些题目也均为从教育理论分析中提出的研究问题:"瑞吉欧幼儿教育思想在中国大陆的实践研究""奥尔夫音乐教学法在学前音乐教育中的运用""中国幼儿园蒙台梭利教育面临的问题""教育公平——一个不容回避的学前教育问题""学前教育的公平理念及其实现的路径——基于学前教育法的思考""陈鹤琴学前教育思想对当今学前教育的价值""学前教育教师发展:取向与路径"。

(三)从当前教育信息的分析总结中提出研究问题

教育信息是对教学管理活动运行过程的真实、具体的描述。教育信息即时反映教育活动的发展变化,通过对教育活动的各种消息、数据的搜集、整理和反馈为各级教育活动领导者提供科学的决策依据,同时教育信息也可能启示研究者提出某个研究问题。例如,2016年7月3日,陈宝生宣誓就职新任教育部部长,审议并原则通过了《国家教育事业发展第十三个五年规划》,其中特别提到了未来我国家庭教育的发展规划:家庭教育立法、成立家庭教育统一管理部门、设立家庭教育学科、制定家庭教育法律法规政策、完善家校社合作协同机制、指明家庭教育的定位和目标、编制不同阶段的家教规范或指南、明确家长在不同阶段培训内容、形成全社会重视家庭教育的大环境。从陈部长的讲话中可以提出"家庭教育的科学定位和目标研究""幼儿阶段的家教规范或指南研究""家校社合作协同机制研究"等研究问题。

以上三条研究问题的来源渠道都需要研究者具有敏锐的洞察力、质疑的精神、丰富的创造力和想象力。这就要求研究者必须深入地专研教育教学理论,敢于对身边的已成习惯的教育教学现象提出质疑,从理论的高度去发现教育教学中值得研究的问题。

二、选择研究问题的原则

学前教育科学研究的选题,应该遵循价值性原则、科学性原则、明确性原则、创新性原则、可行性原则。

（一）价值性原则

学前教育科学研究的选题必须具有价值，即研究问题必须有意义，否则就没有进行研究的必要。价值性可以从理论上分析，即对某一理论的发展与完善具有一定的贡献；也可以从实践上分析，即对学前儿童教育教学的实践具有一定的指导意义。一个研究选题的价值大小需要辩证地看待，有些研究的价值非常大，可能填补某个领域研究的空白，这样的选题当然值得研究。而有些研究的价值并没有那么大，别人早已进行过研究，但只要这个问题还存在，还有探究的空间，这样的选题也是值得研究的。

（二）科学性原则

学前教育科学研究的问题必须具有科学性，衡量一个研究选题的科学性可以从以下几个角度分析：

（1）所选研究问题是能够纳入学前教育科学某个知识体系中，加以研究和处理的。

（2）所选研究问题的前提是正确的，即提出问题的根据是正确的。

（3）所选研究问题是能够获得结果的问题。

（4）所选研究问题是具有普遍性的稳定的问题。

（三）明确性原则

学前教育科学研究的问题必须明确，即所选研究问题是具体的，有明确限定含义的问题，即研究问题的内涵准确，外延清楚，研究者非常清楚自己是在进行什么研究，别人一看也知道该研究是在研究什么。切忌所选研究问题是笼统的或模糊的，甚至错误的。如："幼儿园区角活动的研究"，该研究问题是模糊的，是研究幼儿园区角活动的设计，还是研究幼儿园区角活动的材料投放，还是研究幼儿园区角活动的评价。

（四）创新性原则

学前教育科学研究的问题要新颖，有一定的创新性。要选择具有创新性的研究问题，可以从以下几个角度入手：

1. 选择体现时代特点的新问题

如："微信平台在家园共育中的应用研究"，该选题能够体现时代特点，具有创新性。

2. 选择具有新内容的问题

即研究的内容是前人、旁人没有进行过的。如："3～5岁儿童的分享行为与心理理论和所有权认知的关系"，该研究探讨儿童对物品所有权的认知如何影响儿童对物品的分享行为，这个内容是前人还未研究过的。

3. 寻找新角度构成新问题

如"新制度经济学视角下的我国学前教育投资制度研究"，该研究运用学前教育投资制度的研究这一比较新的角度和视野，探寻丰富我国学前教育在投资、管理领域、政策法规与制定方面的积极意义，以期对我国学前教育在资源配置方面，尤其是在资源的公平性配置和高效率使用方面有现实的指导意义。

4. 采用新的研究方法

如"我国学前教育研究热点知识图谱"，该选题就是采用文献可视化方法，利用 Bicomb 软件及 SPSS 软件绘制了有关学前教育研究方面的 3833 篇 CNKI 文献的热点知识图谱。

(五)可行性原则

学前教育科学研究的问题要有可行性,即能够研究下去,并获得研究结果。考虑一个研究问题的可行性,需要从主客观限制两个方面考虑。

1. 主观限制

主观限制是指研究者自身条件方面的限制。包括研究者在生活经历、知识结构、研究经验、组织能力、操作技术等方面的限制,甚至还包括研究者的性别、年龄、语言、体力等纯粹生理因素方面的限制。

2. 客观限制

客观限制是进行一项研究时受到的外在环境或条件的限制,如研究时间、经费、文献资料、研究对象及其单位等的不支持与合作、法律政策、社会伦理、生活习俗与宗教信仰等。

三、研究问题的陈述

一个研究问题的选择只意味着一个研究有了大致的方向,但具体研究什么则需要对研究问题进行恰当的陈述。在研究的初始阶段,因为对研究问题可能还不是特别清楚明了,所以可以对研究问题进行粗略的陈述,然后通过查阅文献系统的限制,最后完成对研究问题的科学陈述。

研究问题的陈述往往不是一次完成的,往往大问题中包含着小问题,因此需要对研究问题进行分解,按照其内在逻辑体系将研究问题分解成相互联系的许多小问题,形成一定层次结构的问题网络。如:有研究者确定"幼儿园新入职教师职业适应及其与社会支持的关系研究"这一选题,该选题主要探讨幼儿园新入职教师的职业适应特点以及社会支持怎样影响幼儿园新入职教师的职业适应,因此,进一步将研究问题分解为以下几个问题:①幼儿园新入职教师职业适应的特点是什么?②幼儿园新入职教师获得的社会支持怎样?③幼儿园新入职教师的职业适应与其获得的社会支持存在什么关系?社会支持如何影响其职业适应?而且,为了研究的方便,还可以将研究问题进一步分解,如上例中的问题:①可以再分解为:幼儿园新入职教师整体的职业适应怎样?幼儿园新入职教师与老教师相比,职业适应是否存在显著性差异?幼儿园新入职教师的职业适应是否存在性别、年龄、学历、婚否等方面的差异?

判断问题陈述是否恰当,可以根据以下标准:①准确:提供研究的焦点和方向;②精确:限定研究所涉及的对象和内容;③专业:用学术语言表述研究问题。如"5～6岁幼儿区域活动中同伴互动行为的研究"就是一个比较恰当的问题陈述,其中的研究对象是5～6岁幼儿,研究的问题或内容是区域活动中的同伴互动行为,所使用的语言也比较专业。

延伸阅读 2-1

陈述问题的叙述形式和描述形式

陈述问题采用叙述或描述的形式。如:王文婧(2010)的"幼儿问题行为与同伴接纳的关系及干预研究",其问题陈述采用叙述的形式:①探讨幼儿问题行为的发展趋势和性别差异;②探讨幼儿问题行为与同伴接纳的关系;③探讨干预对幼儿问题行为和同伴接纳的影响。

陈述问题采用问题的形式,如:王彤音(2014)的"5～6岁幼儿助人行为的认知研究",其问题陈述采用问题的形式:①5~6岁幼儿对助人行为是怎样理解的?②5~6岁幼儿的助人动机是什么?③不同的情境因素是否会影响5~6岁幼儿的助人行为?④5~6岁幼儿的实际助人行为与认知有怎样的关系?

相比较而言,采用问题的形式更能引起别人对研究的关注,也表明研究者对这些问题感觉迷惑、需要通过研究解答。但是无论选择哪种形式,问题陈述最重要的作用是:它必须为研究提供足够的焦点和方向。

四、选题中应该注意的几个问题

(一)研究问题与个人兴趣的关系

学前教育科学研究需要兴趣,兴趣是进行艰苦的科学研究工作的动力源泉。然而,完全从兴趣出发,忽略学前教育科学研究的大方向,会导致研究的意义不大,或者研究无法进行。因此,个人兴趣应在教育科学研究的大方向的指导下培养和发展。

(二)理论研究与应用研究的关系

既要注意克服偏重理论的思辨研究,对学前教育实践问题不够关心的倾向,也要避免应用研究急功近利,缺乏理论指导且处于低水平的现象。

(三)冷题、热题与一般问题的关系

学前教育科学研究的冷题、热题很多,研究起来有新意,相对容易出成果,但如果热衷于追热点、选冷题,最终将导致研究成果的零碎肤浅,难以形成系统深厚的理论根基。因此,在一定时期内,稳定一个研究方向,并在这个方向不断延伸,才能在一定领域中取得丰硕成果。

(四)克服选题中的几种不良倾向

①内容宽泛,无从着手;②主攻目标模糊不清;③问题太小,范围太窄,意义不大;④为了创新而创新;⑤以现有条件研究困难,资料缺乏;⑥经验感想之谈,不是科研题目。

第二节　核心概念的界定、变量的识别与操作化

一、核心概念的界定

(一)核心概念(core concept)

在学前教育科学研究中,往往要对核心概念进行界定。但是,对于什么是核心概念,从教育科学研究的角度看,目前还没有一个公认的定义。但从课程教学的角度,一些研究者试图对核心概念进行界定。例如:美国著名教育学家赫德认为,组成科学课程中的概念和原理应该能够展现当代学科图景,是学科结构的主干部分,它们被称为核心概念;戴伊指出,核心概念是某个知识领域的中心,虽然不是所有人都接受了这些知识,但它们却获得了广泛的应用,而且这些知识还能经得起时间的检验;费德恩等人认为,核心概念是一种教师希望学生理解并能在忘记其非本质信息或周边信息之后,仍然能应用的概念性知识,并且他们认为核心概念必须清楚地呈现给学生;美国课程专家埃里克森认为,核心概念是指居于学科中心,具有超越课堂之外

的持久价值和迁移价值的关键性概念、原理或方法。这些核心概念具有广阔的解释空间,源于学科中的各种概念、理论、原理和解释体系,为领域的发展提供了深入的视角,还为学科之间提供了联系。

但学前教育科学研究中的"核心概念"不同于学科中的核心概念,在综合别人观点的基础上,结合作者的理解,本书将核心概念定义为:所谓核心概念就是研究中特定的、专有的、关键的概念,且能反映研究内容的以及一般人理解不是很清楚的概念。

核心概念往往从研究题目上就能反映十之八九,研究题目中的特定词汇、关键词汇、公众不是很清楚的词汇等三类词汇可能就是核心概念。例如:"3~6岁幼儿分享行为与家庭教养方式的实验研究",显而易见,该研究的核心概念包括分享行为和教养方式,这两个概念既是特定概念,也是关键概念;"家长智能手机的使用对幼儿亲子关系的影响研究",该研究的核心概念包括"手机使用"和"亲子关系",其中"手机使用"是公众不是很清楚的概念,"亲子关系"是特定概念和关键概念。

(二)核心概念的界定

在学前教育科学研究中,需要对核心概念进行界定。只有把握了核心概念,研究的方向才能明确,研究的目标和内容才能具有科学性。要界定核心概念,需要从该概念或词汇所支撑的动态过程、包含的具体内容、所针对的问题、要求的标准等方面来描述。当然,在这个过程中,要参考和借鉴许多规范的文献的表述,必要时要加以综合或整合。例如:陈建锋(2015)的"N市两园大班幼儿手机使用情况调查研究",他将核心概念"手机使用行为"定义为,幼儿手机使用的概况(如手机的使用人数、拥有率、使用时长、频率等)、手机某项功能的使用情况及手机用户的主观感受及幼儿父母在幼儿手机使用中的作为。

在核心概念界定中经常容易犯的错误是:分不清什么是核心概念,因此对研究题目中出现的词语几乎都进行了界定。例如:"幼儿园小班幼儿入园适应问题研究",该研究者把"幼儿园""小班幼儿""入园适应问题""入园适应行为"都当作核心概念,并对它们一一进行了界定;"幼儿园优秀传统文化教育教学的实践研究",该研究者把"文化""优秀传统文化""优秀传统文化教育""幼儿园优秀传统文化教育教学"当作核心概念,并对它们一一进行了界定。

延伸阅读 2-2

核心概念界定的原则

(1)要突出你的概念与大家公认的概念含义有哪些不同;

(2)最好要用一个比较新颖的核心概念;

(3)核心概念有时间和空间的限制,同样也有不同人理解上的差异。

二、变量的识别

(一)变量(variable)

变量和核心概念经常混淆,许多人认为核心概念就是变量。但事实上,二者是不一样的。但二者具有一定关系,有些核心概念同时也是研究变量。

所谓变量是指在质或量上可以变化的概念或属性,是随条件变化而变化的因素或因个体不同而有差异的因素。简单地说,变量就是所要研究的对象及其属性。

(二)变量的分类

1.根据变量的性质,经常将变量分为三种:自变量、因变量、无关变量(也叫控制变量)

为了说明三种变量的含义,以"两种不同教学方法对学生学业成绩的影响"为例(见图2-1),展示各种变量及其性质。

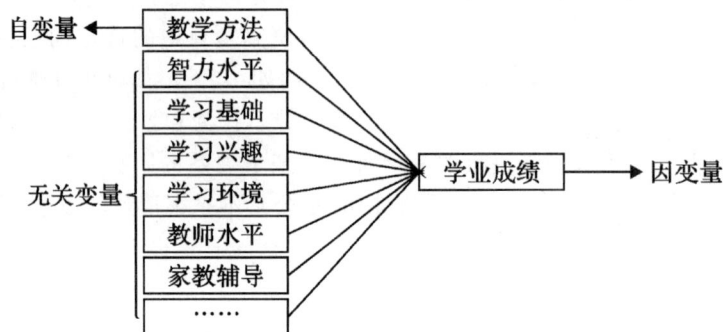

图2-1 "两种不同教学方法对学生学业成绩的影响"各种变量及其性质

图2-1直观地表明了各种变量及其性质。从图2-1可以看出,学业成绩是因变量,教学方法是自变量。但影响学业成绩的因素除教学方法外,还有智力水平、学习基础等很多因素,它们都是无关变量。三种变量的关系如图2-2所示。

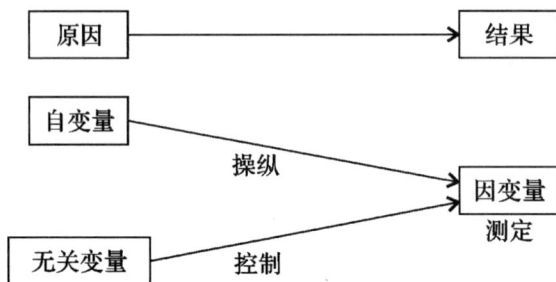

图2-2 三种变量相互关系图

(1)自变量(independent variable)。

自变量又称刺激变量,是引起或产生变化的原因,是研究者操纵的假定的原因变量。当两个变量存在某种关系时,其中一个变量对另一个变量具有影响,我们称那个具有影响作用的变量为自变量。自变量的变化水平完全取决于研究者的操纵与设计。

对自变量的操纵包括:①选定的自变量是否可以操纵:可以操纵的自变量是指研究者能够控制、调节、操作并有规律地变化的条件,如研究中的文字、声音、作业难度、教学方法、时间等都是研究者主动操纵控制的条件。不可操纵的自变量是指研究者无法控制和改变的条件,如性别、年龄、发展水平等。②确定自变量的数量和水平:只有一个自变量的研究叫单因素研究,两个或两个以上自变量的研究叫多因素研究;研究中自变量越多,需要控制的因素就越多,设计的研究方案就越复杂;在操纵自变量时,还需要确定自变量的水平。

延伸阅读 2－3

可以成为自变量的因素

①本身是能变化的,如被试的性别、年龄、年级、不同幼儿园等;②由研究者直接操纵控制的,如教学方法、学习策略、研究情境、学习时间等;③自变量的效果能在因变量上反应出来的,如教养方式、父亲参与教养状况、家长手机使用等。

(2)因变量(dependent variable)。

因变量又称反应变量,也称依变量,是受自变量变化影响的变量,是自变量作用于被试后产生的效应,是研究者要测定的假定的结果变量。

对因变量的测定:①一般而言,因变量的测量与许多因素有关,如:因变量本身的复杂程度、研究要达到的精确程度、现有的测量手段测量工具、研究的定性定量水平等;②因变量的一个重要特征是它可以通过直接或间接的方式被观察、被测量,并且可以转化为数据形式,如测验分数、考试成绩、评定等级、答题正误、反应时间等;③因变量测量的关键是要有合适的测量指标,指标通常关系到测量的方法、工具、材料等;④尽可能采用直接测量,采用权威的测量工具,采用多种测验方式。

延伸阅读 2－4

因变量必备的性质

①有效性,即因变量的变化是自变量引起的;②敏感度,即因变量对自变量的变化足够敏感,自变量的微小变化都能引起因变量的变化;③数量化,即因变量的指标是能数量化的,可以通过数据反映。

(3)无关变量(extraneous variable)。

无关变量也称控制变量,是指与特定研究目标无关的非研究变量,即除了研究者操纵的自变量和需要测定的因变量之外的一切变量,是研究者不想研究,但会影响研究进程的、需要加以控制的变量。

可以成为无关变量的因素:①机体变量,即来自于个体的特征,如性别、年级、智力、学习风格等;②环境变量,即非个体的特征,如教室、教材、教师等;③控制变量,即其效果可以由研究者控制的无关变量,如测验经验、教师性格等;④干扰变量,即可推断其影响存在,但不能加以控制或测量的变量,如父母的职业、家长的教养方式等。

延伸阅读 2－5

常用的控制无关变量的方法

1.消除法

即不让无关变量介入到研究情境中去,并且把它完全排除在自变量和因变量的对应关系之外。如:研究智力(IQ)与短时记忆之间的关系,研究者注意到,短时记忆除了受到被试智力的影响之外,也可能受到被试的性别、年龄、教育程度、环境因素的影响。如,为了消除噪音对短时记忆的影响,研究者对被试短时记忆的测量放在隔音室中进行。

2.恒定法

即使无关变量在研究过程中保持不变。如:研究两种不同教学方法对学生学业成绩的影响,可能的无关变量有学生的智力水平、学生的学习基础、教师的教学水平、教师对教学的热爱等。为了消除教师教学水平对学生学业成绩的影响,两种教学方法由同一个老师在不同被试中使用。采用恒定法控制无关变量的常用做法有:对研究条件,采用同一时间、同一地点、同一主试;对研究对象,选择智力、性别、年龄、程度相同的被试;对研究过程,采用相同的研究程序、相同的研究步骤(见图2-3)。

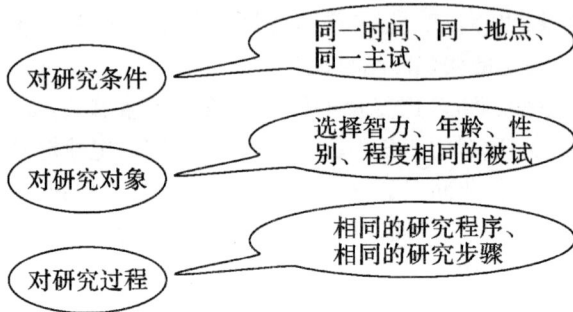

图 2-3　采用恒定法控制无关变量的通常做法

3.均衡法

即使无关变量的影响对不同组是一样的,通常做法是设置实验组和控制组,观察无关变量对实验组和控制组产生的影响。也就是说,实验组和控制组在实验条件上都相同,所不同的是,实验组接受实验处理,控制组不接受实验处理(见图2-4)。均衡法可以控制很多无关变量的影响,如测验经验、被试发展成熟等。

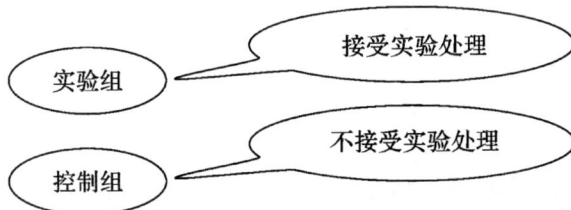

图 2-4　采用均衡法控制无关变量的通常做法

4.抵消法

有些研究,被试需要在各种不同的研究条件下接受重复测量,这时,练习、迁移、干扰、疲劳等作用会影响因变量的测量效果,研究者可以采用抵消的方法控制这类无关变量(见图2-5)。

5.随机法

即研究过程方方面面的随机化,如采用随机抽样的方法,随机分组的方法,保证研究对象不是一群特殊的集体。

6.盲法

即不让研究对象知道他们是在做研究,或者不让研究人员知道他们是研究者,分单盲和双盲研究。

被试组1　　　　　**先做A，再做B**

被试组2　　　　　**先做B，再做A**

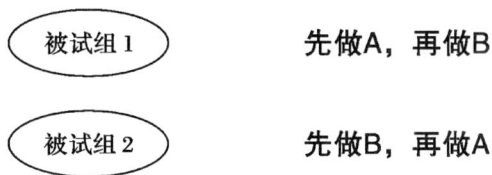

图2-5　采用抵消法控制无关变量的通常做法

7. 统计法

即对那些事先未考虑到或在研究过程中意外产生的无关变量，可以利用统计学的方法加以控制，即在进行研究结果处理时，通过统计技术来达到控制无关变量的目的。在这方面，协方差分析或偏相关技术是很有用的统计控制方法，特别是协方差分析，对研究过程中突然出现的变量可进行有效的分析处理。

2. 根据变量的形式分，将变量分为连续变量和类别变量

（1）连续变量。

凡在本质上能以连续数值表示其特性的变量，称为连续变量。如："学业成绩"以分数表示，"身高"以厘米表示，"智商"以分数表示，"职业认同"以分数表示，"专业意愿"以分数表示等。

（2）类别变量。

凡不能以连续数值表示，而需以类别表示其特征的变量，称为类别变量，也称为不连续变量。如："性别"分男、女，"年级"分小、中、大班，"教养方式"分民主、专制、溺爱、放任四种，"幼儿园类型"分公办、民办，"教师类型"分新手型教师和专家型教师等。

三、变量的操作化

在学前教育过程中，老师经常会要求儿童尊重别人，与他人合作，友好相处，讲文明礼貌，能独立学习，举止得当，等等。当我们在这些概念前加上一个"什么是……"即什么是尊重别人？什么是合作？什么是友好相处？什么是举止得当？这时我们会发现这些内容本身很难客观地观测，很难操作。相反，有些概念的描述就比较容易理解和观测，如：能辨别三种颜色，会使用礼貌用语，能独立穿衣脱衣，会使用电话，能从1数到20等。这实质就是操作定义的问题。

（一）什么是操作定义(operational definition)

操作定义是和抽象定义相对的。所谓操作定义，是根据可观察、可测量、可操作的特征来界定变量含义的方法，即从具体的行为、特征、指标上对变量的操作进行描述，将抽象的概念转换成可观测、可检验的项目。从本质上说，构造操作定义就是一个将抽象概念具体化的过程，是研究变量或有关概念与实际观察或活动之间的桥梁。在实证性研究中，操作定义尤为重要，它是研究是否有价值的重要前提。

最早提出操作定义的是美国物理学家布里奇曼(P. W. Bridgman)。他提出：一个概念的真正定义不能用属性，而只能用实际操作来给出；一个领域的"内容"只能根据作为方法的一整套有序操作来定义。他认为科学上的名词或概念，如果要想避免暧昧不清，最好能以我们"所采用的测量它的操作方法"来界定。通常判断一个操作性定义是否具有较好的操作性,可将这个定义向第三者描述,如果他表示理解这个变量的含义,并知道该如何去操纵、测量,那么这个定义往往是个比较好的、具体可行的操作定义。

延伸阅读 2-6

操作定义与抽象定义的区别

操作定义与抽象定义的区别见表2-1。

表 2-1 操作定义与抽象定义的区别

	抽象定义	操作定义
目标	抽象:描述出变量的本质特征	具体:描述变量的具体行为、特征和指标
作用	理论:介绍概貌,便于读者了解有关变量	实用:可以借助它在研究中设计好内容
方法	经典定义、对等式定义、抽象定义、解释性定义等	条件描述、行为描述、指标描述法等
范围	涵盖研究变量所属的基本特征,解释范围较大,具有普遍性,但往往失之笼统,无法据此测量和操纵研究变量	对变量的界定清楚明确,便于操纵和测量,但往往只能涉及变量的少数特征,具有明显的排他性,难以表达完整意义

(二)构造操作定义的理由

1. 操作定义使研究方法更清晰

因为操作定义直指研究变量的操作程序和测量指标,所以根据操作定义,研究者知道该用什么方法收集资料。例如:根据"学习困难学生"的操作定义,使用测验法判断智力是否在85分以上;收集学生的主课考试成绩,判断其主课平均成绩是否在全班末位10%以内;让班主任对学生的学业状况作出综合评定;医院的诊断衡量学生是否有明显的躯体疾病或精神疾病。

2. 操作定义限制了对可直接或间接观察的事物的描述性陈述

描述性陈述是人们表达信息的时候经常使用的方法,但描述性陈述存在的最大局限——抽象,且有时显得非常啰嗦,还表达不清楚。而操作性定义不需要更多的描述性陈述,干脆利落地说明如何操作以及如何测量,这是操作定义的优势。

3. 操作定义有助于不同研究者之间的交流

不同研究者在探讨某个问题时,通过看某个变量的操作定义,不同研究者彼此都在同一个层面使用同一个变量,都清楚所用的变量意味着什么,因而不容易产生误解或歧义。即使对某一个问题产生疑问,也可以通过重复测量操作定义予以验证。在学前教育科学研究中,之所以有许多说不清、道不白的问题,很大一部分是由于对所探讨的变量没有明确客观的操作定义造成的。大家在不同的层面,从不同的角度,用不同的定义来探讨同一个问题,这样的研讨肯定会产生很多误解和歧义,很难获得一致的结果。

(三)构造操作定义的方法

1. 条件描述法

条件描述法通常是通过陈述测量操作程序来界定一个概念,对要达到某一结果的特定条件作出规定,指出用什么样的操作去引出什么样的状态。例如:"饥饿",指连续 24 小时没进食物的状态;"竞争关系",两个以上的同伴,所处环境相似,大家都有相同的目标,但只允许其中一人达到目标,这时同伴之间的关系为竞争关系;"挫折感",如幼儿正在玩一个他十分喜爱的玩具的过程中,突然告诉他不能玩,或禁止继续玩,此时,幼儿的反应就是挫折感。

2. 指标描述法

指标描述法通常是通过陈述测量操作标准来界定一个概念,是对所解释对象的测量手段、测量指标、判断标准作出规定。例如:"发散思维",通过思维的流畅性、思维的变通性和思维的独创性来判断。思维的流畅性通过对同一物体多种用途的设想能力,具体指标为在 60 秒内回答"砖"的不同用途达 10 项以上为优秀,5 项至 9 项为一般,5 项以下为差。"阅读能力",用阅读测验表上中等难度的文章进行测验,要求阅读速度达到 200 字/分以上,辨别达到 90% 以上,理解达到 80% 以上,记忆达到 70% 以上为合格。"学习困难学生",总体智商在 85 分以上,主课平均成绩在全班末位 10% 以内,班主任对其学业状况的综合评价为"学习不良"或"差生",没有明显的躯体疾病或精神疾病。

3. 行为描述法

行为描述法通常是通过陈述测量结果来界定一个概念,是对所解释对象的动作特征进行描述,对可观测的行为结果进行描述。例如:"谦让行为",在分配糖果时谦让行为可以分成三种水平:"主动谦让"指没有任何人提醒或暗示,都能将高级糖果让给别人;"被动谦让"指在他人的提醒或暗示下,才肯将高级糖果让给别人;"不谦让"指经他人再三提醒,都不肯把高级糖果让给别人,一定要自己享用。"幽默感",儿童喜欢与其他儿童开玩笑,儿童善意地逗惹他人,儿童讲滑稽故事,儿童听到幽默故事时发笑,喜欢和周围人闹滑稽笑话。"旁观",注视别人的活动达 2 分钟以上,自己未参与。"合作",对别人的活动给予支持,并直接参与活动,成为其中一员。"妥协退让",指冲突一方因对方的强势或者威胁而主动放弃,或是因为失去兴趣,想快速逃离冲突情境而主动停止了冲突。

延伸阅读 2-7

几个变量的操作定义和抽象定义

几个变量的操作定义和抽象定义见表 2-2。

表 2-2　几个变量的操作定义和抽象定义

	抽象定义	操作定义
学习困难学生	世界卫生组织"学习困难":从发育的早期阶段起,儿童获得学习技能的正常方式受损。这种损害不是单纯缺乏学习机会的结果,不是智力发展迟缓的结果,也不是后天的脑外伤或疾病的结果,而是来源于认识处理过程的异常,由一组障碍所构成,表现在阅读、拼写、运用功能方面有特殊和明显的障碍	①总体智商在 85 分以上;②主课平均成绩在全班末位 10% 以内;③班主任对其学业状况的综合评价为"学习不良"或"差生";④没有明显的躯体疾病或精神疾病
新入职幼儿教师	又称初任教师,是指已经完成了所有的职前培训课程的教师,同时正处于从事教师职业或服务的第一年	①幼儿园老师;②走上工作岗位在 1 年以内

续表 2－2

	抽象定义	操作定义
学习品质	学习品质,即以什么样的精神和态度从事学习,是决定学习行为倾向性和独特性的心理素质,是思想品质、非智力因素在学习活动中的表现	①好奇与兴趣;②主动性;③坚持与注意;④创造与发明;⑤反思与解释
创造性思维	即发散性思维,这种思维方式是遇到问题时,能从多角度、多侧面、多层次、多结构去思考,去寻找答案。既不受现有知识的限制,也不受传统方法的束缚,思维路线是开放性、扩散性的	①思维的流畅性;②思维的变通性;③思维的独创性
教学能力	是作为教师必备的能力,它是教师培养学生过程中具备的自身素质的综合体现	①教学准备阶段(包含九种能力);②教学实施阶段(包含四种能力);③教学总结阶段(包含四种能力)

从表 2－2 可以刊出,操作定义不同于抽象定义,但操作定义来源于抽象定义,无论如何界定,操作定义都不能更改抽象定义的内涵。

(四)构造操作定义的注意事项

1.研究课题中重要的变量要构造操作定义

一般来说,研究假设中涉及的变量,在整个研究中起关键作用的新概念、新名词等要构造操作定义。例如,要研究儿童的发散思维,发散思维就是这项研究中的重要变量,不对这个变量构造操作定义,研究是难以进行下去的,因为发散思维本身不会告诉人们,发散思维的具体指标是什么,如何去测量,用什么去测量。

2.操作定义必须与所研究的概念或变量有逻辑关系

虽然从表面上看,操作定义与抽象定义是不一样的,但无论谁来构造以及如何构造,操作定义要与变量的原意相符,要与抽象定义的内涵和外延相符。一个变量可以从不同角度、不同水平构造操作定义,但在一项研究中,只能认定其中之一贯穿始终,以保证研究结果的可靠性。

3.操作定义的设计要具体、明确

所谓具体、明确是指所设计的测量或操作必须具有可行性,要使别人能理解操作什么以及如何操作,并能重复验证,要使被研究的变量成为可以看得见、摸得着,可以测量的项目,要将操作定义的指标分解到能直接观测为止。

4.构造操作定义时应参考别人的研究

操作定义尽管是研究者自己构造的,但并不完全是研究者的主观臆断,需要参考大量的别人研究。研究者需要看别人通常是用什么方法、从哪些指标以及如何测量指标等构造某个变量的操作定义。只有在参考别人研究的基础上构造操作定义,才能保证操作定义不会脱离抽象定义的内涵,才能保证操作定义具有一定的科学依据。

5.操作定义具有一定的独特性

构造操作定义的目的是研究者为了实现研究目的而需要对重要变量做特殊的解释,并非是对变量的全面的解释。如果对变量作全面的解释,能将变量的所有含义囊括,这样的定义必定是抽象定义。操作定义比较灵活,研究者可以根据自己研究的需要界定变量,对同一个变量可以有不同的操作定义,具有一定的独特性。

6.操作性定义必须兼顾排他性与普遍性

排他性与普遍性是一对矛盾,定义的排他性越大,解释的范围越小,普遍性也就越小。例如:"阅读能力"的操作定义只包含"阅读速度"一个指标,排他性低,普遍性广。增加"阅读难度"和"理解能力"两个指标,将操作定义变成三个指标,这时排他性增大,普遍性就降低了。操作定义如果普遍性太低,则解释范围有限,研究结果易流于偏狭;但如果排他性太低,则恐失之笼统,而不易掌握操作测量的本义。因此,如何兼顾排他性和普遍性是个两难的问题。一个基本的策略是:尽量用多种特征作为操作或测量的标准,以增加取舍的弹性。

第三节 研究假设的提出

一、什么是研究假设

研究假设(research hypothesis)是研究者根据经验事实和科学理论对所研究的问题的规律或原因作出的一种推测性论断和假定性解释,是在进行研究之前预先设想的、暂定的理论。简单地说,即研究问题的暂时答案。如:刘秀丽等(2006)的研究"学前儿童欺骗及欺骗策略发展的研究"提出以下研究假设:儿童欺骗可能存在性质不同的发展阶段,在不同的发展阶段,儿童所采用的欺骗策略或欺骗形式以及欺骗性质不一样。王文婧(2010)的"幼儿问题行为与同伴接纳的关系及干预研究"提出三个研究假设:①幼儿的问题行为具有性别差异,不存在年级差异;②幼儿的同伴接纳程度受到问题行为的影响,幼儿的问题行为能对同伴接纳做出预测;③对幼儿的干预训练能有效减少幼儿的问题行为,并能有效提高幼儿的同伴接纳水平。李晶晶(2010)的"5~6岁幼儿家庭读写环境与其早期阅读能力的相关研究"提出四个研究假设:①5~6岁幼儿的早期阅读能力在性别上不存在差异;②5~6岁幼儿的早期阅读能力存在家庭读写环境差异;③各项早期阅读能力之间存在相关;④家庭读写环境与早期阅读能力之间存在相关。

从研究假设的定义可以看出两点:一是研究假设具有推测的性质,是对研究结果的提前预期,是需要进行科学研究来验证的;二是研究假设是研究者自己提出来的,且可以提出若干种不同的假设,从这点来看符合著名学者胡适的"大胆假设"的思想。但研究假设并不是研究者主观思辨的结果,而是有理有据地提出来的。或者基于经验事实的依据提出研究假设,或者基于科学理论的分析提出研究假设,具有事实的或理论的依据。

二、研究假设的作用

研究假设是对研究结果作出的推测性和假定性解释,是对研究结果的提前预期,因而研究假设的作用表现在以下几个方面:

(一)研究假设明确了研究的内容和方向,使研究始终朝着验证假设的方向努力

研究假设的最主要作用在于它是理论的先导,对整个研究起着纲领性作用。研究假设能帮助研究者明确研究的内容与方向,通过逻辑论证使研究目的更明确,研究范围更确定,研究内容更具体,并使研究始终朝着验证研究假设的方向努力,避免研究的盲目性。恩格斯曾高度评价理论假设在科学研究中的作用,"只要自然科学在思维着,它的发展形式就是假设。一个

新的事实被观察到了,它使得过去用来说明和它同类的事实的方式不中用了。从这一瞬间起,就需要新的说明方式了——它最初仅仅以有限数量的事实和观察为基础。进一步的观察材料会使这些假设纯化,取消一些,修正一些,直到最后纯粹地构成定律。如果要等待构成定律的材料纯粹化起来,那么这就是在此以前要把运用思维的研究停下来,而定律也就永远不会出现。"这段话不仅指出了研究假设是如何形成和发展的,而且指出了研究假设在研究中的必要性及作用。

研究假设的提出是教育科学研究探索的必经阶段,是准确把握教育规律的正确途径和有效手段。无论研究是否明确提出研究假设,研究者心目中都应该有对研究结果的预期。

(二)研究假设影响着研究方案的设计、研究方法的选择、研究资料的收集与分析等

研究假设不但是一种带有方向性的有待验证的想象,而且它还影响着研究的方方面面。例如,天津师范大学贾蕾的"儿童社会观点采择与分享行为的关系研究",明确提出三条研究假设:①儿童观点采择能力对分享行为有影响;②儿童的观点采择能力随年龄增长而增长且无性别差异;③儿童的分享行为随年龄增长而增长且无性别差异。

1.这些研究假设决定了研究者探索行为的方向

这一研究的核心研究内容在于探讨儿童的社会观点采择能力的发展与年龄、性别的关系,儿童的分享行为发展与年龄、性别的关系,以及儿童的社会观点采择及子类型与分享行为之间的关系,研究者自始至终得围绕这些内容展开研究。

2.这些研究假设影响着研究方案的设计

该研究既包含描述性研究,即儿童观点采择能力和分享行为发展的特点;也包含解释性研究,即儿童观点采择能力发展如何影响儿童的分享行为。所以,无论从研究对象的选择上还是从研究设计上都要关注两类研究。

3.这些研究假设决定了研究方法的选择

该研究选择测验法和自然实验法,选取科学的心理测验(故事法),测量儿童的观点采择能力发展如何。通过设置不同的实验情境,观察儿童的分享行为发展如何。

4.这些研究假设决定着收集哪些资料

该研究关注收集儿童观点采择能力发展的资料、儿童分享行为发展的资料以及二者关系的资料。

5.这些研究假设为分析解释资料提供了框架

该研究通过描述统计探讨儿童观点采择能力和分享行为如何随年龄发展,通过差异显著性检验探讨儿童观点采择能力发展以及分享行为是否存在性别及年级差异,通过方差分析探讨年级、性别及其交互作用对儿童社会观点采择及分享行为的影响,通过回归分析探讨儿童观点采择能力发展与儿童的分享行为之间的关系。

上述事实说明,好的假设是探索教育规律,形成理论的前阶,是进行教育研究的核心。

三、好研究假设的特点

要提出一个好的研究假设,必须注意把握科学合理假设的主要特点。W.J.吉德和P.K.哈特提出假设的必要条件是:第一,以明确的概念为基础;第二,具有经验性的统一;第三,有所限制;第四,与有效的技术相联系;第五,与总体理论相关联。

延伸阅读 2-8

良好教育科学研究假设的特征

一是要具有科学性。即研究假设的提出要合乎规律,合乎逻辑,它是建立在已有的科学理论或事实的基础上的,而不是毫无根据的主观臆断和推测。

二是表述具有明确性。即假设要以清晰、简明、准确的方式表述,说明两个或两个以上变量间的关系,切忌宽泛、冗长、模糊。

三是具有可检验性。即教育现象各变量间的关系能进行科学研究,或者能为以后的实践所证实,这是科学假设的必要条件。

四、假设的分类

(一)按假设的复杂程度分为描述性假设、解释性假设和预测性假设

1. 描述性假设

在于描述研究对象的基本特点,提供关于认识对象的外部联系和大致的数量关系的推测,使我们对研究对象的大致轮廓或外部表象有所了解。

2. 解释性假设

解释性假设是揭示事物的内部联系,指出现象质的方面,说明事物原因的一种更复杂的假设。

3. 预测性假设

预测性假设是对事情未来的发展趋势的科学推测,它是基于对现实事物的更深入更全面的了解基础上提出的更困难更复杂的假设。

延伸阅读 2-9

研究假设的复杂程度示例

王文婧(2010)的"幼儿问题行为与同伴接纳的关系及干预研究"所提的三个研究假设分别属于以上三类假设:"幼儿的问题行为具有性别差异,不存在年级差异"属于描述性假设;"幼儿的同伴接纳程度受到问题行为的影响,幼儿的问题行为能对同伴接纳做出预测"属于解释性假设;"对幼儿的干预训练能有效减少幼儿的问题行为,并能有效提高幼儿的同伴接纳水平"属于预测性假设。

(二)按假设中变量关系变化的方向分为条件式假设、差异式假设和函数式假设

1. 条件式假设

假设两个变量有条件关系,即假如 A 成立,那么 B 也成立。

2. 差异式假设

假设两个变量之间在程度上存在关系,即 A＝B 或 A≠B。

3. 函数式假设

假设两个变量之间存在因果共变关系,并且用数学形式表达。

延伸阅读 2-10

研究假设中变量关系变化的示例

王文婧(2010)的"幼儿问题行为与同伴接纳的关系及干预研究"所提的三个研究假设:"幼儿的问题行为具有性别差异,不存在年级差异"属于差异式假设;"幼儿的同伴接纳程度受到问题行为的影响,幼儿的问题行为能对同伴接纳做出预测"和"对幼儿的干预训练能有效减少幼儿的问题行为,并能有效提高幼儿的同伴接纳水平"属于条件式假设;"幼儿问题行为与同伴接纳水平存在显著负相关"属于函数式假设。

(三)按假设的性质分为特定假设、一般假设和虚无假设

1.特定假设

特定假设是推测特定对象之间关系的假设,指向个别的、具体的、特定的事例。如:思维能力上,幼儿1比幼儿2推理能力强。

2.一般假设

一般假设是推测一般种类之间关系的假设,指向普遍的、抽象的、可推广的事例。如:思维能力上,男孩比女孩的推理能力强。

3.虚无假设

虚无假设是推测某种不存在的、无倾向的关系的假设,指向中性的、无差异的、无区别的事例。如:在推理能力上,男孩和女孩无差异。

(四)按假设在表述变量关系上的倾向性分为定向假设和非定向假设

1.定向假设

定向假设是指假设指出两个变量间相关或差异的趋向。如:①幼儿的同伴接纳程度受到问题行为的影响,幼儿的问题行为能对同伴接纳做出预测;②对幼儿的干预训练能有效减少幼儿的问题行为,并能有效提高幼儿的同伴接纳水平。

2.非定向假设

非定向假设是指假设没有指出两个变量相关或差异的趋向,而只是指出两个变量间可能存在相关或差异。如:儿童欺骗可能存在性质不同的发展阶段,在不同的发展阶段,儿童所采用的欺骗策略或欺骗形式以及欺骗性质不一样。

五、研究假设的"证实"与"证伪"问题

"证实"与"证伪"是科学的两种划定标准。

(一)"证实"

证实就是以经验事实直接或间接地确定命题为真。从学前教育科学研究的角度,所谓"证实"就是研究假设经过科学的研究后,研究结果和研究假设一致,研究假设得到研究结果的验证。如:李晶晶(2010)的研究得出四个结果:①5~6岁幼儿在语音意识、句法意识、语音记忆、工作记忆和句子理解上,女生平均成绩高于男生,在快速命名、词汇理解和视觉技能上,男生高于女生,但各种早期阅读能力的成绩不存在性别差异;②5~6岁幼儿的句法意识、词汇理解和句子理解在家庭读写环境上差异显著;③早期阅读能力的八个方面之间存在不同程度的相关;

④家庭读写环境中的家长阅读态度、家长阅读行为、亲子阅读策略和频率四个因素与多项早期阅读能力之间存在显著相关。这四个研究结果基本"证实"了其所提的四个研究假设。在学前教育科学研究中，"证实"的存在是大量的，因为研究假设的提出本身是有充分根据的。

（二）"证伪"

"证伪"是经验事实确定命题为假。"证伪"是研究假设经过科学的研究后，研究结果与研究假设并不一致，研究假设没有得到研究结果的验证。在学前教育科学研究中，"证伪"的存在是少数，如"霍桑效应"就是"证伪"的典型例子。

"证实"与"证伪"在任何科学研究中都是存在的，"证实"是研究者期望的结果，可以用"心想事成"来表示。而"证伪"的出现可以用"出乎意料"来表示，但并不意味着研究的失败。可能是研究假设提出的时候理论依据并不完全可靠，也可能是研究对象、研究方法等所致，总之只要分析解释清楚就可以了。

本章概念

研究问题的陈述；核心概念；变量；自变量；因变量；无关变量；连续变量；类别变量；操作定义；研究假设。

推荐进一步阅读文献

[1] 中央教育科学研究所教育理论研究中心.我国当前十大教育热点问题[J].基础教育参考,2011(5).

[2] 高绣叶.从问题到研究者:教育研究方法的重新考评——对于问题决定方法的反思[J].现代教育管理,2014(8).

[3] 邓猛,朱志勇.从话题到问题:教育研究方法刍议[J].教育学术月刊,2013(3).

[4] 周岳.教育研究方法概说[J].江苏教育学院学报(社会科学),2011(4).

[5] 冯向东.关于教育研究方法的功能分层[J].大学教育科学,2010(2).

问答题

1.研究问题的来源有哪些？选择研究问题的原则是什么？在确定研究问题时应该注意哪些问题？

2.研究问题陈述是否恰当的判断标准是什么？问题陈述的形式有哪些？

3.什么样的概念算是核心概念？在界定核心概念时该注意什么？

4.哪些因素可以成为自变量？如何操纵自变量？

5.因变量必备的性质是什么？对因变量的测量应该注意什么？

6.哪些因素可以成为无关变量？对无关变量的控制方法有哪些？

7.为什么要构造操作定义？常用的构造操作定义的方法有哪些？在构造操作定义时应该注意哪些问题？

8.为什么需要提出研究假设？好研究假设的特点是什么？如何看待"证实"与"证伪"的问题？

思考与练习

1.请根据学前教育科学研究选题的原则,分析以下选题的合适性。

(1)情感教育;

(2)浅谈幼儿早期阅读;

(3)幼儿早期阅读能力的培养;

(4)家庭结构对儿童个性的影响研究;

(5)幼儿园优秀传统文化教育教学的实践研究;

(6)幼儿园小班就餐常规研究——以某市 A 园为例;

(7)在游戏活动中培养幼儿的自主性及其应用策略;

(8)幼儿园分享阅读教学的研究——以宁夏银川 S 幼儿园为例;

(9)混龄班生活环节教育策略探索——以西安市第五保育院为例。

2.某同学欲进行"3～6 岁幼儿分享行为与家庭教养方式的实验研究"的研究,请你为他的研究问题进行科学恰当的陈述。

3.根据以下学前教育科学研究的题目,请分析哪些可以列为该研究的核心概念?

(1)家长智能手机的使用对幼儿亲子关系的影响研究;

(2)幼儿同理心的发展研究;

(3)幼儿人际冲突的类型及解决方式研究;

(4)父亲参与教养状况对学前儿童社会技能的作用;

(5)5～6 岁大班幼儿同伴互动中的拒绝行为研究;

(6)母子关系、师幼关系与学前流动儿童的社会适应行为;

(7)父母教育观念对学前儿童同伴关系影响的实证研究。

操作训练

请查阅文献,给下列变量构造一个比较科学的操作定义:①攻击行为;②入园适应;③冲突行为;④午睡适应。

第三章

研究设计

导 读

减肥饮料是否有效

某同学在夏天即将到来的时候准备减肥,她原来体重 60 公斤。经过 1 个月的体育锻炼、节食和引用减肥饮料后,她成功减轻体重 5 公斤。她认为减肥饮料确实有效,为自己带来了 5 公斤的体重减轻。

思 考

1. 根据以上过程是否可以认为减肥饮料能够有效减轻体重?
2. 如何设计才能够得出科学的结论?

抛砖引玉

可以考虑:①无关变量的控制;②原来的身体素质;③能否区别体育锻炼和节食带来的效果;④有无对照组可以进行更精细的对比;等等。

研究选题确定之后,就要对整个研究进行设计。研究设计是指对学前教育科学研究活动如何开展的全过程的设计,是确保学前教育研究质量的关键环节。尽管不同类型的学前教育研究选题对研究设计有不同要求,但以下几个方面的工作是研究设计必不可少的:研究对象的选择、研究方法的确定、研究工具与材料的选择或设计、资料分析方法的选择。

第一节 研究对象的选择

任何一项研究都有具体的研究对象。这些对象可以是人,是物,也可以是文献记载或其他文字资料等。研究对象的选择是研究设计的主要内容之一,它不仅与研究目的、内容密切相关,而且还直接关系到资料的收集、整理、分析,同时它还涉及整个研究的费用以及应用范围。因此,研究对象的选择需要认真设计。

一、总体、样本、抽样的基本概念

(一)总体(population)

总体即研究对象的全体。凡是在某一相同性质上结合起来的许多事物的集体,当它成为统计研究对象时,就叫作总体,是一定时空范围内研究对象的全部总和。当然,总体是由一个一个的个体组成的。

一个研究选题确定之后,其研究对象的总体大致从题目上就可以反映出来。而且,研究选题和研究目的已经决定了总体的范围。如:"3～6 岁幼儿的分享行为研究",该研究对象的总体是所有 3～6 岁的幼儿,无论他身处何地、属何性别,都属于该研究对象的范围;"乡村幼儿教师专业发展研究",该研究对象的总体是所有的乡村幼儿教师,无论他来自哪个省份哪个乡村,无论他是男性还是女性,都属于该研究对象的范围。

(二)样本(samples)

绝大部分学前教育科学研究的研究对象的总体绝对数量都是非常大的,研究者不可能将总体中的每一个个体都当作实际的研究对象。而且,有时候也没有必要将总体中的每一个个体都当作实际的研究对象。为了研究的方便,研究者往往从总体中抽取一部分个体,通过对一部分个体的研究来推测总体。这被抽取出来的一部分个体就是样本。因为研究是通过对样本的研究推测总体,所以对样本的最基本要求就是能够较好地代表总体。

(三)抽样(sampling)

抽样有时候也叫取样,是遵循一定的规则,从一个总体中抽取有代表性的一定数量的个体进行研究的过程。抽样是以概率论为理论基础的。抽样的作用是为了合理地减少研究对象,既可以节约人力、物力、时间,又可使研究力量相对集中,使研究工作深入、细致,从而提高研究的准确性和可靠性。抽样的基本原理见图 3-1。

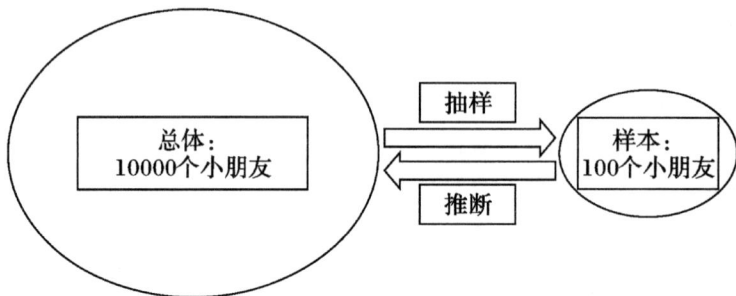

图 3-1　抽样基本原理

从图 3-1 可以看出,抽样是从总体 10000 个小朋友中,抽取 100 个小朋友作为样本,通过对其推断得出 10000 个小朋友的总体情况。无论哪次抽取 100 个小朋友,最后得出结论大致一样。

二、抽样的基本要求

(一)明确规定总体

抽样要明确规定抽样的总体范围,一般来说,研究选题和研究目的决定了总体的范围,题目上也大致可以反映出总体的范围。如,"西安市区 3～6 岁幼儿身体素质的调查",这个研究的总体就是西安市区所有 3～6 岁的幼儿,不包括郊县的幼儿。如果总体范围不很清楚,在抽样前应对总体做出明确的规定。否则,会对抽取样本和研究结果的推断造成麻烦。通常研究选题的确立就已基本框定了总体范围,研究者要考虑的是为什么要确定该总体的理由,以及研究的预期效果和可行性问题。

(二)抽样的随机化

抽样要尽可能做到随机化(random)。随机化是指总体中的每个个体被选入样本的概率(probability)不为零。也就是说,总体中的每一个个体入选的机会均等。随机是科学研究的基本原则。抽样的随机化是一种精确而科学的过程,是科学研究结果可靠性的保证,可以避免研究者自觉或不自觉的偏见。抽签、摇奖就是根据抽样的随机化原理设计的。严格的抽样必须是随机的,这样可避免研究者的主观倾向或人为因素造成的抽样偏差(sampling bias)。

(三)样本的代表性

样本的代表性指样本应具备总体的性质或特征,样本能在较大程度上代表总体。样本研究的关键在于抽样和推论,抽样是推论的先决条件,样本的代表性会影响研究结论的可靠性和研究结论的推断程度。代表性越高的样本,其研究结果的普遍性就越大;反之,如果样本没有代表性,往往会导致研究的失败。常为人引用的一个例子是:1936年美国的总统大选,当时美国的《文学文摘》杂志曾做了一次关于总统大选的民意调查,调查结果预测兰登将在总统选举中获胜,罗斯福落选。但事实正好相反,选举结果是罗斯福当选总统。虽然《文学文摘》杂志的民意调查样本数很大,但调查者的样本是从电话号簿和汽车登记册中抽取的。1936年正是美国经济大萧条过后,有汽车有电话的人仅代表了美国选民中的某个特定阶层,对于选民总体来说不具备代表性。这次民意调查的失败主要在于抽样偏差,样本没有代表性,抽取的样本在质上与总体特征不相吻合。与此同时,盖洛普民意调查所也作了总统大选的调查,只发了2000份问卷,结果预测成功,罗斯福当选总统。后来盖洛普嘲笑《文学文摘》杂志说:"用两匹马来拉的车,用50匹马来拉是无用的。"

(四)合理的样本容量

样本容量又称样本大小,是指抽取样本的具体数量。样本数量的多少是研究无法回避的问题,是研究设计中重要的一环,也是比较困难的一件事。它既要符合研究目的、内容,满足教育统计的要求,又要考虑抽样的可能性,并使误差减少到最低限度。一般来说,样本数越多,代表性越好。但是增大样本,势必增加研究的人力、物力、财力,增加研究的难度,造成不必要的浪费。如果样本数太小,则抽样误差较大,样本不能代表总体,不利于统计分析,影响研究效果。

可以参照实际经验来确定样本容量:教育研究中的调查或描述现状的研究,样本数量最好不要少于100;相关性研究中,样本数量最好不少于30;实验研究中,每组样本数量最好不少于30;全国性的调查,样本数量控制在1500～2500之间;地区性的调查,样本数量控制在500～1000之间。

当然,以上给出的数字仅仅供参考,在研究中具体样本数为多少,还需根据实际情况作出决定。对于初学者,不妨先查看有关文献中的同类研究,看着别人的样本数量是多少,以作为参照。另外,我们还可以根据推算样本数量的公式计算出总体数量与样本数量的参照数据。

延伸阅读 3-1

样本容量大小取决于哪些因素

样本数量究竟多少为宜,这是一个复杂的问题。很难说出一个确定的数字,一般来说,样本容量大小取决于以下一些因素：

1.研究的类型和范围

当研究是定量研究,研究范围较广,样本可以是一群个体,并要考虑样本能否较好代表总体,能否对总体作出推断,所以样本容量一般大些;反之,当研究是定性研究,研究范围较狭窄,样本有时仅仅是一个案例或一个个体,研究目的是为了对所研究对象进行更深入的了解,所以样本容量可适当小些。

2.研究分析的精确程度

当研究要求有较高的统计显著程度,具有较高的可信程度时,样本容量可大些;反之,则可小些。

3.允许误差的大小

当研究允许的误差值小,要求的可信程度高,所需样本容量相应要大;反之,则可小些。

4.总体的同质性

当总体的变异性比较大,变量的相关程度比较低,研究的条件控制不严格,样本容量可适当增大些;反之,当总体同质性比较好,变量的相关程度较高,研究条件控制严格,样本容量则可小些。如:人的血液同质性比较好,医院化验只需抽取一点点血。学生的智力、能力变异性比较大,因此样本容量相对比较大。

5.测量工具的可靠程度

当测量工具的可靠程度即测定指标信度比较低时,测量的误差就比较大,这时需要增大样本容量;反之,则可减少样本容量。一般说来,有关学习能力和成就的测量工具可靠性程度好些,有关人格特质、自我概念、态度等方面的测量工具可靠程度差些。

6.研究的成本

研究的成本包括经费、时间、人力、物力,样本容量总是要控制在研究成本允许的范围内。因此,确定样本容量时,必须仔细分析研究的成本,量体裁衣。

7.分析的类别

当研究的关系复杂,分析的项目较多,那么样本容量可大些;反之,则可小些。一般应保证每一分析小类的样本容量不少于30人。

三、常用的抽样方法

(一)简单随机抽样(simple random sampling)

简单随机抽样是根据研究选题和研究目的确定总体范围,对总体中的所有个体进行编号,遵循随机原则,采用不放回抽取方法,从总体中随机抽取一定数量的个体组成样本的方法。简单随机抽样是随机性原则贯彻最好的,所有个体被抽取或不被抽取的概率都是均等的。常用的简单随机抽样法有:随机数字法和抽签法。

1.随机数字法

利用随机号码表(又称为乱数表),它是将0~9的10个自然数,按编码位数的要求(如两位一组,三位一组,五位甚至十位一组),利用特制的摇码器(或电子计算机),自动地逐个摇出(或电子计算机生成)一定数目的号码编成表,以备查用。利用随机号码表抽取样本时,先将所有个体一一编号,然后在随机号码表上任意规定抽样的起点按照规定抽样的顺序,依次从随机号码表上抽取样本号码。凡是抽到编号范围内的号码,就是样本的号码,一直到抽满为止。

2.抽签法

抽签法是我们平常所说的"抓阄",它是先将研究总体的每个个体编号,然后采用随机的方法任意抽取号码,直到抽足样本。

简单随机抽样的优点是:简单直观,抽样误差的计算较方便。但该方法的缺点是:对总体中所有个体进行编号,当总体数目大时,有难度。

(二)系统抽样(systematic sampling)

系统抽样,又称等距抽样,即先将总体中的全部个体 N 按与研究现象无关的特征排序编号;然后根据样本容量大小 n,计算抽样间隔 $K(K=N/n)$;选择每个第 K 分子的个体而组成样本。

如:要抽取 121(N)名学生中的 40 人(n)作为样本调查,则 $K=121/40\approx3$,那么每第 3 个人就是所要抽样的样本。

K 为抽样间隔($K=N/n$),若 K 为 2,则意味着每第 2 个人就是所要抽取的样本,那么欲抽取的样本人数为总体人数的一半;若 K 是 20,则意味着每第 20 个人就是所要抽取的样本,那么欲抽取样本人数为总体人数的 5%。

系统抽样的优点是:易于理解,简便易行;容易得到一个在总体中分布均匀的样本,其抽样误差小于简单随机抽样。缺点是:抽到的样本较分散,不易组织调查;当总体中观察单位按顺序有周期趋势或单调增加(减小)趋势时,容易产生偏倚。

(三)分层抽样(stratified sampling)

分层抽样是先将总体中全部个体按对主要研究指标影响较大的某种特征分成若干"层",如 R 个层,再从每一层内随机抽取一定数量的个体组成样本。分层抽样又有两种形式:分层比例抽样和分层非比例抽样。

1.分层比例抽样

如果各层抽取的样本数目 n_i 是根据各层的个案数目 N_i 占总体数目 N 的比例而决定的,则为分层比例抽样。计算公式为:

$$n_i = \frac{N_i}{N} \cdot n$$

其中,n_i 是每一层要抽取的样本数目;n 是欲抽取样本总数;N 是总体数目;N_i 是每一层的个体数目;$\frac{N_i}{N}$ 代表比例(weight)。那么,最终抽取的样本就是各层抽取样本数目之和,即

$$n = \sum n_i = n_1 + n_2 + \cdots + n_R$$

2.分层非比例抽样

当各个层次的差异很大时,就不宜用分层比例抽样,因为有些层的重要性大于其他层,这时应该采用分层非比例抽样。这种方法的目的是在于减低各层的标准差,使总体平均数的估计较为准确。分层随机抽样的优点是样本具有较好的代表性,抽样误差较小,分层后可根据具体情况对不同的层采用不同的抽样方法。

(四)整群抽样(cluster sampling)

整群抽样是先将总体划分为 R 个"群",每个群包含若干个观察单位,再随机抽取 r 个群

$(r < R)$，由抽中的各群的全部个体组成样本。这种抽样方法适用于总体数目很大，无法编号，且群体又有多样性的总体。大规模的调查研究经常使用这种抽样方法。

整群抽样的优点是：便于组织调查，节省经费，容易控制调查质量；缺点是：若各群之间的差异较大时，抽样误差大于简单随机抽样。

以上四种抽样方法都会产生抽样误差，但四种抽样方法的抽样误差大小不同。根据抽样误差从大到小的顺序，一般是：整群抽样≥简单随机抽样≥系统抽样≥分层抽样。

延伸阅读 3－2

如何书写研究对象

因为研究对象直接关系到资料的收集、整理、分析，同时它还涉及整个研究的费用以及应用范围。因此，研究对象部分是专家看某个研究做得怎样必然要关注的内容。无论在开题报告中还是在研究报告或论文中，研究对象的书写都应该包含以下内容：①使用什么抽样方法抽取样本；②样本总人数多少及来自哪里；③样本各种类型的分布情况如何。有时候，纯粹使用语言书写研究对象还不能很好地表达清楚，所以辅之以表格的形式，非常清楚直观地说明某个研究的研究对象。

在书写研究对象时容易出现的问题是：①不说明使用何种抽样方法；②只说明研究对象的总人数是多少，研究对象更详细的类型都不见交代；③使用非专业的词汇说明研究对象；④研究对象人数太少，或者来源单一，致使代表性差；⑤研究中到底有哪些研究对象搞不清楚。

第二节 研究方法的选择

任何一项研究都离不开研究方法的支撑，没有研究方法的学前教育科学研究是不存在的。因而选择研究方法构成研究设计的另一个重要内容。正如毛泽东所言："我们不但要提出任务，而且要解决完成任务的方法问题。"选择恰当有效的研究方法是保证学前教育科学研究顺利进行的前提。

一、确定定性研究和定量研究

在选择研究方法时，首先得确定是定性研究还是定量研究。定性研究和定量研究的概念在第一章已有阐述，这儿仅就定性研究和定量研究的区别进行阐述。定性研究和定量研究是社会科学领域两种不同的研究范式，两者在研究目标、对象及方法上都存在着明显的区别。

首先，研究目标上，定量研究重视预测控制而定性研究重视对意义的理解；其次，研究对象上，定量研究强调事实的客观实在性，而定性研究强调对象的主观意向性；第三，研究方法上，定量研究注重经验证实，而定性研究注重解释建构。

虽然定性研究和定量研究具有很多不同，但在实际学前教育科学研究中，二者并不是截然对立的，在定量的基础上定性，这也是学前教育科学研究发展的必然趋势。

延伸阅读 3 - 3

定量研究与定性研究的差别

1. 着眼点不同

定性研究着重事物质的方面,定量研究着重事物量的方面。

2. 在研究中所处的层次不同

定性研究较高,而定量研究较低,定量研究是为了更准确地定性。

3. 依据不同

定性研究的依据是大量历史事实和生活经验材料,定量研究依据的主要是调查得到的现实资料数据。

4. 手段不同

定性研究则主要运用逻辑推理、历史比较等方法,定量研究主要运用经验测量、统计分析和建立模型等方法。

5. 学科基础不同

定性研究以逻辑学、历史学为基础,定量研究是以概率论、社会统计学等为基础。

6. 结论表述形式不同

定性研究是定量研究的基础,是它的指南,但只有同时运用定量研究,才能在精确定量的根据下准确定性。定性研究结论多以文字描述为主;定量研究主要以数据、图表、模型等来表达。

二、确定研究方式

在学前教育科学研究过程中,很多人是将研究方式和研究方法混为一谈的。但从严格意义上讲,研究方式与研究方法是不同的。研究方式指的是研究的模式,是整个研究进行的方式,如:个案研究属于研究方式,它是针对一个典型个案的某个问题展开研究,其中可能用到观察法、访谈法、测验法等具体资料收集方法;行动研究属于研究方式,它是针对学前教育实际问题提出改进计划,通过在学前教育实际中实施、验证、修正而得到研究结果,其中可能用到观察法、实验法、问卷法、测验法等具体资料收集方法;调查研究属于研究方式,它是针对学前教育中的普遍性问题,通过问卷法、访谈法、测验法等收集资料的一种研究方式。

研究方法是指具体的资料收集方法,如:观察法、问卷法、访谈法、实验法、测验法等。所以研究方式和研究方法是不同的,需要区分清楚。该部分内容会在本书的第二篇进行详细阐述。

三、选择具体研究方法

(一) 根据研究的目的选择研究方法

研究方法的选择取决于研究的目的。在学前教育科学研究的各种方法中,不存在绝对的"最优方法",而只存在"合适方法",即与研究目的相适合、能实现研究目的的方法。因而,某种研究方法相对于特定的研究目的而言,是好的方法,是最合适的方法,而相对于另外的研究目的而言,可能就是不好的方法、不合适的方法。在选择研究方法时,哪一种或哪几种研究方法对实现研究目的最合适,就选择哪一种或哪几种。例如:要研究儿童的分享行为的发展特点,探讨影响儿童分享行为的因素,选择自然实验法比较合适;要了解幼儿教师的职业倦怠、心理压力,选择问卷法、访谈法或测验法比较合适。

延伸阅读3－4

根据研究目的选择研究方法的规律

(1)研究目的偏于对象的认识方面特征(如:知识、技能的掌握,能力的发展,道德认识的发展等)或与认识关系比较密切的,易用语言描述的选题,可以考虑用问卷法、测验法或实验法。

(2)研究目的偏于了解对象的态度(认识、情感、意向)和行为方面特征的,例如学习动机、道德情感、气质、性格等。为取得真实可靠的结果,可考虑运用观察法、测验法、实验法等。

(3)研究目的偏于解决学前教育实践中提出的某些问题,如幼儿园的安全管理、区域游戏、幼儿管理中的一些问题,可考虑采用问卷法、访谈法、测验法、自然实验法等。

(4)研究目的偏于探索某些理论问题的,可考虑采用文献法、测验法、实验法等。

(二)根据研究内容的性质确定研究方法

不同性质的选题内容也是确定选择什么类型的研究方法的重要依据,有的内容更适合于用量化的研究方法,有的内容更适合于用质化的研究方法。例如:研究幼儿的分享行为与家庭教养方式之间的关系,就适合使用量化的研究方法,可以用自然实验法和测验法;而研究家长对幼小衔接的看法,就更适合于用质化访谈的方法进行。

延伸阅读3－5

根据研究内容的性质选择研究方法的规律

(1)有关现状研究的选题,一般可采用观察法、问卷法、访谈法、测验法。

(2)有关二者关系研究的选题,如果是因果关系,一般采用实验法;如果是相关关系,可采用问卷法、测验法等。

(3)有关发展性研究的选题,一般可采用文献法、调查法、个案研究法、行动研究法、实验法等。

(三)根据研究的可行性选择适宜的研究方法

研究方法的选择还需要考虑研究的可行性,因为所有研究方法最终都要落实在真真正正的研究中。根据研究的可行性选择研究方法,需要考虑以下几个方面:

1.研究范围的大小

如果研究范围比较大,一般采用研究条件要求不是很高的问卷法或团体测验法;如果研究范围比较小,可以选择观察法、实验法、访谈法、个别测验法等。

2.研究时间的长短

如果研究时间比较充裕,可以选择实验法、访谈法、个案研究法等;如果研究时间比较紧张,需要在短时间内完成,适合选择问卷法或团体测验法。

3.研究对象的年龄、心理发展水平、学识等因素

如果研究对象年龄较小、心理发展水平低、学识浅薄,就不适合选择问卷法、文字式的团体测验法,而选择观察法、实验法、非文字式的个别测验法比较合适。

(四)根据研究者个人的偏好和能力选择研究方法

研究方法的选择还要考虑研究者的个人偏好和能力。个人偏好及有能力使用的研究方法，研究者使用起来顺手，有助于研究的顺利进行。

(1)专业人员更适合选择测验法、实验法等需要比较严密的研究设计、复杂的统计分析的量化研究方法，以及需要具有相当理论提升能力的文献法等质化的研究方法。

(2)一线教师更适合选择行动研究法、观察法、个案研究法、经验总结法、简单的实验法等。这些研究方法研究设计要求较简单，统计分析不太复杂以及对理论提升能力要求不是很高，一线教师有能力使用这些研究方法。

(3)不同研究基础的研究者选择的研究方法也会不同。有深厚研究基础的研究者可以选择要求严格、设计严谨、统计分析复杂的实验法、测验法等，而研究基础比较薄弱的研究者适合选择要求、设计及统计分析较简单的观察法、问卷法等。

(五)注意各种方法的综合运用

学前教育科学研究的各种研究方法都有各自的特点及不同的适用条件和范围，不能互相替代，这就是所谓各种研究方法的独立性。在注意每种研究方法的独立性的同时，还要注意它们之间的联系，尤其是在难度较大的选题中，往往需要几种方法的互相结合、配合使用，以发挥各自的长处，从多个角度研究问题，实现研究目的。例如，"3～5岁儿童的分享行为与心理理论和所有权认知的关系"，该研究既要运用文献法对儿童分享行为的相关研究进行回顾和梳理，又要采用自然实验法探讨幼儿分享行为和心理理论发展的特点，还要采用测验法测量幼儿的所有权认知，运用问卷法收集幼儿的相关背景资料。

延伸阅读 3－6

选择研究方法时的注意事项

(1)切忌为了吸引别人的眼球而哗众取宠，选择自己不会使用或与研究目的不相符合的研究方法。

(2)切忌简单罗列各种研究方法，而研究可能根本没有用到某种研究方法。

(3)将具体研究方法与研究方式区分开来。如个案研究是一种研究方式，进行个案研究时可能会使用观察法、测验法、访谈法等方法。

第三节　研究工具、材料的选择

因为在第二部分——方法篇部分，会针对具体研究方法进行详细的介绍，所以在这只是针对具体研究需要用到的研究工具、材料进行分析，并从宏观上分析如何书写研究工具、材料等。

研究工具或材料是研究者收集资料的重要媒介，正是利用这些媒介，研究者收集回来各种各样的研究资料，以便进一步的分析处理。不同的研究方法使用的研究工具或材料是不同的，根据常用的学前教育科学研究的方法，有以下几种研究工具或材料。

一、观察记录表

使用观察法的研究必然要设计观察记录表，因为观察法主要观察的是被试的外部行为表现,所以通过设计观察记录表能让研究者始终清醒地知道哪些行为是研究者需要收集的,而哪些行为是研究者可以忽略的。如:薛媛媛(2014)在"中班幼儿同伴冲突研究——以区域活动为观察场域"中采用观察法,故她设计了"区域活动中幼儿同伴冲突观察记录表";许君迎(2016)在"混龄班幼儿合作行为特点的研究"中采用观察法,故她设计了"混龄班幼儿合作行为观察记录表"。

二、访谈提纲

使用访谈法的研究必然要编制访谈提纲,因为作为研究方法的访谈不同于日常生活中的聊天,访谈需要围绕研究目的有针对性地展开谈话,编制访谈提纲能保证研究者不偏离研究的主线。如:李晶晶(2010)的"5~6岁幼儿家庭读写环境与其早期阅读能力的相关研究",使用访谈法收集二者关系的进一步信息,编制了访谈提纲;沟伟伟(2016)的"幼儿园户外活动安全隐患及预防对策研究",使用访谈法了解幼儿园户外活动安全隐患形成的原因以及幼儿园安全管理工作开展情况,编制了"幼儿园户外活动安全隐患访谈提纲一(教师)"和"幼儿园户外活动安全隐患访谈提纲二(管理者)"。

三、调查问卷

使用问卷调查法的研究必然要编制调查问卷,通过编制调查问卷,研究者知道该收集什么样的信息。如:李晶晶(2010)的"5~6岁幼儿家庭读写环境与其早期阅读能力的相关研究",使用问卷法调查家庭读写环境,编制了"家庭读写环境调查问卷";陈建锋(2015)的"N市两园大班幼儿手机使用情况调查研究",使用问卷调查法,故他编制了"幼儿手机使用情况调查问卷";皮悦明(2016)的"学前儿童社会网络及其特点研究",编制了"学前儿童社会关系网络调查问卷"。

四、测验量表

使用测验法的研究必然涉及量表问题,这儿包含三种情况:一是选择合适的量表。如果有现成的适合研究目的的高质量量表,那么研究者拿过来使用就可以。如:王文婧(2010)的研究"幼儿问题行为与同伴接纳的关系及干预研究"使用"Conners 儿童行为教师评定量表(TRS)"。二是修订现有的量表。有的量表可能并不直接适合某个研究,需要研究者做一定程度的修订。如:张文新、郑金香等人(2003)研究儿童的社会观点采择能力的发展,他们选择四个故事(附带图片)作为刺激材料,其中两个故事针对认知判断任务,通过对 Chandler、Greenspand 的"局外人卡通故事"的修订而来,分别为"悲伤故事"和"攻击故事"。另外两个故事针对情感判断任务,通过对 Urberg、Docherty 和 Ruth、Lyonds 使用的情感判断的故事修订而来。三是研究者自行编制的量表。如果没有现成的合适的量表,也没有修订的可能,那么研究者就得自行编制具有心理测量学意义的量表。如:李晶晶(2010)的"5~6岁幼儿家庭读写环境与其早期阅读能力的相关研究"编制了"幼儿家庭读写环境的调查量表"。

五、实验材料与实验情境

学前教育科学研究中通常使用实验法,在实验研究中,往往涉及实验材料的选择与实验情境的设置。这里的选择与设置实际包含三种方式：一是直接选择别人已经设计好的实验材料与实验情境。二是不直接选择别人设计好的实验材料与实验情境，而是借鉴别人设计实验的理念和方法，研究者自己重新设计。这种方式在实际学前教育科学研究中最多。如：刘秀丽、车文博（2006）的"学前儿童欺骗及欺骗策略的发展研究"，使用两种材料：一是标准误信念任务，二是欺骗任务。其中的标准误信念任务是使用经典的心理理论"错误信念"研究范式设计的，包含意外地点任务（意外转移任务）和意外内容任务（欺骗外表任务）。牛婉羽（2016）的"3～6岁幼儿分享行为与家庭教养方式的实验研究"，分享实验是参考和借鉴 Philippe Rochat、Maria D. Gdias、Tanya Broesch、Guo Liping 等人研究七种文化中儿童分享行为的实验，并结合我国幼儿的心理特点和喜好，设计七个小实验的实验材料与实验情境，包含金币巧克力、奇趣蛋等实验材料以及是否等分、物品多少、与幼儿的关系、分享对象不同性别等实验情境。三是研究者自行设计。有的研究者在实验时，根据自己的研究目的和思路，自行设计实验材料与实验情境。如：刘秀丽、车文博（2006）的"学前儿童欺骗及欺骗策略的发展研究"，使用的欺骗任务完全是研究者自行设计的；王彤音（2014）的"5～6岁幼儿助人行为的认知研究"，设计两类实验材料，一是假设情境实验，目的是研究幼儿助人行为的影响因素，包含三个假设的情境。二是现场实验，目的是研究幼儿助人意愿和助人行为的一致性，包含两个情境。

延伸阅读 3－7

怎样书写研究工具

研究工具书写的根本目的是向别人交代清楚你选择了什么样的研究工具，这个研究工具是否可以达到研究的目的。所以无论是哪一种研究工具的书写，都应该写清楚：①研究工具的名称；②研究工具的基本结构；③研究工具的质量；④计分方法以及分数的解释；⑤选择该研究工具的理由；⑥如果是自己编制或设计的，需写清楚编制或设计的原则或依据。

但在实际的学前教育科学研究中，很多研究者并不清楚如何书写研究工具，主要表现在：①不写研究工具的名称；②不写选择该研究工具的理由；③研究工具交代不清楚，不知道该如何介绍研究工具，包括研究工具的基本结构、计分方法与分数解释、研究工具的质量等；④编制或设计的研究工具没有编制或设计的原则或根据。

第四节 资料分析方法的设计

通过具体研究方法收集回来的资料，需要通过科学的资料分析方法才能使零散的资料上升为系统的具有深刻意义的资料，所以对资料分析方法进行设计也是研究设计的重要组成部分。资料分析包含两种：定性分析和定量分析。

一、定性分析

（一）定性分析的含义与特点

定性分析是指研究者在对所收集到的文字、声音、图片等资料进行系统审查、汇总、归类的基础上进行逻辑和意义分析，从而揭示出事物内在特性或关系的过程。定性分析是对研究结

果"质"的分析,是一个对资料的分类、描述、归纳、抽象的过程,分析的对象是描述性资料。因此,定性分析具有以下特点:

1.定性分析注重整体发展的分析

定性分析的目的在于把握事物的质的规定性,因此必须立足于对研究对象的整体分析,获得对研究对象的完整形象。

2.定性分析的对象是质的描述性资料

定性分析是以反映事物质的规定性的描述性资料为研究对象,这些资料通常以书面文字、图片等为表现形式,是在自然场合以定性研究的方法获得的资料,常有较大的模糊性和不确定性。

3.定性分析的研究程序具有一定的弹性

定性分析的研究程序不太严格,原因是学前教育是一个动态的过程,具有多样性,就导致定性分析过程常常变动,带有很大的灵活性。

4.定性分析是对资料进行归纳的逻辑分析

归纳分析是对大量事实资料进行归类,然后从中得到一些启示,抽象概括出原理的过程。这是一种自下而上的分析过程。

5.定性分析对研究者和研究背景具有敏感性

定性分析是一种价值研究,容易受到研究者个人因素的影响,从而融入研究者本人的主观因素;另一方面,研究对象的行为表现又总是与特定的情境相关联,情境的改变会引起教育现象的改变,因此,定性分析对研究背景具有敏感性。

正是因为定性分析的这些特点,学生在使用定性分析时,往往显得力不从心,不知道如何分析,可能流于定性资料的堆砌。

(二)定性分析的过程

定性分析的过程包括资料的审核、分类和归纳分析三个阶段。

1.资料的审核

资料的审核是资料整理的基础工作,也是对资料分析的首要工作。资料审核主要从资料的真实性、准确性和有效性方面进行。

(1)资料的真实性。

对资料的真实性审核应从以下几个方面进行:审核研究方法,主要看研究者收集资料方法的科学性;审核研究者,主要看研究者在收集资料过程中是否带有一定的成见或按已形成的定论去研究,或融入自己的观点。

(2)资料的准确性。

资料的准确性是指资料在反映研究问题方面的准确无误。审核资料的准确性应从两个方面进行:①一致率,指不同研究者同时研究同一对象所得的结果的一致程度;②吻合率,指研究者使用不同的方法研究同一对象所得结果的一致程度。

(3)资料的有效性。

资料的有效性是指所收集到的资料与研究课题的一致程度,即是否"切题"。

2.资料的分类

资料的分类是指根据研究资料的性质、内容和特征将相异的资料区别开来,将相同和相近的资料合并为一类的过程。分类一般分为现象分类和本质分类,现象分类是指以事物的某一外部特征或形式为标准进行的分类,本质分类是以事物的内在属性为标准进行的分类。在资料的整理过程中,应注意从现象分类逐步过度到本质分类。

3.资料的归纳分析

归纳是从已知的具体的事实或个别的前提概括出一般性的或普遍性结论的思维方法。归纳法具体表现为三种形式:

(1)完全归纳法。

完全归纳法指依据研究现象中的所有事实或各个部分归纳出对该现象的一般性结论的方法。这种方法结论可靠,但对事实的考察难度较大。

(2)简单枚举法。

简单枚举法指简单考察研究对象的部分事实或要素而得出一般性结论的方法。这种方法简便易行,但结论不一定完全正确。

(3)科学归纳法(因果联系归纳法)。

科学归纳法指根据事物的因果联系,通过考察研究某研究对象一部分事实或要素的特征,推论出该研究对象所有的事实或要素都具有某种特性的推理方法。

二、定量分析

(一)定量分析的含义

定量分析是指研究者借助于统计手段,对所搜集到的数据资料进行统计处理,揭示事物数量特征的过程。定量分析是建立在对数据资料统计处理的基础上,因此它要求所分析的数据资料必须准确可靠,所以定量分析的前提是对数据资料进行审核,包括数据资料的客观性、数据资料的完整性、数据资料的有效性。

(二)定量分析方法的选择

定量分析方法的选择合理、恰当,是决定分析效果的关键因素,选择的依据主要有:

1.研究课题的性质

适合定量分析的研究课题有描述性课题和推论性课题两大类。在描述性课题中,研究者只需对研究对象的基本数据特征进行分析,如频数、百分比等,不需要作更复杂的统计分析。一般表现为问卷调查的数据分析。在推论性课题中,研究者需要依据样本的特性推断出总体的特征,或者比较两个总体是否有差异,这就需要采用参数估计、假设检验等方法。大多数实验研究、测验研究都属于推论性课题。

2.数据资料的类型

不同类型的数据资料适用的方法不尽相同,因而数据资料类型是选择统计分析方法的依据之一。一般地,统计数据可分为分类数据、顺序数据、数值型数据。前两种也称之为定性数据或品质数据,后一种也称之为定量数据或数量数据。分类数据只具有分类的功能,如性别分为男和女两类,男用 1 表示,女用 2 表示。这儿的 1、2 只具有分类的功能,所以统计只能用频数、百分比、χ^2 检验等。顺序数据既可以分类,也可以表示顺序,如幼儿园的年级可分为小班、中班、大班,分别用 1、2、3 表示。这儿的 1、2、3 既表示不同年级,同时又表示年级有高低顺序。数值型数据可以分类和表示顺序,同时还可以进行加减乘除等运算,如儿童的智商分数就可以进行更复杂的统计分析,差异显著性检验、相关分析、回归分析等。

3.统计分析方法的适用条件

统计分析方法的使用有着严格的条件限制,不是都能适用的,选择定量分析方法时一定要弄清各种统计分析方法的具体适用条件,防止误用或不适当运用。

(三)定量分析在学前教育科学研究中的运用

定量分析在学前教育科学研究中主要运用于以下三个方面:

1.数据描述

即将数据进行整理,用有意义的图表描述数据的分布情况,并利用一定的统计手段描述出数据的集中趋势、离散趋势或相关关系分布特征。

2.数据判断

这是利用概率及其分布的理论和方法,由样本特性推断出总体特征并估计出误差范围,从而得出科学的结论。

3.数据的综合分析

这是指利用系列数据相互之间的数量关系综合分析数据特征,并预测和解释变量之间的关系或从众多变量中提取出共同的因素,为数据资料的归类提供数量上的支持。

本章概念

总体;样本;抽样;简单随机抽样;系统抽样;分层抽样;整群抽样;定性研究;定量研究;混合研究。

推荐进一步阅读文献

[1] 杜琳琳.教育研究方法在现实应用中的现状及其发展趋势[J].太原城市职业技术学院学报,2015(6).

[2] 陈美娇.质的研究——教育研究方法的一种新视角[J].重庆电子工程职业学院学报,2012(1).

[3] 杨小微.从复杂科学视角反思教育研究方法[J].教育研究与实验,2000(3).

[4] 刘昊.学前教育质量评估研究中统计分析方法的新发展[J].学前教育研究,2013(2).

[5] 张金梅.方法课程·科研实习·论文指导——论高师学前教育专业本科生科研能力之培养途径[J].江苏教育学院学报(社会科学版),2005(6).

问答题

1.抽样的基本要求是什么?

2.样本容量大小取决于哪些因素?

3.定性研究和定量研究的区别表现在哪些方面?

4.如何选择合适的研究方法?

思考与练习

1.请分析以下三个研究的研究对象选择写得怎样? 好在什么地方? 不好在什么地方?

①本研究共选取两个幼儿园作为被试园,其中一个是高校附属幼儿园,一个是民办私立幼

儿园,对这两个被试园运用分层抽样的方法选取小中大班,对他们进行分享行为实验测试,以及对测试幼儿家长发放家庭教养方式问卷,以了解家长的教养方式。见表 3-1。

表 3-1 本研究样本抽取情况分布图(N=125)

	幼儿园		性别		班级		
	公立	私立	男	女	小班	中班	大班
人数(个)	66	59	69	56	37	40	48

②本研究采用方便抽样的方式,选取西安市某所大学附属的省级示范园 A 园,A 园分为新老校区,共选取新老校区大、中、小各一个班,共 6 个班。见表 3-2。

表 3-2 幼儿年龄、性别分布情况表

班级	性别		总计
	男	女	
小班	36	33	69
中班	38	29	67
大班	30	32	62

③本研究采用的是台湾林宝贵《修订学前儿童语言障碍评量表》(2007 版),对陕西镇巴县某幼儿园一个小班 30 名儿童、西安市长安区某村幼儿园一个小班 30 名儿童、西安市某幼儿园两个小班共 60 名儿童进行语言发展水平的测试。三所幼儿园均属于国家公办幼儿园。前两所幼儿园属于农村部分的研究对象,后一个幼儿园属于城市部分的研究对象。本研究选取的 120 名被试是由父母双方共同抚养的汉族儿童。年龄界定:本研究主要是对小班 3 岁 0 个月到 3 岁 11 个月的语言习得水平进行测评。其中城市男孩 20 人,平均年龄 43.24 个月,城市女孩 26 人,平均年龄 44.52 个月;农村男孩 24 人,平均年龄 44.63 个月,农村女孩 24 人,平均年龄 43.82 个月。剔除无效的语言测试成绩量表以及家长问卷、社会文化环境调查表,剩余有效问卷 286 份。

2.以小组为单位,确定一篇论文,分析讨论该研究的研究设计。

操作训练

对"流动学前儿童家庭教育与社会性发展"进行研究设计,包括研究对象的选择、研究方法的选择、研究工具的确定以及资料分析方法的确定。

>> 第二篇

方法篇

本篇主要对七种具体的研究方法及各自的使用、注意事项进行了较为细致的介绍。其中,第四章观察法详细介绍了观察法的概念、特点和类型,观察记录表的编制及注意事项。第五章访谈法详细介绍了访谈法的概念、特点和类型,访谈提纲的编制及注意事项。第六章问卷法详细介绍了问卷法的概念、特点和类型,问卷的编制及注意事项。第七章实验法介绍了实验法的概念、特点和类型,实验设计及注意事项。第八章测验法介绍了测验法的概念、特点和类型,测验法的注意事项。第九章个案法介绍了个案法的概念、特点和类型,个案研究材料的收集和整理,个案研究的注意事项。第十章叙事研究法介绍了叙事研究概念、特点,叙事研究资料的收集与整理,叙事研究的注意事项。为了帮助学习者对本篇内容更深入地学习领会,本篇每章的前面不仅有相应故事导入,后面还配有相应的延伸阅读材料和操作应用题目供大家进一步深入学习。

第四章
观察法在学前教育研究中的应用

📖 导　读

福尔摩斯凭什么判定个体的身份？

《血字的研究》中，福尔摩斯远远地指着一个送信的人道："他是个退伍的海军陆战队的军曹。"当华生证实后惊讶不已。福尔摩斯却淡淡地说："我隔着一条街就看见这个人手背上刺着一只蓝色大锚，这是海员的特征。况且他的举止又颇有军人气概，留着军人式的络腮胡子；因此，我们就可以说，他是个海军陆战队员。他的态度有些自高自大，而且带有一些发号施令的神气……根据这些情况，我就相信他当过军曹。"

思　考

1. 福尔摩斯凭借观察得出的结论可靠吗？
2. 你生活中运用观察法遇到过哪些趣事？有过什么经验和教训？

抛砖引玉

可以考虑：①观察法的概念；②观察的指标；③观察的生态效度；④观察法的肤浅性；等等。

第一节　观察法概述

观察是收集原始资料的基本方法，许多著名的教育家和心理学家都曾用观察法研究儿童。苏联教育家苏霍姆林斯基曾先后对 3700 名学生进行深入观察并做了详细的观察记录，积累了丰富的原始材料；瑞士心理学家皮亚杰以自己的 3 个孩子为观察对象，收集了有关儿童认知发展的大量事实；我国幼儿教育家陈鹤琴连续观察其子 808 天，获得了儿童心理发展的第一手资料，为研究儿童心理问题奠定了坚实基础。观察是教育科学研究中最基本的一种方法，对收集教育原始资料，探索教育问题起着重要作用。

一、观察法的概念

观察，是指人们对周围存在事物的现象和过程的认识。"观"是看，"察"是分析研究。观察是一种有目的、有意识的感性认识活动，属于认识论范畴，而不是生理学范畴的概念。观察法，指的是人们有目的、有计划地通过感官和辅助仪器，对处于自然状态下的客观事物进行系统考察，从而获取经验事实的一种科学研究方法。它强调在"自然发生"的条件下，对观察对象不加任何干预控制。观察法最适合于幼儿,是教育研究中最基本的方法,特别对于学龄前的幼儿,是最为简便易行的方法。

二、观察法的特点

(一)目的性

观察是有目的的感知活动,在进行感知活动时,如果没有明确的目的,那就只能算是一般的感知,不能称为观察。一个明确的观察目的是研究者的行动指向,制约着研究者观察的前前后后。观察前,研究者确定观察任务,观察要解决什么问题,怎样给变量下操作性定义;观察中,研究者尽量排除无关刺激的干扰,收集能够回答观察任务的事实材料。

(二)计划性

观察研究之前,研究者应根据需要有意识地制定研究计划,对观察的对象要有确定的范围、明确的指标,以求全面把握观察对象的各种属性,即对观察的时间、对象、范围、仪器、记录方法、过程、注意事项、变通方法等都有事先的计划、安排,保证观察有计划地进行。这些计划和安排可以使观察的效率大大提高,增强所获资料的准确性和可靠性。

(三)选择性

我们解决问题时应有所侧重,而不是胡子眉毛一把抓。观察总是以能够系统地说明一个或几个特定的问题为出发点,不是一般地认识任何现象。作用于我们感官的现象有很多,时间和精力的有限决定了研究者要选择典型的观察对象。只有做到对观察对象有所甄别,把注意有意识集中和保持在经过选择的观察对象上,获得的观察材料才有针对性。从复杂多变的现象中选择观察的典型对象,选择典型时间、事件,以获得有代表性的材料,才能解决固定的问题。

(四)自然性

强调在"自然状态"下,对观察对象不加任何干预和控制是观察的最突出特点。保证观察的自然性,才能获得真实可靠的材料,因此研究者应该努力避免妨碍事件自然发生的一切因素。

(五)客观性

观察的客观性是感性认识上升为正确理性认识的前提。观察所获得的事实材料,实质上是研究者对教育现象或过程的一种反映和描述,观察的客观真实性将直接影响观察分析的正确性。

延伸阅读 4-1

提高观察客观性的三条有效途径

观察所获得的事实材料是深入认识教育现象的依据,是科学研究的基础。可从三方面着手提高观察的客观性:首先,研究者要保证观察在自然条件下进行,对观察对象不加任何干预和控制,这样才能得到自然条件下的真实情况。保证观察的自然状态,才能获得真实可靠的材料。其次,研究者要如实地反映现实情况。研究者应力求避免主观偏见,防止个人偏好和猜测臆断,应该如实地记录观察到的结果。第三,通常可通过训练观察者、增加观察次数来提高观察结果的客观性。

三、观察法的类型

(一)按是否借助仪器和技术手段来观察,分为直接观察和间接观察

1.直接观察

直接观察是指凭借人的自然器官如眼、耳等感官在现场直接进行观测,从而获得第一手资料的观察。如教师观察幼儿的游戏过程,并用笔记录幼儿的游戏过程。

直接观察的优点是观察者身临其境,感受真切、直观、具体,有助于形成对观察对象的整体认识,适合于在实践第一线的老师应用,但人的感官是有一定局限性的,纸笔记录往往会遗漏许多信息,被观察的行为现象不能被完整地保存下来,难以再现原始情境。

2.间接观察

间接观察是指是利用仪器或技术手段如录音、录像等为中介,间接地对现象或行为进行观测,从而获取资料的观察。

采用间接观察能将现场情境尽可能地保留下来,可供日后反复观测和反复分析用。因此,现行的观察常需要以间接观察作为辅助手段,利用现代化的仪器设备,使观察更精确,更全面。

(二)按是否直接介入被观察者的活动,可分为参与观察与非参与观察

1.参与观察

参与观察是一种独特的观察方式,它要求观察者不暴露自己的真实身份,加入到被观察者的群体或组织中,进行隐蔽性的观察。例如,观察者作为游戏的参与者参与幼儿的游戏过程,在不被幼儿察觉的情况下,对幼儿的行为进行观察。

参与观察的好处是能掌握第一手材料,可以缩短观察者与被观察者的心理距离,可以深入到被观察事物的内部,并可以追根究源,察明原委,发现用其他方式难以了解的问题。但是,参与观察的主观性较强,研究结果难以重复验证。另外,如果观察者过分参与,没有摆正自己的位置和所扮演的角色,成了左右活动的人物,那就会影响观察的客观性。

2.非参与观察

非参与观察指观察者不介入观察对象的活动,以局外人或旁观者的身份进行的观察。这种观察可以是公开的,即观察者知道有人在观察;也可以是隐蔽的,即观察者在不知晓的情况下被观察,如通过观察屏或暗中设置的仪器进行的观察。一般来说,绝大多数的观察是采用非参与观察进行的。

非参与观察由于不干预观察对象的发展和变化,只是从旁对正在发生的行为现象进行记录,因此所得的结论相对客观,但观察内容容易表面化,不易获得深层次的信息。

(三)按观察过程是否事先确定具体观察项目和观察程序的严密程度,可分为结构观察和非结构观察

1.结构观察

结构观察,也称正式观察,它是一种计划严谨、周密、操作标准化的观察。这种观察的基本特征是:观察指标体系明确具体;严格对观察行为分类、下操作定义;预先制定细致的观察记录表;在一定控制程度下进行观察;范围较大的观察,需要培训观察人员,建立信度;用量化方式

分析资料;所得结果较为可靠;多用于验证性研究。

结构观察由于采用标准的观察程序,能控制因观察者主观因素造成的误差,相对来说科学性更强,更具说服力,它对观察者和观察手段都有较高的要求,常用于描述性研究和实验资料的搜集。

2.非结构观察

非结构观察,也称非正式观察,是一种无周密的观察计划,没有记录表,记录内容往往是文字描述和质的分析,结构较为松散,但易于实施的观察。适合于教师获取日常教育、教学等方面的信息和对儿童身心发展各种特点的认识,多用于探索性的观察研究。

非结构性观察在科学性上略显欠缺,但它在教育、教学的自然情境中实施,方法灵活,有较好的可行性,常为实践工作者采纳。

(四)按观察的情境条件可分为自然观察和实验室观察

1.自然观察

自然观察也称现场观察,指在现场自然情境中,对观察对象不加以控制的一种观察。通常采用纸和笔对偶然现象或系统现象作描述性的记录和分析。

自然观察是最古老的,也是最基本的观察,适用于对儿童发展和教育的研究。这种观察能系统地记录儿童的发展性变化,能收集到较为客观真实的资料,具有生态效应。但这种观察常常需要花费较多的时间和精力,观察所得材料往往是观察对象的外部行为表现,难以确定内在因果关系。另外,观察难免带有主观选择性,只记录观察者感兴趣的行为表现,而忽略一些重要的行为细节。

2.实验室观察

实验室观察又称控制观察或条件观察,指在研究者控制条件的过程中,对现象或行为进行的观察。通常要求观察程序标准化,观察问题结构化。

控制观察由于是在严密的条件控制下进行观察,能克服因观察者主观选择而产生的误差。但由于对环境条件的人为控制难度较高,实践起来较困难。另外,也有可能会影响研究结果的真实性和可推广性。

(五)按照是否以自身心理行为为观察内容可分为自我观察和客体观察

1.自我观察

自我观察又称内省观察,是人文科学研究中的特殊方法,它将观察者与被观察者合二为一,即观察者对自己内在心理活动与过程进行自我认识。人的内在心理活动和过程是教育研究的一个重要方面,任何外部的教育影响只有被主体感受到了,才能对人的发展产生作用。因此了解人的内心感受,了解人的内部世界是教育理论研究和实践所必需的。通常自我观察采用口语报告法,即要求被试对特定问题出声思维,怎么想就怎么说。研究者对被试的口语进行记录,并作描述性分析。

2.客体观察

客体观察又称客观对象观察,指对主体以外的他人或事物的观察。一般的观察都是客观对象观察。

从以上各种观察类型中可以看出,每种观察类型都有各自的基本特性、适用范围和条件以及各自的优缺点。教育研究中运用哪类观察则要根据实际情况做出选择。但无论哪种观察类型,观察所要达到的目标是统一的,就是要使观察得到的资料与被观察的实际状况达到最大限度的一致。换句话说,就是观察要客观,客观的观察才是有效的观察。

延伸阅读 4-2

观察法分类综合

观察法分类见表 4-1。

表 4-1 观察法分类

观察分类	按观察是否借助仪器分	直接观察
		间接观察
	按研究者是否参与观察对象的活动分	参与性观察
		非参与性观察
	按观察实施的严密程度分	结构式观察
		非结构式观察
	按观察的情境条件分	自然观察
		实验室观察
	按观察的指向对象分	自我观察
		客体观察

第二节 观察法在学前教育研究中的作用、实施要求及过程

一、观察法在学前教育研究中的作用

(一)可以获得较为真实具体的信息

观察法在自然情境下观察幼儿的行为,较为简便易行。学龄前幼儿受年龄以及认知发展的局限,理解能力差,言语表达能力不到位,有一些控制性较强的研究方法如实验法就难以顺利开展。观察法是在自然情境下观察者对幼儿的行为、语言等做出明确清晰的记录,并对这些真实表现做出判断,利用外部表现分析其内在心理。例如,老师发现幼儿能点数数字5,但是幼儿究竟对于数字5的具体代表的含义了解多少呢? 这就需要老师通过观察发现班里幼儿对于数字5的实际含义了解掌握的情况。观察往往是获得第一手材料的最好方法。

(二)能够深入到幼儿内部,了解比较完整真实的幼儿形象

观察法直接观察并客观记录幼儿的实际行为,可以避免观察者的主观偏见。根据个体差异,有的放矢地进行具体化的指导。同样是不能完成老师要求的任务的幼儿,通过观察可知,有的是因为幼儿在老师讲解过程中,没有集中注意力认真听讲;有的是因为身体不舒服,不愿意配合开展活动;有的是因为与合作的小伙伴沟通不到位,发生了摩擦……这就要求教师通过

观察,有针对性地对幼儿进行指导。A幼儿园大一班的某一个男孩,在集体教学活动中经常左顾右盼调皮捣蛋,老师不太喜欢他。在一次美术活动中,老师发现他很有创意,画面特别漂亮美观,在之后的美术课上老师经常表扬称赞他,将他的画在园里展览,这个男孩在这之后表现得越来越好。这就是教师通过观察改变了对幼儿的原有看法。

(三)可以对幼儿的行为做出正确评价判断,还可以近一步提出有效的解决措施

幼儿在自然情境下表现出来的行为不受观察者的影响,较为真实自然。观察法无论对于教育实践工作者还是教育科研工作者都有非常重要的意义,是教育和研究的必备的能力。通过观察可以了解儿童的行为,分析其心理特点,考察检验教育的效果,提出有针对性的教育措施、计划方案;通过观察可以掌握第一手资料,进而加以分析,提出观点和创立理论,用以指导实践。观察法记录的是幼儿某一阶段的过程以及在这一过程中幼儿与周围环境之间的相互作用。例如,"格赛尔量表"的制定,就是通过大量观察,借助仪器设备(如相机等)记录下大量的胶片,进而加以分析研究,制定出幼儿各年龄阶段发展的行为量表。又如,如果想研究幼儿与成人之间的依恋关系、分享行为、攻击性行为、解决问题的能力、社会交往能力等,就需要对幼儿进行大量的观察,根据观察所得的内容进行分析判断,进而提出相应的适合的教育方法和有针对性的教育措施,促使其行为得到改进或培养提高。

(四)观察是假设、观点和理论产生的手段

教师通过对幼儿的兴趣、动机、个性及认识能力的观察,才能做出判断和有的放矢地提出教育方案。研究过程中,观察是必不可少的手段。许多重要理论的创立,研究假设的提出或确立,都是研究者通过对教育现象和儿童行为的观察得出来的。例如,皮亚杰的儿童认知发展理论、陈鹤琴对中国孩子发展情况的了解,都是通过观察自己的孩子,进而分析研究出来的。

二、观察法的实施要求

(一)具有明确的观察目的

观察是根据研究目的,为解决某个问题而主动进行的。其目的在于获得直接的经验事实素材。观察确定的目的要重点突出,数量不能够太广。

(二)具有说明行为现象类型的指标体系

观察行为现行类型的指标体系,要能够对观察行为的类型进行提前的预设,并能够对每种类型所包含的不同水平进行区分。比如。将幼儿教师区域游戏活动中的言语行为,分为5大类,即提问、要求、评价、答复及其他。前4大类再分为3小类,设计出观察行为的指标体系,在随后进行的区域游戏活动观察中,观察者将幼儿教师在区域游戏中的所有言语行为逐一分门别类地量化登记。

(三)具有具体、合适的观察方法

这包括是否要现场录音、录像,制定所观察项目的编码手册,以利于现场记录或事后分析之用。通过观察,统计每种行为发生的频率。要保证观察的可靠性。观察时最好有两人同时进行,事后可计算观察结果的一致性,以保证其信度。

(四)具有明确的观察对象

观察前要确定观察的项目。比如:幼儿教师在区域游戏活动中扮演着哪些角色? 幼儿教师在区域游戏活动中的角色有哪些类型？

（五）具有一定的观察地点

要确保观察地点的选择能够维持被观察对象所表现行为在自然存在条件下进行，不影响被观察者的常态。当所选择的观察地点让观察对象意识到自己在接受观察，有可能使观察对象预先考虑给予观察者以一定的反应。在此种情况下，观察者与被观察者之间要建立良好的关系，消除对观察者的陌生感，以尽量控制观察对象的异常状态。

（六）具有确定的观察时间

要认识一种现象，了解一个人的真实行为，就不能只看一时一事的表现，而要进行系统的观察。如确定一周去幼儿园观察几次，每次去观察的时间、地点，要观察的事件或目标人物，以及每次观察的时间长短等或者涉及观察的时间。安排好观察时间指在什么时间进行观察，观察多少时间以及记录行为的持续时间是多少和反应时间是多少。有些观察如时间取样法，每次观察时间是事先确定的，有些观察并非只记录行为出现与否，还需记录行为的持续时间，如儿童发脾气、哭闹等，还有些观察要记录刺激呈现后被试作出反应的时间。总之，时间是观察记录中很重要的一个指标。由于时间是一维的、线性的，因此具有直接可比性。观察者仅在设定的时间内以规律性间隔或随机性间隔，观察和记录所选择的行为，并且观察时间的长度、观察的空间以及间隔观察的次数都是事先设定的，为的是确定目标行为具有代表性。

（七）具有简明的观察记录表和合适的观察工具

记录贯穿于正式观察的全过程。客观的观察记录是获得正确结论的基础和保证。记录应尽可能做到具体、详尽、系统、真实，能准确反映行为事实。采用什么样的记录方法对研究的成功至关重要，在制定观察计划时，必须考虑记录的方法。一般来说，要获得完整的、全方位的信息，要能重现观察情境，最好采用开放性的观察记录，即将行为表现及情境全部实录，尽可能保留原始信息，供以后反复观察、分析记录用。如果观察项目明确、单纯，是事先确定的行为，则可采用封闭性的观察记录，即用表格、符号记录行为发生的频数，获得的细节、背景信息越多，观察的视点越集中于目标，但获得的信息则较少。反之，开放性程度越高，获得的细节、背景信息越多，但观察的注意范围扩散，视点不易集中。一份好的观察记录表，可以准确记录观察内容，简化记录手续，节约记录时间，提高观察的效率。例如，表4-2是幼儿参与室内游戏活动的清单。

表4-2　幼儿参与室内游戏活动清单

日期：

活动类型 幼儿姓名	猜谜	变戏法	数的游戏	绳画	拼贴	触摸板	过家家	积木	木偶	阅读	备注
1.	√		√	√	√		√		√		
2.		√	√		√	√	√		√		
3.											缺席
4.		√	√	√			√		√		

活动类型 幼儿姓名	猜谜	变戏法	数的游戏	绳画	拼贴	触摸板	过家家	积木	木偶	阅读	备注
5.	√			√	√			√	√		
…											
总计											

(八)具有一定的处理和分析材料的方法

不同的观察记录方法,对观察者的主观推断会有不同的要求。有些方法不需要作推断,只需如实地描述,推断是以后分析的事。有些方法则要有一定的推断,要求观察者判断观察到的行为是否符合操作定义,是否要记录,属于哪个等级。如果研究儿童的攻击性行为,课堂观察中发现甲儿童推了乙儿童一下,这算不算攻击性行为?这时就需要观察者做出推断,以决定是否要记录在案。

观察的行进路线总是从观察者到被观察者。观察者总是主动的,而被观察者是被动的。观察是由观察者的感知觉、注意力、解释力三部分组成。有时对同一对象,不同的观察者可能会得出完全不同的观察结论,这主要是由各人的认识、经验、理论、背景知识、思维方式不同所造成的。因而,观察法运用得好坏主要取决于观察者自身的科研素质。观察法要求观察者既要具备有关目标行为的足够知识,不抱任何偏见,保证收集资料的客观性和可靠性;又要具有准确的推论能力,对观察结果作出合理的、科学的解释。

延伸阅读 4-3

大型观察研究的步骤

大型的观察研究中,需要培训观察者提高观察的信度,其步骤一般为:

(1)确定观察目的,选择观察对象;

(2)制定观察计划,包括观察范围、内容、重点、材料、仪器、行为单元的划分、行为指标的操作定义以及观察时间、地点、次数、记录方式等;

(3)按计划进行实际观察,并做好观察记录,可利用记录表格或录音、录像设备等;

(4)观察材料的整理分析,形成观察结论;

(5)撰写观察报告。

三、观察法研究的实施过程

(一)界定观察行为

对观察行为进行界定是观察法必不可少的一步。行为的界定必须符合可操作性这一原则,也就是所界定的行为必须是客观的、可观察的、可测量的。如果我们把尊重别人、与他人合作、与朋友友好相处、能生活自理、独立学习、讲究卫生、举止文雅等作为行为目标,我们会发现这些行为本身很难客观地观察和测量,它们的界限不清楚,各自只代表了某一类较抽象的行为,不够具体,不符合可操作性的要求。相反,我们把能辨别红、黄、蓝三种颜色,会用筷子就餐,能独立穿衣脱衣,会系鞋带,会打电话,会刷牙等作为行为目标,这些行为就符合可操作性的原则,可直接观察和测量。

当行为目标比较抽象、笼统,不能直接观测时,通常要给行为下操作性定义。在儿童依赖性观察评定量表(见表4-3)中,6项行为目标都较抽象,观察者难以下手,经操作性定义,观察者可以比较容易地对儿童的依赖性程度做等级评定了。

表4-3　儿童依赖性观察评定量表

1.要求权威者的承认	常向老师询问"这样好不好",始终按照老师的要求去做	A—B—C—D—E
2.身体靠近或接触	常喜欢站在老师身旁或依偎着老师的身体,和同学、朋友也是常拥靠	A—B—C—D—E
3.求他人帮助	积极求人帮助,自己会做的事也要求人帮助,常哭泣	A—B—C—D—E
4.求他人支配	常问别人怎样去做,照着人家的话去做	A—B—C—D—E
5.模仿他人的行为或作品	模仿长辈或群体中最有影响人物的言行,模仿别人图画作品	A—B—C—D—E
6.讨好别人	别人叫他做什么,就很快很乐意去做,别人要借什么,就立刻出借	A—B—C—D—E

注:A—极多见;B—常可见;C—普遍;D—不常见;E—极少见。

(二)选择观察记录方法

常用的观察记录方法有三种,即连续记录法、频数记录法和评定记录法。

1.连续记录法

连续记录法用于实况详录、事件取样等方法中。连续记录可以用纸笔在现场进行连续的描述性记录,也可用录音、录像等设备将观察情况摄录下来,再转记到记录纸上。

2.频数记录法

频数记录法用于时间取样、频率计数、行为核验等方法中。频数记录法是将观察内容列成表格式清单,以符号形式对某项行为出现的次数进行记录,如以划"正"字等形式进行描述性地追记、补记。频数指在实施中需作多少次观察以及观察行为在一定时间内发生或重复的频数。重复观察多少次为宜,应以研究的精准程度而定。一般来说,在相同条件下观察次数越多,观察的精确程度越高。通常观察行为应是经常反复出现的行为,行为次数的多少往往反映了行为质量的不同程度或水平。次数与时间一样也是一维的、线性的,因此也具有直接可比性。

3.评定记录法

评定记录法用于等级评定法中,即根据一定的等级标准或评定量表,对观察到的行为表现进行评定,如用等级"优、良、中、及格、不及格"或用数字"1、2、3、4"、字母"A、B、C、D"表示不同的等级。

(三)制定观察记录表

观察记录表应根据研究的目的要求和选择的记录方法来设计。首先要确定记录什么信息,然后要确定观察的行为单元。记录表要便于实际观察,要易于观察材料的归纳整理。如要对大班儿童上课注意保持行为进行研究,可先给注意行为分类,下操作定义,并制定观察记录表(见表4-4)。

表4-4 大班儿童20分钟注意保持行为的观察记录表

班级＿＿＿教师＿＿＿科目＿＿＿观察者＿＿＿时间＿＿＿

儿童代号	1	2	3	4	5	6	7	8	9	10	11	12	13	14	15	16	17	18	19	20	总计
1																					
2																					
3																					
4																					
…																					
20																					
合计																					

用摄像机将大班的一堂计算课(20分钟)全部实录下来,然后对录像中每一个儿童注意保持行为进行观察记录,注意集中的打"○",注意分散的打"×",1分钟为一个观察单位。

(四)安排观察时间和次数

在现场观察中,为了提高观察结果的客观性和可靠性,可安排数次预备观察。因为当儿童不熟悉的人进入教室对他们进行观察,儿童可能会有意无意地改变自己原有的行为。为了消除这种干扰,安排1～2次预备观察是必要的。一般儿童能很快地适应新的情境,旁若无人地以自己的本来面目行事。时间和次数是观察研究中的两个重要指标。观察记录的时间和次数作为量化的重要指标,可用图表形式直观地呈现观察结果,相对来说,时间和次数比较客观,可避免定性分析可能引起的歧义。

(五)不干预被试的活动

在观察过程中,观察者应尽可能避免与被试直接交流意见,不要对被试的行为表现作肯定或否定的评价。不干预被试活动的目的是不影响被试自然行为的产生,从而获得真实、可靠的信息。例如,我们要观察儿童的侵犯行为,当两位儿童在游戏过程中因争夺玩具而争吵起来,观察者没有必要去制止他们,因为研究目的就是要观察儿童的侵犯行为,获取侵犯的类型、程度、持续时间、如何平息、最终结果等信息。如果制止事件发生,我们如何去获得这些信息呢?我们还能观察什么呢?这时观察者的任务就是抓紧时机仔细观察、如实记录所发生的行为,至于争吵儿童的教育批评可在观察结束后予以适当处理。当然,两位儿童打起来了,结果可能会导致身体伤害或危及生命安全,这时制止是必需的。

另外,不干预被试的活动还有另一层意思,即观察者应尽量不让被试知道有人正在观察他们,不让被试了解研究的真实意图,这样才能有效地避免被试虚假行为的产生,才能获得真实可靠的观察材料。

(六)客观地进行观察

客观性是观察的基本原则。观察的客观性要求确定合适的"行为单元",即观察测定中所用行为成分的大小。观察记录很小、很具体的行为单元,往往不需作主观推论,这有助于在不同的观察者之间取得较高的观察一致性。但观察会变得机械、刻板,缺乏灵活性。而过大的行为单元则要求观察者做出较高程度的主观推论,可能会使不同的观察者对相同行为得出不同的、甚至相反的观察结果。至于究竟怎样的行为单元是合适的,这要与研究目的、观察内容、观察者的经验等综合起来进行考虑。

观察的客观性还要求观察者避免掺杂个人的主观偏见,不要把个人的主观推测和客观事实相混淆。要增强观察的客观性,可利用仪器设备进行观察,如照相机、录音机、摄像机、计时器、计数器等,尽可能利用可量化指标进行观察。如果没有合适的仪器可用,则可采取两个以上的观察者同时进行观察记录,然后互相核对记录以达成共识。

在进行较大规模的观察前,通常还要对观察者进行培训,统一观察标准,避免不同的观察者对相同行为作出不同的解释,以提高观察的信度。培训观察者一般采用尝试性模拟观察,即让不同的观察者按确定的观察标准或操作定义对模拟对象进行观察记录,然后对所得的观察记录进行信度分析,求得观察者的相互同意度,即观察一致性程度。一般观察者的一致性程度要求达到 0.80 以上才能实施正式观察。

观察中,记录要及时、全面、详尽,不要依赖记忆。如有特殊情况,应客观地加以记录,如一时无法详细记录,应在记录表上作个记号,一旦观察结束及时补记。当观察过程中对有关行为或现象产生新的看法或解释,也可在记录表边上用言简意赅的几个字作个小注,以供日后分析时参考。

(七)及时处理观察资料

在每一项观察告一段落时,首先,应在对观察情境有比较清晰的印象和尚未完全遗忘的情况下,及时对所记录的资料进行整理、补正和分析,以免时间久了无法看懂材料;其次,对初步整理的材料作进一步的考虑,如所需的资料是否都收集到了,是否都有效,是否还要继续观察等;再次,如果观察内容比较多,观察周期比较长,应及时地将资料分类归档,以便日后查阅;最后,整理记录资料时,需要解释的内容必须详细加以说明,以免时间久了而遗忘。

科学的观察,不仅要收集客观的事实资料,而且要对事实资料进行全面的分析研究,得出正确的结论。

延伸阅读 4－4

对美国一所托幼中心全日班一日活动的观察与反思

1.研究缘起

美国幼儿教育一直为国内幼儿教育界所瞩目。近年来,有关美国幼儿教育状况的各种考察研究层出不穷,呈现了美国幼儿教育真实而生动的各个方面。但是,至今尚未有专门针对美国托幼机构一日活动完整的观察研究，使我们缺乏对美国幼儿教育全面而透彻的认识。在美国，5岁以下儿童的照看机构的主体是托幼机构（即托儿中心），所占比例为31％，仅次于家属照看。笔者在美国密西根州一所知名大学访学期间，有幸对一所托幼中心（招收2.5～5岁儿童）进行了一天的实地观察，真实地记录了儿童从入园到离园的一日生活，希望站在中国幼教学者的立场上，观照美国的幼儿教育，深入了解美国儿童在托幼机构的生活。

2. 研究方法

本研究采用时间取样与事件取样相结合的观察研究法，实地观察记录儿童在托幼中心一日的生活。以5分钟为一个观察时段，观察与记录所有进入观察者视野的儿童和教师的行为。在观察者视野之外的则忽略不计。

研究者观察的这一托幼中心成立于1976年，为2岁半到5岁的儿童提供高质量的早期儿童教育，1986年获得美国早期儿童教育项目国家协会（National Academy of Early Childhood Programs）资格认定，其教育理念倡导将每位儿童视为独一无二的个体，并认为儿童的潜能正是在以儿童为中心和适宜儿童发展的学习环境中得以发展。该园有3个班，分别为上午班（9：00AM—12：15PM）、全日班（9：00AM—5：30PM）和下午班（1：15PM—4：30PM）。因本研究内容需要深入了解儿童在园一天生活，所以选择了唯一的全日班。观察当天，该组有22名儿童，年龄在2岁半到5岁之间，其中男孩12名，女孩10名。观察者根据这些儿童进入观察者视野的先后，按照字母顺序为其编号，依次为A、B、C……观察者同样根据进入观察者视野的先后对教师加以字母编号。该班主班教师2名（TA和TE）、生活助理教师2名（TF、TG）、"大学生"助理教师4名（TB、TC、TD、TH），共8名教师，均为女性。

该托幼中心课程模式为主题课程，以游戏的方式展开，一般一周一个主题。该班正在进行"探索宇宙空间"的主题。围绕这一主题，从数学、语言、艺术、社会与情感等多个领域展开，采用发现游戏、小组活动、集体教学、讨论会等多种组织形式。笔者观察的当天是主题开展的第二天。

该班室内活动空间有3个：活动室Ⅰ既是小组活动空间，包括读书区、手工区、美术区、玩具区等多种区域，同时也是集体活动空间和就餐的空间；活动室Ⅱ主要有娃娃家和大型木建构区；活动室Ⅲ相当于大型室内运动区，摆放了大型玩具和体育器材，还特意搭建了一个绿房子样式的舞台，午餐后的绿房子读书活动在这里进行。室外活动空间是全园共享的操场，供3个班级在上午和下午轮流使用。

在征得该园同意，并阅读有关进入托幼中心观察幼儿的条例后，笔者才得以进入该园进行观察。笔者在观察时所处的位置基本固定在活动室Ⅰ的一角落，遵照观察规定，不得影响儿童和教师活动，只是到了中午12：50和下午15：30才移动到其他两个活动室。由于活动室Ⅰ的空间被分割成几个不同区域，笔者与其中两三个区域的观察对象距离不远，比较清楚地观察目光所及儿童和教师，有时还会引起儿童对笔者的兴趣，回答他们的问题，使得本观察具有一定的准参与性，但是由于客观条件限制，本研究基本上是非参与性的。

观察时间为2006年11月28日一整天。具体过程分为两个阶段：第一个阶段（8：45—13：10）：上午半天观察，每5分钟记录在观察者视野内的儿童和教师行为。合计观察时间为265分钟。第二个阶段（15：00—16：05）：下午半天观察，每5分钟记录在观察者视野内的儿童和教师行为。合计观察时间为65分钟。午休时间（13：10—15：00）因不便观察，观察者暂时离园。通过Excel统计分析，全天总计实地观察时间为330分钟（包含172个事件），其中完整记录的观察时间为230分钟，而户外活动和午餐等不完整记录的观察时间为100分钟。此外,本研究采用定量与定性相结合的方式分析资料。

3.结果分析

(1)该托幼中心一日生活内容与时间的分布情况。

该托幼中心一日生活内容与时间的分布情况见表4-5。

表4-5　托幼中心一日生活内容与时间分布

时间段	内容		时间长度与比例
8:45—9:25	晨间 发现 游戏	阅读	40分钟(6%)
		插塑玩具	
		美工	
		其他类(聊天、 自由玩、哭闹等)	
9:25—11:00	区域 发现 游戏	玩具区	95分钟(14%)
		阅读区	
		美工区	
		角色游戏区	
		建构区	
		其他类(聊天、 自由玩、哭闹等)	
上午零点			70分钟(10%)
11:00—11:20	集体主题活动(跳圆圈舞)		20分钟(3%)
11:20—12:30	户外活动		70分钟(10%)
12:30—13:00	午餐		30分钟(4%)
12:50—13:10	读书		20分钟(3%)
13:10—15:00—15:40	午睡		110分钟(20人), 150分钟(1人)(22%)
15:00—15:55	区域 发现 游戏	玩具区	55分钟(8%)
		角色游戏区	
		美工区	
		建构区	
		自由游戏	
下午零点			25分钟(4%)
15:55—16:05	集体主题活动(跳圆圈舞)		10分钟(1%)
16:05—17:30	户外活动		85分钟(13%)
合计	670分钟		

从表 4-5 中我们可以清楚地看到,该托幼中心一日生活环节的顺序:

首先,晨间发现游戏为一日活动的开端,区域发现游戏与户外活动在上午和下午交叉进行,中午有充分的午餐和午睡时间,上、下午均有时间跨度较大的零点。其次,在各类活动时间长度方面,晨间和区域发现游戏时间(28%)最长,然后依次为户外活动(23%)、午睡(22%)、零点(14%)、午餐(4%),集体主题活动(4%)与睡前读书活动(3%)所占时间最短。可见,在美国,儿童安静的自主发现游戏和充分的身体运动被置于十分重要的地位。美国教师通常强调自由游戏,让儿童学会做出自己的选择,培养其独立解决问题的能力。户外活动则十分自由,且持续时间长,儿童完全自选所喜爱的运动或游戏,但是没有我们中国幼儿园常见的早操活动。零点和午睡等生活环节也更加自由,完全满足儿童的自然需要,没有严格的时间限制,集体活动的时间却很短,没有作为一日活动的重点。最后,从一日生活的动静环节变换节奏来看,上午和下午的半日活动均只有 3 次环节过渡,并且每一阶段的活动时间持续很长,以上午半日活动为例,3 次环节过渡分别为 135 分钟的安静游戏活动——20 分钟较为活跃的集体律动——活动性最强的 70 分钟户外活动——30 分钟室内午餐,表现为一种平缓的环节过渡。这是因为"节奏"在美国幼教界看来,是全日制托幼机构的一项重要元素,这里的儿童与教师可以拥有更长的时间。相反,过多的环节过渡、转换以及对儿童活动的干扰都被认为会影响教育质量和儿童学习。因此,在美国全日制托幼机构里,有经验的教师会尽可能有意识地减少儿童在一日活动中的环节过渡数量。

(2)晨间与区域发现游戏的时间长度与参与人次情况。

晨间与区域发现游戏的时间长度与参与人次情况见表 4-6。

表 4-6　晨间与区域发现游戏的时间长度与参与人次情况

游戏内容	时间段						合计	
	晨间		上午		下午			
	8:45—9:25 (40分钟)		9:25—11:00 (95分钟)		15:00—15:55 (55分钟)			
	时间长度	参加人次	时间长度	参加人次	时间长度	参加人次	时间长度	参加人次
阅读	40分钟	10人次	55分钟	17人次	0分钟	0人次	95分钟	27人次
拼插玩具	20分钟	6人次	70分钟	22人次	55分钟	40人次	145分钟	68人次
美工	20分钟	6人次	50分钟	20人次	15分钟	6人次	85分钟	32人次
角色游戏	15分钟	6人次	10分钟	2人次	25分钟	24人次	50分钟	32人次
大型积木建构游戏	/				5分钟	2人次	5分钟	2人次
其他类(自由玩、聊天、哭、打闹等)	10分钟	6人次	65分钟	25人次	25分钟	15人次	100分钟	46人次

表4-6说明,晨间游戏中的阅读活动贯穿始终,选择安静的阅读活动的儿童最多;其次为较为安静的地面拼插玩具和美工活动。由于晨间入园孩子仅9位,角色游戏和其他活动就比较少。上午,区域发现游戏是晨间游戏的继续,不过拼插玩具活动和其他活动比阅读活动长,参加人次较多,这和已在晨间阅读的儿童选择拼插玩具活动有关,而其他类活动的增加与全班儿童都已入园有关,自由玩、聊天、新入园的哭闹、孩子之间的摩擦也增多了。美工与阅读活动次之,其中美工活动与儿童一入园就要上交美工作品、参与美工区"土星光环"制作有关;角色游戏最少,仅为个别儿童的个人装扮游戏,他们模仿狮子或猫咪的动作,还不断轻轻地发出动物的叫声。下午,拼插玩具活动贯穿始终,这和教师在活动室Ⅰ中专门安排的桌面拼插玩具吸引儿童有关;角色游戏次之,在角色游戏区玩娃娃家玩具、厨房玩具的儿童有24人次,同时午睡后孩子之间的打闹增多,主要发生在活动室Ⅱ的建构区与角色游戏区;美工区内教师专门提供的绘画活动以及建构区内大型积木的建构游戏都没有引起儿童的兴趣,时间长度与参与人次不多;阅读活动在下午完全没有儿童来选择。此外,从各类活动一天中的整体分布来看(不包括积木建构游戏),按照时间长度排序,依次为拼插玩具、其他类活动、阅读、美工、角色游戏;按照参与人次排序,依次为拼插玩具、其他类活动、美工与角色游戏、阅读。可见,阅读活动虽然时间长度较长,但是喜欢的人次最少,而且主要为该班第一个入园的男孩所喜爱;角色游戏则相反,虽然时间长度最少,但是人次相对较多,因为它是多个儿童之间相互作用的交往性活动;其他类活动在时间与人次上多处于第二位,这让我们看到美国托幼机构里的儿童更为自由,他们可以从事自己喜欢的各种事情,教师不要求他们一定参与到教师提供的区域游戏中。

(3)主题活动呈现方式、时间及内容分布。

主题活动呈现方式包括区域发现游戏和集体活动两种。与主题相关的区域包括美工区"土星光环"制作、绘画和阅读区的宇宙书籍阅读;集体活动包括上午和下午各一次的音乐集体教学(跳圆圈舞)以及睡前读书活动。主题活动与非主题活动(非主题内容的阅读、拼插玩具、角色游戏、积木建构游戏、其他类)的比例为4∶5,基本相当。在时间分布上,主题活动与非主题活动的比例为42∶100,集体性主题活动与小组性主题活动的比例为50∶115。

由此看来,主题活动在美国幼儿园一日活动中并没有作为主要内容,相比更加自由的发现游戏才是其主要内容。

观察当天的主题集体活动为音乐教学活动,内容为"环绕土星"圆圈舞。上午,教师在组织全班儿童律动热身后,请他们围成一个大圆圈,一边慢慢地移动,一边唱歌,要求保持圆圈的形状,接着围成两个圆圈,像"土星光环"一样。下午,"环绕土星"圆圈舞教学在重复上午教学的基础上,增加三人一组、两人一组的小组圆圈舞。

(4)教师与儿童互动情况。

教师与儿童互动情况见表4-7。

表4-7 一日不同时间段教师与儿童互动情况

时间段	教师数量	师幼比例	教师	教师活动空间	教师与儿童互动内容
8∶45—9∶00	2	1∶3	TA	移动于活动室	• 接待入园儿童及其家长
			TB	活动室Ⅰ的阅读区和玩具区	• 在一儿童请求下给他读书 • 一边制作墙饰,一边观察儿童拼插玩具

时间段	教师数量	师幼比例	教师	教师活动空间	教师与儿童互动内容
8：45—10：35	4	1：2.4～1：4.8	TA	活动室Ⅰ各区域	• 接待入园儿童及其家长 • 请儿童和她一起整理玩具 • 和儿童一起吃零点
			TB	活动室Ⅰ的玩具区、阅读区	• 请儿童收拾、整理玩具 • 询问儿童读什么书 • 和儿童一起吃零点
			TC	活动室Ⅰ美工区（教室门口）	• 一边用纸盘裁剪"土星光环"（可戴头顶），一边请儿童用画笔做装饰
			TD	活动室Ⅱ大型积木建构区	• 观察、帮助儿童建构游戏
10：35—11：00	5	1：4.5	TA	活动室Ⅰ零点桌、玩具区	• 和儿童一起吃零点 • 请儿童和她一起整理玩具
			TB	活动室Ⅰ零点桌、玩具区、阅读区	• 和儿童一起吃零点 • 帮助两个孩子解决冲突 • 询问自由玩的孩子在玩什么
			TC	活动室Ⅰ美工区	• 和孩子一起装饰"土星光环"
			TD	活动室Ⅱ大型积木建构区	• 观察、帮助儿童建构游戏
			TE	移动于活动室Ⅰ、Ⅱ	• 给低龄儿童换尿布
11：00—12：30	5	1：4.2	TA	移动于活动室Ⅰ、Ⅱ、户外活动场	• 整理玩具 • 作为角色参与集体活动 • 组织户外活动 • 组织睡前读书
			TC	活动室Ⅰ	• 协助组织集体活动
			TE	活动室Ⅰ	• 组织集体活动 • 和全班儿童共进午餐
			TF	活动室Ⅰ厨房操作台	• 提供、组织午餐 • 和全班儿童共进午餐
			家长	活动室Ⅰ厨房操作台	• 提供、组织午餐 • 和全班儿童共进午餐

时间段	教师数量	师幼比例	教师	教师活动空间	教师与儿童互动内容
15：00—17：30	4	1∶5～逐渐增加	TE	活动室Ⅰ、户外活动场	• 观察、协助玩具区游戏 • 组织集体活动 • 组织户外活动
			TF	活动室Ⅰ厨房操作台	• 组织下午零点 • 参与集体活动
			TG	移动于活动室Ⅰ、Ⅱ	• 收拾床铺 • 协助提供零点 • 参与集体活动
			TH	活动室Ⅰ美工区、活动室Ⅱ建构区	• 收拾玩具 • 组织美工区涂色 • 协调儿童冲突，后来两个孩子纷纷用靠垫去砸她 • 请一个晚起的孩子起床 • 参与集体活动

从表 4-7 我们看到，除了晨间，在其他时间段内，一个班组的教师数量基本保持在 4 位，与儿童的数量比在 1∶2.4～1∶5 之间，从而保证了每个儿童的任何活动至少都会在一位教师的视线里。对于师幼数量比例与幼教质量的关系，美国幼教界普遍认为，师幼数量比越高，幼教机构质量则越高，反之亦然。

笔者看到，两名主班教师（TA 和 TE）分别承担上午和下午的主要带班工作，其中一位专门教师（TE）组织了上午、下午的集体活动；4 名"大学生"助理教师（TB、TC、TD、TH）投入到各个区域游戏的观察与协助工作，她们和孩子们一起游戏，随时提供指导；另两位生活助理教师（TF、TG）承担了餐点、生活管理等工作。教师作为环境支持者、儿童游戏协助者、儿童行为观察者以及儿童生活帮助者，在陪玩式的教育中与儿童互动。此外，特别有意思的是，这里每天的午餐都会邀请一位家长（观察当天为一位母亲）参加，使家长感受孩子与其他同伴在托幼中心的生活，同时让孩子体会家长的亲情与关爱。

4. 讨论与结论

该美国托幼中心一日活动的安排和组织方面具有许多鲜明的优点，值得我国幼儿教育同行借鉴，具体来说：

（1）在生活环节时间安排上，统一性与自由性的结合充分满足了儿童身体本能的需要。美国托幼中心相对统一的零点和午睡时间便于班级的统一管理，但同时对每个儿童并没有整齐划一、死板教条的硬性时间要求，使他们从小就养成产生饥饿感的时候才饮食的行为，产生睡意的时候就彻底休息，保持一种良性状态的身体需要与生活行为之间的一致性。对此，我国幼儿园应考虑在原有的、便于管理的统一生活环节时间安排的基础上，给予儿童更多的自由权，尤其在上午和下午的零点安排上，可以和美国托幼机构一样，让儿童在感觉到自己有吃的需要时自由取用。我们的教室内也可以提供一些可放置较长时间的零点。

（2）在一日活动的氛围与节奏方面，"安静型"室内活动与"运动型"户外活动保持了相对平衡，一日活动的交替环节也相对较少，可以使儿童长时间、全身心地投入到自己喜欢的活动中。相比较而言，我国幼儿园一日活动环节过多，且每个环节时间相对较短，儿童总是处于被教师"牵引"的状态，无法较长时间关注一项活动或工作，教师也有"疲于奔命"的感觉。其实，我们不妨学习美国经验，将"安静型"的室内活动与"运动型"户外活动的时间相对统整起来，让孩子们"静"得有滋有味，"动"得生龙活虎。当然，教师必须为儿童提供各种不同区域的"安静型"活动，便于他们在这一较长时间段内自由选择和更换。

（3）户外活动在美国托幼中心的一日活动中十分突出，并以持续时间长、内容丰富为显著特征。下午和上午各有一次户外活动，均超过1个小时，孩子们可以自由选择城堡追逐、荡秋千、爬梯、骑木马、拍球、跳绳、玩沙等各种体育游戏，充分满足了早期儿童身体运动的需要。对我国幼儿园而言，如何保证儿童身体运动的需要仍然是一个重要话题，在保持集体早操的优良传统下，我们是否也应当增加自由户外运动项目与时间，是否应该把下午各种兴趣班占据的户外活动时间真正地还给儿童呢？总之，美国托幼中心的一日活动完全是以儿童为中心，以儿童的游戏为中心的，充分满足了儿童身心两方面发展的需要。

但是，在主题课程与师幼数量方面，美国托幼中心不可避免地存在一些问题，并不像我们想象中的那样"完美"。在主题课程方面，笔者看到主题活动在一日活动中不占主导地位，所占时间还不到非主题活动的一半，集体性的主题活动所占时间同样略少于小组性主题活动（即区域活动）的一半，并且大部分区域活动与主题无关。可以说，美国托幼中心的这一游戏性课程是一种非干预性游戏课程模式。"这种课程模式对课程的理解较为模糊"，虽然"教师为儿童提供参与游戏的机会，创造各种游戏环境，方便儿童自发游戏"，强调儿童自我指导、自我成长的一面，但失去了鲜明的课程性和教师的有效干预，显得过于随意和零散。师幼数量比例方面，令我国幼教同行羡慕的"1：4"，尽管保证了每个儿童都能得到教师的关注和指导，但是一日内教师较多的更换（该班教师总数达8人之多）也存在一定的负面影响。不同经验的教师因不同的教育方式易给儿童造成心理混乱，不知如何解决问题，正如笔者看到当天下午所发生的个别儿童打闹而不听一位"大学生"助理教师劝阻的事件。这位"大学生"助理教师（可以被看作是新手教师）直接介入到孩子们之间的推挤、打闹冲突中，对他们进行说服教育。这一冲突处理方式与主班教师常用的让儿童自己处理大相径庭，不被孩子们所认同，甚至导致孩子们将冲突延伸至该教师，把靠垫和玩具不停地扔向她，一时局面混乱不堪，直至一位主班教师出面调停才有所缓和。看来，在保证"1：4"的师幼数量比的同时，不能过多增加一日内带班教师数量，且多位教师的教育观念、教育方式还应基本保持一致。这也是美国幼儿教育应当加以反思和改进的地方。

第三节　观察记录的类型及优缺点

一、观察记录的类型

观察法囊括的方法有很多，我们根据观察记录方式的不同，将观察记录分为以下三种类型：描述记录、取样记录以及行为检核。

(一)描述记录

1. 日记描述法

日记描述法又称为儿童传记法,是对观察对象进行长期的跟踪观察,以日记形式记录观察对象行为表现的方法。

在早期的观察中,很多教育家、心理学家都采用了这种方式对儿童进行观察记录。其中最早使用这种方法的是瑞士教育家裴斯泰洛齐。他在 1774 年用这种方法追踪观察其子三年,并写出一篇文章——《一个父亲的日记》。我国最早使用日记描述法进行观察记录的是著名儿童教育家陈鹤琴,他曾对其子陈一鸣进行长达 808 天的记录,在大量原始资料的基础上,1925 年写成了《儿童心理之研究》一书。

日记描述法比较适用于长期观察研究以及个案研究,它是在自然状态下对儿童的观察记录,是真实可靠且具备详实资料的,是对儿童进行研究的传统方法。它能很好地反映儿童发展的连续性与阶段性,较为简便易行。日记描述法的不足之处在于:往往只是针对个别或少部分儿童,缺乏代表性,结果不易推广;观察记录也许会带有主观偏见,难以保证客观性;此法要求观察者长期进行追踪记录,需要花费大量的时间与精力。

2. 轶事记录法

轶事记录法又称记事法,是指观察者将感兴趣的,并且认为有价值的、有意义的行为和反应以及可表现被试个性的行为事件,随时记录下来,供日后分析用的一种观察方法。轶事记录法观察记录的内容可以是典型的行为表现,也可以是异常的行为表现。可以是表现儿童个性的行为事件,也可以是反映儿童身心发展某一方面的行为事件。当然所记录的行为或轶事必须是观察者本人直接观察到的,而不是道听途说的。

轶事记录是有主题的,记录的是被试独特的行为或事件。通常要求将行为或事件发生的过程客观、准确、具体、完整地记录下来,不仅要记录被试的行为、言谈,还要记录被试行为发生的背景以及与之联系的其他在场儿童的活动,记录的词句要准确、客观,如实反映情况。另外,观察者的主观评价和解释行为事实的客观描述要严格地区分开来,以免将客观事实与主观判断相混淆。由于轶事记录往往是在事件发生后的追记,因此一定要及时记录,以免时间长了,受记忆误差的影响,影响所记事实的客观性。

轶事记录法是教师常用的一种方法,因为它运用简单、方便、灵活,无需编制观察记录表格。另外,它可以帮助教师了解儿童的个性特征,了解儿童的成长和发展,探讨影响儿童发展的各种因素,有助于针对性地进行教育干预。但由于轶事记录是记录观察者认为有意义的事件,所记录的事件常会带有主观倾向。另外,轶事记录往往不是现场记录,而是事后追忆,回忆的内容与事实可能会有出入。

3. 连续记录法

连续记录法较轶事记录法要难一些,要求对儿童的行为作更详细、完整的记录,并要求对所观察的情景以尽可能精确、连贯的语言进行描述,因而当其他人在读这份记录时,会很容易想象到当时的情景。它所记录的资料应能使观察者和其他人在以后的分析中运用。

连续记录法即把观察对象在某种场景下某段时间内所有行为动作、言语,包括其对环境及他人的相互作用和交往等情况全部记录下来的记录方法。它是对自然发生的事件或行为在一段时间内不间断的记录方式,要求详尽精确,可以是半小时、一小时、几小时、半天,甚至一天等。通常时间为半天或一天。观察者要按事件发生发展的顺序准确地记录,一般来说,观察者不介入当时的情景和被观察行为之中。

运用连续观察法进行观察的时间一般以1小时左右为宜,时间过短观察资料少,时间过长容易引起观察者的疲劳。当然如果是多人合作的话,可以轮流观察来延长观察时间。一位研究者(Charlotte Buhler)曾经和他的两位同事利用连续记录法,每人观察8小时,采取"轮班倒"的方式,对69名1岁以内的婴儿在24小时内的行为变化进行了观察记录。连续记录法是在日记描述法和轶事记录法的基础上发展而来,也是早期研究儿童行为常用的方法之一。它比轶事记录更为详细精确,力求描述完整,反映事件发生发展的本质因素。连续记录法,事先不需要制定计划,也无需对观察人员进行培训,因而可以为教师广泛使用。研究人员可以运用这种观察法来检验观点,测量儿童的发展和进行分析性研究等。

在幼儿园的教育实践中,也可以采用连续记录法。例如,可以对幼儿园的半日活动进行记录,即对幼儿教师如何组织幼儿的半日活动做一个连续观察记录,了解在半日活动中教师与幼儿的相互作用的情况;考察教师组织活动、开展教育教学的能力;幼儿的同伴之间交往的程度等。发现存在的问题,提出解决的意见、建议以及相应的方案。另外,运用连续记录法,可以对幼儿园大班儿童与小学一年级的儿童的一日生活做一个观察记录,比较二者之间生活、学习、游戏、交往等方面的不同之处,了解两个阶段儿童的情况,对幼小衔接的问题提供理论依据。

延伸阅读 4 - 5

"观察婴儿的一个早晨"

B·德斯拉是第一个采用连续记录法的研究者,其"观察婴儿的一个早晨"刊发于"教员养成所",记录了作者13个月19天的时间内,每天对孩子所进行的连续4小时的观察:

"……他把刚捡起的一只瓶子扔下去,模仿他妈妈的样子说,'坏孩子!'又捡起那只瓶子,坐下来,啃它。然后,右手拿着瓶子爬到左边,起身,丢下瓶子,朝他妈妈那儿走去,拿了他那装有食物的瓶子,向左转,往回走。走回他丢下的另一只瓶子那里。他试着把一个瓶盖盖在瓶子上。之后,他爬到钢琴罩子下面,用瓶子敲打钢琴。他被拉开,驯服地接受惩罚。他又躺下来吃东西,站起来,走了几步,又向左转,走了几步到钢琴前,往琴罩子下爬,又从罩子下钻出来。他拿起娃娃,弄得它哇哇叫,又扔下娃娃,去拿软木塞和锡盒,再次试图把它们装在一起,一边摆弄一边自言自语地咕噜着什么。他站起来,用右手玩钢琴,坐下,起来,又坐下……"

当人们在阅读这篇记录时,眼前仿佛真的出现了这样一个调皮可爱的小不点在屋子里跑来跑去,这样细致具体的描述,使这一场景生动的再现在眼前。

(二)取样记录

日记描述法与轶事记录法都是属于描述性、叙述性的方法,需要观察者尽可能完整全面地记录观察对象的行为,实际操作中较为费时费力。众所周知,儿童的行为表现复杂多变,总是处于变化之中,要在有限的时间里详细完整地记录儿童行为表现是很难的。因此,取样观察应运而生。取样观察分为时间取样法与事件取样法。

1. 时间取样法

时间取样法是以一定的时间间隔为取样标准来观察记录预先的行为是否出现以及出现次数的一种观察方法。

时间取样观察法的典型例子是帕顿(M. B. Parten)在 20 世纪 20 年代中期进行的一项有关学前儿童在游戏中的社会参与程度的研究。她根据儿童在游戏中的社会参与程度,将游戏分成 6 种类型:无所事事、旁观、单独游戏、平行游戏、联合游戏、合作游戏,并对每一类型赋予操作定义(见表 4-8)。

表 4-8 6种游戏类型的操作定义

游戏类型	操作定义
无所事事	儿童没有做游戏,只是碰巧观望暂时引起他们兴趣的事情,如没有可注视的就玩弄自己的身体,或走来走去,爬上爬下,东张西望
旁观	儿童基本上观看其他儿童的游戏,有时凑上来与正在做游戏的儿童说话,提问题,出主意,但儿童自己并没有直接参加游戏
单独游戏	儿童独自一人游戏,只专注于自己的活动,根本不注意别人在干什么
平行游戏	儿童能在同一处玩,但各自玩各自的游戏,既不影响他人,也不受他人影响,互不干涉
联合游戏	儿童在一起玩同样的或类似的游戏,相互追随,但没有组织与分工,每人做自己想做的事
合作游戏	儿童为某种目的组织在一起进行游戏,有领导、有组织、有分工,每个儿童承担一定角色任务,并且相互帮助

时间取样法在学前教育研究中应用较广,它适用于经常发生的行为和外显的易于观测的行为,如儿童依赖行为、儿童分享行为等。儿童内隐的、非外显的内在行为则不适合采用此方法。时间取样法要求研究者事先做好大量的准备工作,如要观察的对象,观察的行为,时间的间隔、长度,规定观察类型与操作性定义,编制好表格等。只有做好大量的准备工作,后期观察任务才能顺利开展下去。其不足之处在于:研究范围是限于经常发生和外显的行为;观察到的只是某些行为的频率,没有具体的行为表述;观察的内容零碎,难以从整体上把握行为的因果关系。

延伸阅读 4-6

学前儿童社会性活动时间取样观察

观察时,在规定时间内,对每个儿童每次观察 1 分钟。根据操作性定义判断儿童当时所表现出来的活动类型,填入表 4-9。经过对一系列的观察资料整理分析,表明 2～5 岁学前儿童的社会参与程度随着年龄的增长表现出一定的顺序性,即较小的儿童表现出单独游戏多,以后逐步发展到平行游戏,最后才是集体联合游戏和合作游戏。

表 4-9　学前儿童社会性活动观察记录表

时间	儿童代号	活动类型					
		无所事事	旁观	单独游戏	平行游戏	联合游戏	合作游戏

2.事件取样法

事件取样观察法也需要预先选取行为或事件作为观察样本,但与时间取样观察法不同,它的测量单位是行为时间本身,而不是行为所发生的时间,即注重对某些特定行为或事件完整过程进行观察的一种方法。事件取样法注重的是特定行为或事件的特征和全过程,关心的是行为如何发生、如何变化、结果如何等问题;而时间取样法则注重在规定时段中预定的行为呈现与否、呈现的频率以及持续的时间;在记录方法上,事件取样法既可采用时间取样法的行为分类系统,也可将这种分类系统与实况详录法的描述性记录结合起来使用。

事件取样法在记录前应确定要研究的事件或行为,确定记录哪些事件的发生发展过程,确定所需记录的资料与记录形式,制定出相应的记录表格。观察时,只要预定的行为或事件一出现,立即记录,并可随事件的发展而持续记录。

事件取样法也具有时间取样法的优点,即观察者可以预先做好计划和安排,不仅可以在准备充分的条件下获得有价值有代表性的行为样本,还可以得到相应行为发生时的环境背景资料。它可以用于观察经常出现的行为时间,是应用较为广泛的科学研究方法。它的优点是:取样有代表性,节省观察时间,可用于研究比较广泛的行为事件。它的缺点是:事件取样观察法较之时间取样观察法,主要注重收集定性资料,不太容易进行量化分析;它更多地关注特定事件本身,注重行为发生的状况,对导致行为或事件发生发展的事件整体全貌的信息不能充分了解。

延伸阅读 4-7

学前儿童争吵行为观察

美国科学家霍尔·戴维在秋季和冬季 4 个月的时间内,以 2～5 岁的 19 名女孩和 21 名男孩为观察对象,观察他们/她们在自由游戏中所发生的争执行为。观察前,确定了所要记载的 6 种项目,共记录了 58.75 小时,200 个案例,并按争吵发展的过程,将争吵分为:争吵的时间长度,争吵时发生的背景,争吵时发生的情况,争吵时说些什么话,做些什么,结果如何,后果如何(详细观察表见表 4-10)。

表 4-10 儿童争吵行为观察表

学生	年龄	性别	持续时间	发生背景	行为性质	做和说什么	结果	影响

(三)行为检对表

行为检对表主要是用来核对重要行为的呈现与否,观察者将规定观察的项目预先列出表格,当出现此行为时,就在该项上划"√"。此法只判断该行为出现与否,不提供行为性质的材料。

具体做法:必须事先制定表格,列出所需观察的项目,然后才能进行观察。另外,必须在表格上列出一些具体要求,表格应有一定的顺序性,按确定的观察项目,依难易程度排列。无论采用哪一种记录方法,记录时都应该力求真实,对记录的材料要作比较,便于核对真实,交流情况和意见,有利于统一认识。对同一观察对象要进行多角度、全方面的观察比较,避免观察的片面性。通过观察获得的资料,应通过多种途径,如访问、查阅有关文献资料等进行分析和检验。

延伸阅读 4-8

5 岁儿童认知水平核对表

5 岁儿童认知水平核对表见表 4-11。

表 4-11 5 岁儿童认知水平核对表

内容	次数和时间(日期)
能从 1 数到 10	————
能按名称拣出下列形体	
圆形	————
正方形	————
三角形	————
长方形	————
能举例表示下列相对概念	
大些	————
小些	————
长些	————
短些	————

内容	次数和时间(日期)
能一一对应地数物件	
2 个	———
3 个	———
5 个	———
10 个	———
多于 10 个	———
表示理解	
多于	———
少于	———

在选取记录方法的同时,我们应该考虑怎样进行观察记录表的编制。观察记录表应该根据研究目的的要求以及选取的观察记录方法进行设计。首先要确定观察对象,要观察哪些信息,确定观察行为。观察记录表要简便易行,便于实际观察,易于整理。

二、观察法的优缺点

(一)观察法的优点

观察法既可作为一种独立的研究方法,也可作为其他研究方法的辅助手段。但它的作用是任何别的方法所不能替代的。只要我们认识到观察法的优点和它的局限性,在研究实践中扬长避短,就能充分发挥它的作用。观察法的优点主要有如下几点:

(1)在自然状态下即时进行,生动、具体、直观,可获得第一手资料。相对来说,所得资料比较客观。

(2)可收集到非语言行为的数据和资料,便于对行为进行研究,特别适合于对学前儿童的研究。

(3)可对观察对象作较长时间的跟踪研究,能获取行为现象发展变化趋势的有关资料。

(4)观察资料是从被试的常态行为表现中获得的,可以排除被试的主观反应偏差,具有较好的生态效应。

(5)操作简单,易于实施。

(二)观察法的缺点

(1)由于在自然状态下进行观察,不允许改变观察对象的各种条件,对可能影响观察的外部因素难以控制,并且难以完全重复观察和检验观察结果。

(2)观察的主观性较强,既受到观察者生理感知能力方面的限制,也受到认识能力方面的限制,往往只能得到表面的、感性的材料,难以深入事物的本质和被试的心理,难以确定因果关系。只能观察到"有什么""是什么",难以得出"为什么"。

(3)受时间、地点、人力、经费等条件限制,不可能进行大范围、大场面的观察,样本较少。

(4)观察通常是靠观察者的感受进行判断、测定的,所得资料往往很难以系统方式进行编码和分类,定量困难。观察资料及分析的质量取决于观察者的理论水平、观察能力和心理因素。

本章概念

观察法;观察记录表;记描述法;轶事记录法;连续记录法;时间取样法;事件取样法;行为核对表。

推荐进一步阅读文献

[1] 张攀.一日生活中幼儿自主探究行为的表现及支持策略研究[D].成都:四川师范大学,2015.

[2] 但菲,梁美玉,薛瞧瞧.教师对幼儿情绪表达事件的态度及其意义[J].学前教育研究,2014(12).

[3] 孙文杰.幼儿同伴冲突中教师介入行为研究[D].济南:山东师范大学,2015.

[4] 武建芬.幼儿自由游戏活动中同伴交往的特点[J].学前教育研究,2008(5).

[5] 邓进红,秦元东.幼儿同伴嬉戏行为的年龄特点与性别差异[J].学前教育研究,2013(1).

问 答 题

1.什么是观察法？它有哪些特点？

2.观察研究有什么作用？它为什么适用于有关学前儿童的研究？

3.观察可以分为哪些类型？各种观察类型有哪些优缺点？

4.如何进行观察记录表的编制？在这一过程中我们要注意什么？

5.请尝试设计如何观察儿童游戏中的分享行为。

思考与练习

表4-12是婴儿行为发展的"第一步"记录表设置,请结合本章内容,思考能够从中受到哪些启发。

表4-12 婴儿行为发展的"第一步"记录表

行为表现								
姓名	认识手	认识脚	爬	站立	独自走	咿呀语	单词句	物体概念
×××	77d	169d	34W	48W	—	6W	12M	10M
× ×	54d	136d	31W	45W	11M	5W	11M	8M
× ×	61d	145d	32W	46W	11M	6W	11M	9M
×××	59d	140d	32W	45W	10M	6W	10M	9M
×××	45d	133d	29W	40W	9M	4W	9M	7M
× ×	81d	180d	43W	53W	—	9W	—	12M
...								
...								
平均	65d	148d	34W	47W		6W	10M	9M

注:d=日;W=周;M=月。

操作训练

应用观察法对学前儿童的某一目标行为进行研究。

第五章
访谈法在学前教育研究中的应用

📖 **导 读**

该个体是否具有团队合作精神？

面试问题：请告诉我一件你最近在工作中与其他人共同解决问题的事件。主要讲述这件事发生在什么情况下？与你一起工作的是什么人（进一步了解其合作的动机）？你当时承担什么样的职责？你们采取什么方式工作？在这一过程中你们对问题的看法有没有不同（深层次的了解）？任务完成后，你的合作者如何评价你？

应聘者陈述："还是在今年五月份的时候，当时我和我的一个同事在编写一个应用软件时，发生了一些不同的看法。应该说是在一个算法的实现上应该怎么做，我们两个意见不一样，当时时间特别紧，应该是大概还剩十天的时间就要给结果了。但是就因为那个问题，我们吵了三天，就是什么事也不干，就吵，这个问题应该怎么做。吵了三天，吵了没有结果的时候，就在我们那个学校里面，环境也比较好，就兜一圈，再回来就接着吵。我觉的像这种做事情肯定会有意见不一致的，而且争论也是有必要的，争论的结果是可以找到最好的办法。最后好像不是我们两个原始的意见，最后好像还去过图书馆，还看过一点东西，可以说最后还是一起做出来的吧。"

📌 **思 考**

1. 可以通过访谈评判该个体的团队合作精神吗？
2. 你生活中运用访谈法遇到过哪些趣事？有过什么经验和教训？

📌 **抛砖引玉**

可以考虑：①访谈法的概念；②访谈的聚焦点；③访谈的深入性；④访谈中的欺骗；等等。

第一节 访谈法概述

一、访谈法的概念

访谈法，是指以口头的形式，调查者通过与被调查者进行面对面的交流来了解情况、搜集资料的方法。

访谈法不同于日常生活中的一般交谈，是一种研究性交谈。它有特定的科学目的、严格的设计和编制原则，是调查者根据被访问者的答复搜集的客观的、不带偏见的事实材料，以准确地说明样本所要代表的总体的一种方式。

二、访谈法的特点

(一)过程灵活性强

调查者在访谈过程中,能采取比较灵活的态度,根据被调查者的具体情况,有选择性地灵活使用事先准备好的访谈提纲,提出比问卷更有深度的问题。然后根据访谈中所获得的言语信息或非言语信息进行深入的探讨;或者根据不同的访问对象,采用不同层次的访谈方式,从而获得更丰富、更生动的材料。

(二)能够使用比较复杂的调查问卷或者访谈提纲

由于有调查者对被调查对象的指导,使得访谈过程能够使用一些比较复杂的调查问卷或者访谈提纲,这在问卷调查中是很难做到的。

(三)能够获得直接、可靠的信息和资料

在访谈过程中调查者可以通过观察与分析被调查者的非言语行为、回答问题的态度等,确定被调查者回答内容的真实性,当被调查者误解了问题,答非所问时,调查者可以及时解释,使调查资料更加准确、可靠,从而保证直接和可靠的信息和资料。

(四)不受书面语言文字的限制

访谈法对问卷调查不能适用的文盲或者受教育程度低的调查对象也同样适用,使得调查对象能更加广泛。

(五)容易进行深入调查

首先,访谈是面对面进行的,调查者受过专门的训练,掌握了访谈的技巧,能较好地取得被调查者的信任和合作,因而容易进入深入调查。其次,调查者与被调查者之间能相互启发影响,调查者在访谈过程中可对有关问题进行补充询问或追问,能对有关问题作更深入的了解。

(六)回收率高

只要能找到合适的访谈对象并与之交流,访谈过程一旦展开,就能获得一定的信息和资料。

三、访谈法的类型

(一)按照调查访谈时的控制程度,分为结构性访谈和非结构性访谈

1.结构性访谈

结构性访谈,又称标准化访谈或控制式访谈,它要求一定的组织手续,严格按照预先拟定的计划进行。这种访谈的主要特点是把问题标准化,对各调查对象都采用一样的方式呈现问题,被访问者的反应答案通常也受到限制,只能在预定的项目中作选择;访谈的实施,完全按照预定的访谈计划,逐一进行。所有的被访问者都是回答同一结构的问题。

结构性访谈又有两种方式:一种是访谈者根据问题大纲控制进程,对每一个被访问者问差不多同样的问题;这种访谈最重要的就是控制"话题",确保谈话围绕着问题大纲进行。这种访谈法也可以说是有限度的控制。另一种方式是把问题与可能的答案印在问卷上,由被访问者

选答,这也叫高度控制的访谈。结构性访谈调查有利于克服访谈过程中的随意性,所获资料的标准化程度较高,便于归类整理,统计分析,但这种方法比较死板,缺乏弹性,只能根据预设问题访谈,难以进行深入探讨。

2.非结构性访谈

非结构性访谈,又称非标准化访谈或非定向访谈调查,这种访谈不适用表格和事先定好的访问程序,对被访问者的反应也没有任何限制。虽然访谈是围绕着一定的目的进行的,但题目的内容、顺序、用语,均可由访谈者自由改变。

另外,非结构性访谈又可以分为重点集中访谈和非指导性深度访谈两种形式。重点集中访谈是访谈的重点集中在某一问题或某一事件上,进行深入详细的访谈了解。要求访谈者在访谈时围绕着问题或事件对被访谈者循循善诱。虽然调查的是既定的问题或事件,但访谈者在提问方式上有充分的自由,被访问者在访谈者的启发下,也可重复地自由表达思想和意见。非指导性深度访谈的特点是不给予任何的指导、建议或问题,让被访问者尽量表达其情感。访谈者主要的作用是鼓励被访问者自由而完全地谈论对有关问题的意见,自己仅仅表现倾听的态度。这种访谈比重点集中访问更没有限制,适用于了解被访问者的内在动机、态度和欲望。

非结构性访谈有利于发挥访谈者和被访谈者的主动性、创造性,扩展和加深对问题的研究,及时处理访谈中出现的新问题、新情况。但是,非结构性访谈的结果难以进行定量分析,对不同被访者的问题难以进行对比分析,同时,此方法对访谈者的要求也比较高。

结构性访谈和非结构性访谈两种方法各有优点和局限,在实际研究中,研究者们常常把两种方法结合起来使用。一般先进行非结构性访谈,然后再进行结构性访谈。

(二)根据访谈方式的不同,分为直接访谈和间接访谈

1.直接访谈

直接访谈,即访谈者与被访谈者进行面对面的交谈。直接访谈不但能够直接深入地探讨有关问题,了解被访谈者的思想、态度、情感等情况,而且还能亲自观察被访谈者的有关特征和他们在访谈过程中的许多非语言信息,使访谈结构更加真实可靠。但是,此方法费时费力,且对访谈者要求较高。

2.间接访谈

间接访谈,即访谈者通过一定的中介物与被访谈者进行非面对面的交谈。间接访谈的主要方式是电话访谈。电话访谈的主要优点是简便易行,节省时间和费用,对访谈者要求也不高,适合于内容较少、较简单的调查研究。但是,这种方法适用方法有限,难以深入探讨有关问题,也无法观察到被访谈者的非语言信息,不利于对访谈结果的分析。

(三)按照一次访谈对象的人数,分为个别访谈和集体访谈

1.个别访谈

个别访谈是指调查者对每一个被访者逐一进行单独访谈的调查。个别访谈有利于调查者与被调查者之间的沟通,方式比较灵活,适应性较强,对某些敏感性问题的谈话也能达到一定的深度,但访谈效率较低,因而常被用于个案调查中。

2.集体访谈

集体访谈,又称团体访谈或座谈调查,是多人同时作为被访对象参与访谈、由调查者搜集资料的调查,它是通过集体座谈的方式进行的调查。这种方法扩大了调查对象,能在较短时间里收集到较广泛和全面的信息,能够提高访谈调查的效率。同时有利于减轻被访者的心理压力,可以使被访者互相启发,互相探讨。但此方法难以充分征询每个被访者的意见,特别是对于敏感性问题难以展开深入谈话,因而适用于了解某个群体的情况和想法,进行类型学的分析研究及了解各种不同的情况和观点。其中,焦点小组访谈是一种比较常见的集体访谈形式,是研究者与一群人就某个问题进行探讨的方式。它的特点是交叉信息的激发与验证、集体性建构知识以及易产生同伴压力和集体性思维。

(四)按照对同一访谈对象进行访谈的次数,分为一次性访谈和重复性访谈

1.一次性访谈

一次性访谈,又称横向访谈,是对人们在某一生活时刻或某段时间内的某一研究问题进行的一次性收集资料的访谈。一次性访谈常用于对某个特殊的问题进行调查研究,或在某一事件发生后,人们对该事件的态度及该事件对人们的影响的调查研究,它以收集事实性材料为主,收集内容比较单一,访谈时间短,需要被访者花费的时间较少,研究一次性完成,所获得的资料一般属于静态信息,常用于量的研究。

2.重复性访谈

重复性访谈,又称纵向访谈或跟踪性访谈,是多次收集固定研究对象有关资料的跟踪访谈调查,即对同一样本进行两次以上的访谈以收集资料的方式。重复性访谈主要用于随着时间推移和其他环境条件的变化,人们在思想、态度和行为等方面所发生的变化的调查研究,是一种深度访谈调查,具有较强的科学研究的性质,得到的结果具有动态性。但这种访谈费用会比较高,耗时也较长,一般多用于个案研究或验证性研究。

(五)按照对话题的提问和答问方式,分为正式访谈和非正式访谈

1.正式访谈

正式访谈是与被访谈者约定好固定的时间、地点等进行访谈,旨在有目的、有计划地对相关问题进行逐层深入且理性的探讨。

2.非正式访谈

非正式访谈是在非固定即闲暇空余时间,与被访谈者在随机访谈中了解有关研究问题的信息,是对正式访谈所获得的信息进行有益的补充或深入。如在正式访谈中被访谈者对一些敏感问题有意回避,或由于紧张而思维受限所遗漏的问题,非正式访谈则可以对诸如此类的信息进行补充和完善。因此,在实际研究过程中,这两种访谈方法常结合起来使用。

第二节　访谈法在学前教育研究中的作用、访谈提纲的编制及注意事项

一、访谈法在学前教育研究中的作用

(一)进行幼儿行为背后根源研究

访谈法有助于研究幼儿的个性特征,探究幼儿行为背后的根源。

(二)进行幼儿家庭教育研究

访谈法有助于对幼儿的家庭情况、家里的行为表现,家长对幼儿的教养方式、态度等进行

深入研究。

（三）研究幼儿教师的教学状况

访谈法有助于了解教师的教育教学观念、方法、职业认同度、适应性、培训状况，以及对幼教工作的建议、展望等。

（四）进行园本教研

通过与幼儿对话，引发反思，从而转变教育观念，调整教育行为，更好地探究教育现象背后的原因，探索教育教学规律，为教育教学研究和教学实践服务。既能了解幼儿真实的想法，又能够促进教师反思性能力的增长。

二、访谈提纲的编制

访谈提纲在访谈中是极为关键的一部分，它能在访谈时给予访谈者一定的提示，以免遗漏一些重要内容。因此，无论何种形式的访谈调查，在访谈前一般都要设计一个访谈提纲，以明确访谈的目的和谈话进行的方式，并列出所要谈话的内容和提问的主要问题、必要时的备用方案及对调查对象所做回答的记录和分类方法等。

（一）质的访谈提纲编制

在质的研究中，尽管访谈给了被访谈对象很大的表达自由，但仍要求在正式访谈前设计一个简单的提纲，列出研究者认为所要谈话的内容和要了解的主要问题等。访谈提纲还需简单明了，可操作性强。同时，研究者自身要对自己所要提的问题非常熟悉。另外，由于研究者在设计访谈提纲的时候，往往是根据自己的经验进行的主观设想，因此提纲中列出的问题应该尽量灵活开放，根据具体的访谈对象、访谈情景、被访谈对象的回答，不拘泥于提纲中所列的问题以及问题的顺序。

（二）量的访谈提纲编制

在量的研究中，研究者通常需要将所有要访谈的对象组织于一个几乎完全相同的情景中，开场白、访谈提问和结束语都要事先仔细制定，以确保来自所有对象的数据都能进行有意义的对比。为了使数据资料更易于统计化处理，在访谈的结构上，量的研究更多地采用结构性访谈。量的研究中研究者对可能的影响变量通常预先指定，然而这样可能漏掉一些因素，使得内容不够全面。为了避免影响因素的遗漏，研究者要先做初步调查。如，假设研究者想要知道影响幼儿教师职业认同度的因素，通过前期的文献查阅会事先发现年龄、学历、家庭状况、社会认同等都是其中的影响因素。那么，在设计访谈提纲时可以根据所掌握的各影响因素直接提问。比如："您认为您的学历会影响您对自己幼教工作的认同度吗？"在量的访谈中，一般会严格按照访谈提纲中所列的问题顺序逐个进行提问。

延伸阅读 5-1

访谈提纲包括的主要内容

访谈提纲包括的主要内容：第一，访谈目的，合适的访谈方法。第二，访谈的具体问题。第三，访谈的人员和访谈对象，访谈流程、具体时间、地点。第四，访谈的资料记录和分类方法。

三、编制访谈提纲的注意事项

(一)编制前的准备要尽可能的充分,要对访谈对象有所了解

访问者对被访者的经历、地位、个性特征等个人资料应事先有所了解,从而选择合适的访谈对象。以确定对方能否提供有价值的事实材料,是否乐意回答所提出的问题,为接下来的访谈打好基础。访问者要确定访谈主要内容、选择适当的访谈方法、制好调查提纲、确定合适的访谈对象、了解受访者的基本情况、拟定实施程序表(时间、地点等)、备齐访谈工具等。

(二)提纲要简明扼要,随时修改完善

列出需要了解的主要问题以及应覆盖的内容和范围。同时,访谈提纲要随时修改完善,前次的访谈结构可作为下一次访谈设计的依据。

(三)访谈问题要简要易懂,具有可操作性

应尽量开放,使受访者有足够的余地选择谈话的方向和内容。

(四)在时间、地点上,访问的时间、地点应以不影响被访者的工作或学习为前提

访谈最好利用课余或休假时间。

延伸阅读 5－2

访谈提纲的设计

课题:"我最喜欢的人"——他人对幼儿人际吸引的调查

调查目的:通过对幼儿的调查,了解幼儿"喜欢"哪些人。分析影响幼儿"喜欢"的因素及形成机制,探讨他人对幼儿吸引的作用及发展他人对幼儿人际吸引的策略。

调查时间:　　年　　月　　日

调查地点:某市妇联幼儿园、商业幼儿园、印染厂幼儿园、市级机关第二幼儿园

调查对象:中、大班幼儿200名左右

调查方法:访谈法

调查步骤:1.找园长联系,说明来意。

　　　　　2.和班主任联系,随机抽取访谈幼儿,摘录幼儿的"登记表",了解家庭背景(主要抚养人及职业、文化程度)。

　　　　　3.接触幼儿,融洽气氛。

　　　　　4.访谈实施。

调查内容:1.幼儿喜欢哪些人?(多少、种类、了解喜欢的广度)

　　　　　2.最喜欢谁?其次是谁?(了解喜欢的深度)

　　　　　3.幼儿喜欢这些人的哪些品质?(做什么?怎样交往?了解喜欢的品质)

调查反映的问题:

　　　　　1.影响幼儿"喜欢"的因素及关系(假设:相似性、表面特征、满足需要、接触频度、接近的距离)。

　　　　　2.幼儿自我概念、关于他人知识和父母的影响对幼儿"喜欢"认知的影响。

3.幼儿"喜欢"来源于直觉、具体形象和理性体验的程度。

4.发展儿童人际吸引的作用,发展儿童人际吸引的策略。

访谈问题设计:了解姓名及生活一般情况的问题(见表 5-1)并准备访谈记录表(见表 5-2)。

表 5-1　访谈内容准备表

访谈意图	访谈问题	备选问题
儿童排序、列举了解广度	1.你最喜欢谁?其次是谁?(问及关系、职业、距离、表面特征)	提示:幼儿园、家中、亲戚中、工、农、兵……中喜欢谁? 归纳:这些人中最喜欢的是谁?
了解喜欢的原因	2.你为什么喜欢××?(问及××行为、态度、为人处事)	提示:他和你在一起干什么?他喜欢干什么?
广泛地了解	3.讲一个××的故事	提示:在某一方面或根据前面谈话

表 5-2　访谈记录表

姓名	性别	班级	父	职业		文化程度	
			母	职业		文化程度	
问题及回答			记 时	非言语信息			
				平静	微笑	沉默	手势

第三节　学前访谈法的注意事项及优缺点

一、学前访谈法的注意事项

由于幼儿具有年龄小,智力和语言表达能力发育不成熟,易受他人影响等特征,因此当以幼儿为访谈对象的时候,在访谈方式方法的选择和运用上就要与成人有较大差别。研究者在访谈时需要注意以下几个问题:

(一)掌握恰当的谈话技巧

幼儿掌握的词汇和语言有限,不同幼儿间性格差异较大,有的胆小腼腆,内向敏感,不愿意回答;有的分不清想象和现实,回答的结果真实性不够;等等。因此,与幼儿谈话时,必须掌握合适的谈话技巧。

与幼儿谈话时,语言用词要浅显易懂,态度上要亲切和蔼,从而拉近和幼儿的距离,使他们感到处在一个舒适的环境,引起他们对谈话的兴趣。同时,对不同性格特征的儿童采取不同的谈话技巧。如对胆小一些的幼儿应更多地给予鼓励和关爱,促使他们愿意回答访谈者提出的问题。值得注意的是,如果幼儿回答出了比较理想的答案,此时访谈者不适合说"你真棒"这样带有暗示和偏向的回答,而应对幼儿的任何回答都作相同或相似的反应。因为幼儿年龄小,容易受他们言语或行为的影响,形成自我暗示,从而回答出对方期望听到的回答,这样会影响访谈的有效性。因此,在正式与幼儿访谈之前,应作预先的访谈,反复研究出其适宜的程度,待修正完善谈话的方式方法后,再对幼儿进行正式访谈。

(二)将幼儿视为区别于成人的特殊的对象

被访的成人往往能很好地理解访谈者的访谈目的、方式等,但幼儿却不一样。因此在访谈幼儿时,将幼儿视为区别于成人的特殊的对象,处理好访谈者和幼儿之间的关系就显得非常重要。首先,在孩子眼里,会将成人看作父母或老师一样的人物,不能像大多数成年人那样理解访谈者的角色。幼儿认为成人一定程度上代表着权威,而当成人来找他们问问题的时候会自然地认为,访谈者是在企图通过每个大人都知道的答案,来考他或者哄她。这与3～5岁的儿童在生活中常常受到许多成人式的拷问的生活经验有关。对于这些问题,孩子可能给予拖延、拒绝回答,或故意给出不正确的回答的态度。另外,幼儿极容易受到他人的影响,比成人更容易受到暗示的影响。因此,在访谈幼儿的时候,访谈者应设法保持中立的态度和身份,不提供暗示性的引导或表达;访谈者要始终明确谈话目的,避免幼儿模仿或从众而出现掩盖幼儿本意的现象。同时,幼儿想象力天马行空,不易分清理想和现实,常常将它们混淆。在回答问题时对阐述的心理感受、事物特征或情节会加以夸大,所以言语中常常有虚构成分。因此,访谈者要把握好访谈的节奏,控制好谈话的方向,不要让幼儿的想象力不受控制地自由发挥。

(三)设置轻松有趣的访谈情境

幼儿通常对周围的世界充满了好奇和不解,他们往往很难理解周围的环境或者不懂他为什么被置于这样的环境中,不理解访谈者的角色,不知道自己应该怎么做。假如被访者是成人,那么访谈者就会解释访谈的目的并请求对方的允许,但幼儿通常不理解这些要求。所以,一般来说,访谈者会用玩具或者游戏创设一个幼儿熟悉、愉快的情境。这种不试图详尽地解释研究目的,只邀请他们玩玩具和游戏的方式,就已经让幼儿明白了情境并知道为什么自己会被置于这一环境中。因为爱玩是孩子的天性。对幼儿来说,游戏这个理由已经足够充分。"一个全神贯注于游戏中的孩子自我意识较少,从而能给予较好的回答。"但是用玩具或游戏设置访谈情境时,访谈者应注意玩具和游戏不要太有趣,避免幼儿沉迷于游戏拒绝回答问题。或者访谈者将访谈本身设置为一种游戏,通过使用多媒体展示图片、讲故事等方式有意无意地问问题,从而收集访谈资料。

(四)访谈儿童的伦理学问题

注意对幼儿访谈要征询监护人的知情同意,准备好知情同意书;对访谈内容的保密;访谈中平等地对待每个儿童。

延伸阅读 5 - 3

研究者在访谈中的 3 条注意事项

(1)衣着整洁得体,态度诚恳友善并且首先消除访谈对象的顾虑;

(2)耐心倾听,把握谈话方向并把谈话逐步引向深入;

(3)作好谈话记录并在访谈结束时要致谢。

二、访谈法的优缺点

(一)优点

1.可以对研究内容有较深层次的详细了解

研究者根据研究的需要,以口头形式,向受访者提出感兴趣的问题,通过受访者的答复来收集客观事实材料。访谈时,研究者可以根据事先设计的调查问题展开研究,也可以根据被访者的反应,对访谈问题进行调整。

2.能够简单而迅速地收集资料

访谈流程速度较快,受访者在回答问题时往往无法进行长时间的思考,因此所获得的回答是受访者自发性的反应。由于访谈常常是面对面地交谈,因此拒绝回答者较少,回答率较高。

3.具体而准确地收集到材料

访谈由研究者与被访者直接进行交流,由被访者亲口讲出自己想法,便于收集到准确的材料。

4.为研究者提供研究结果的可能解释

访谈中,研究者具有适当解说、引导和追问的机会,有助于探讨较为复杂的问题,获取到新的、深层次的信息。面对面谈话中,不仅可以收集到受访者的回答信息,而且还可以观察受访者的动作、表情等非言语行为,以此鉴别回答内容的真伪以及受访者的心理状态。

(二)缺点

1.成本较高

访谈调查常采用面对面的个别访问,面对面的交流必须寻找被访者,路上往返的时间往往超过访谈时间,调查中还会发生数访不遇或拒访现象,因此耗费时间和精力较多。另外,较大规模的访谈常常需要训练一批访谈人员,这就使费用支出大大增加。与问卷相比,访谈要付出更多的时间、人力和物力。由于访谈调查费用大、耗时多,故难以大规模进行,所以一般访谈调查样本较小。

2.缺乏隐秘性

由于访谈调查要求被访者当面作答,这会使被访者感觉到缺乏隐秘性而产生顾虑,尤其对一些敏感的问题,往往会使被访者回避或不作真实的回答。

3.受访谈员影响大

由于访谈调查是研究者单独的调查方式,不同的访谈员的个人特征,可能引起被访者的心理反应,从而影响回答内容;而且访谈双方往往是陌生人,也容易使被访者产生不信任感,以致影响访谈结果。另外,访谈员的价值观、态度、谈话的水平都会影响被访者,造成访谈结果的偏差。幼儿的注意力能够集中的时间很短,因此对幼儿进行访谈的时间不宜过长,要控制好访谈时间。对幼儿的访谈一般采取结构性访谈和个别访谈,开放的、深度的访谈不适合运用到幼儿身上。

4.记录困难

访谈调查是访谈双方进行的语言交流,如果被访者不同意用现场录音,对访谈员的笔录速度的要求就很高,而一般没有进行专门速记训练的访谈员,往往无法很完整地将谈话内容记录下来,追记和补记往往会遗漏很多信息。

　　5.处理结果难

　　访谈调查有灵活的一面,但同时也增加了这种调查过程的随意性。不同的被访者回答是多种多样的,没有统一的答案,这样,对访谈结果的处理和分析就比较复杂,由于其标准化程度低,因此难以作定量分析。

延伸阅读5－4

访谈法的局限性

　　(1)样本小,需要较多的人力、物力和时间,效率较低,应用上受到一定的限制。

　　(2)对调查者的要求严格。调查者的年龄、性别、资格、态度、语气表情等都会影响被调查者的回答,导致调查过程与结果的偏差。要求调查者具有一定的经验和水平。

　　(3)标准化的程度较低,难以统计。由于访谈过程的灵活性程度高,对不同的调查对象的对话方式和对话情景也不同,而且事先设计好的访谈问卷和访谈提纲在实施过程中也会根据情况随时进行调整或更改,表现出标准化程度低、资料难以统计等缺点。

　　(4)访谈法一般在调查对象较少的情况下才采用,且通常与问卷法、测验法结合使用。

本章概念

　　访谈法;结构性访谈;无结构性访谈;直接访谈;间接访谈;个别访谈;集体访谈;一次性访谈;重复性访谈。

推荐进一步阅读文献

　　[1] 杨影.蒙台梭利课程本土化的个案研究——基于Z幼儿园的蒙台梭利教育实践[D].长春:东北师范大学,2015.

　　[2] 田景正,周端云.湖南省农村幼儿教师继续教育现状调查[J].教师教育研究,2009(4).

　　[3] 陈水平,何志芳.幼儿教师专业自觉的结构、特点及影响因素研究——以江西省南昌市幼儿教师为例[J].教育学术月刊,2015(10).

　　[4] 高瑾.幼儿教师玩具观现状的研究[J].淄博师专学报,2014(4).

　　[5] 崔财艳,岳亚平.河南幼儿教师继续教育管理现状与教师需求差异分析[J].学前教育研究,2014(4).

问答题

　　1.访谈的类型有哪些? 它们各有什么优缺点?

　　2.访谈过程中应注意些什么?

　　3.教师在进行教育科研的过程中,可以在哪些情况下运用访谈法?

　　4.简述访谈调查的一般步骤。

操作训练

　　选择幼儿研究的相关主题,进行访谈的设计和实施。

第六章
问卷法在学前教育研究中的应用

导读

问卷的答案

弗斯·贝里是位西班牙人,被誉为巧克力之父。西班牙内战期间他去了美国,一生几乎没进学校读过书,然而凭着灵活的头脑,世界上许多经营巧克力的人,都败在了他的手下。现在他的乔治王巧克力公司,资产达98亿美元,在同行业名列第一。

2003年,乔治王公司获准登陆中国。消息一经发布,该公司在美国总部的信箱就收到了来自中国的四百多封自荐信,大多是由即将毕业的大学生发过去的,他们要求进入中国分公司工作。弗斯·贝里获知此事非常高兴,可是在他阅读这些信件时,却犹豫起来。因为在这四百多份自荐信中,有三百多人的学习成绩各科都在90分以上,并且有80%以上的学生曾担任过学生干部,从老师给他们写的评语看,每个学生的在校表现也都是尽善尽美的。弗斯·贝里读完自荐信,没有对自荐信的诚信产生怀疑,他相信这一切都是真的。中国是一个重视教育的国家,中国学生无论在哪个国家读书,都是以成绩优异出名。不过,他觉得仅凭这些还不能确定谁有资格进入他的公司。他想,要在这些好学生中选一位适合自己公司的人,还必须测试点其他的东西。于是,一份别具一格的问卷,被以回执的形式发回自荐者的信箱。

回执是这样写的:请你用一句最简洁的话回答,下面四位著名人士到底在说些什么?

(1)1954年4月2日,苏黎世联邦工业大学建校100周年,邀请爱因斯坦回母校演讲,爱因斯坦在演讲中说了这么几句话:"我学习成绩中等,按学校的标准,我算不上是个好学生,不过后来我发现,能忘掉在学校学的东西,剩下的才是教育。"

(2)1984年10月6日,诺贝尔物理学奖获得者丁肇中回母校清华大学演讲,在接受学生的提问时,说了这么一句话:"据我所知,在获得诺贝尔奖的九十多位物理学家中,还没有一位在学校里经常考第一,经常考倒数第一的,倒有几位。"

(3)1999年3月27日,比尔·盖茨应邀回母校哈佛大学参加募捐会,在记者问他是否愿继续学习,拿到哈佛的毕业证书时,盖茨向那位记者笑了一下,没有回答。

(4)2001年5月21日,时任美国总统布什返回母校耶鲁大学,接受荣誉法学博士学位。由于当年他成绩平平,在被问到现在接受这项荣誉作何感想时,他说:"对那些取得优异成绩的毕业生,我说'干得好';对那些成绩较差的毕业生,我说'你可以去当总统'。"

接到回执的四百多名同学,在读过问卷后纷纷发回自己的答案。2003年3月10日,乔治王巧克力公司中国分公司在北京开业,有一位学生被通知参加开业庆典,他是这么回答的:"学校里有高分低分之差,但校门外没有,校门外总是把校门里的一切打乱重排。"

思　考

1. 可以通过问卷法来评判一个人吗？
2. 你生活中运用问卷法遇到过哪些趣事？有过什么经验和教训？

抛砖引玉

可以考虑:①问卷法的概念;②问卷的目的;③问卷的题目设置;④问卷中的选项;等等。

第一节　问卷法概述

一、问卷法的概念

问卷法是通过由一系列问题构成的调查表收集资料以测量人的行为和态度的心理学基本研究方法之一。"问卷"译自法文 questionnaire 一词,其原意是"一种为统计或调查用的问题单"。它是通过严格设计的调查问卷对人的心理和行为进行调查的一种数据收集方法。问卷是调查研究方法中用来收集资料的一种工具,是用于测量一系列变量的状态及其相互关系的工具。

通常问卷法适用于大规模的调查研究,研究者将所要研究的问题编制成问题表格,以邮寄方式、当面作答或追踪访问方式填答,从而了解被试对某一现象或问题的看法和意见,所以它又称问题表格法。它把一系列事先设计好的问题组合起来,以书面形式征询被调查者的意见,通过对问题答案的回收、整理、分析,获取有关信息的调查方法。

问卷是研究者按照一定目的编制的,对于被调查者的回答,研究者可以不提供任何答案,也可以提供备选的答案,还可以对答案的选择规定某种要求。研究者根据被调查者对问题的回答进行统计分析,就可以作出某种心理学的结论。问卷法已广泛应用于青年研究、教育心理学研究和社会调查等领域。美国社会学家巴比(Babbie)称"问卷是社会调查的支柱";英国社会学家莫泽(Moser)则说"10 项社会调查中就有 9 项是用问卷进行的"。由于问卷是一种书面调查,它要求被调查者具有一定的书面理解能力和文字表达能力。所以,问卷调查常用于幼儿教师、幼儿家长、幼教工作者,一般不直接用于对学前儿童的调查。

二、问卷法的特点

问卷法的特点如下:可获得大量有效数据;可以测量出个人的态度和观点;方便使用,省时、省力、花钱少、调查面广;由于可以不署名,真实性强,在某种情况下结论比较客观,特别是无记名问卷,调查者与调查对象不用面对面谈论有强刺激性或敏感的问题,利于消除调查对象心理上的顾虑和障碍,容易得到客观真实的资料;能搜集大样本信息资料,收效大;便于整理归类,能做量的统计处理,使调查结果具有一定的代表性;标准化程度高、收效快。

延伸阅读 6-1

问卷与量表的关系

(1)每个量表只测量一个变量,而问卷同时测量多个变量。问卷可以由多个量表组成,也可以由一个题项就可以测得一个变量的独立问题——一种特殊的量表组成。但更多情况下问卷是由少量较长的量表与众多的独立问题混合组成。

(2)问卷与量表的使用目的不一样。量表是对个体被试的一种心理特征进行定位和诊断的工具,往往用于心理咨询。而问卷可以同时考查一个群体的诸多特征及其相互关系,是用于情况普查、多因素分析、研究的工具。

(3)没有经过多次使用、修订的问卷往往包含不成熟的问题和量表,因此问卷的信效度没有通用量表那么高。

(4)问卷没有严格的计分法、常模等参数。问卷只是对调查对象之间相对大小或状态的了解以及它们之间的相互关系的了解,并不关心绝对计分高低。

(5)问卷与量表的不同之处还有,量表的维度是由相关理论决定的,而问卷背后往往没有一个统一的、权威的、坚实的理论后盾,而是研究者自己的一种假设。如怎样评价一所幼儿园教学质量?关于教学评价的理论众说纷纭,相应的评价指标体系也五花八门,但通常可以假设为:软件条件,包括制度建设、课程更新、教师质量、教授参与教学情况等;硬件条件,包括图书设备、教学设备、学生生活条件等。这个假设便构成了问卷的结构框架。

资料来源:张红霞.教育科学研究方法[M].北京:教育科学出版社,2009.

三、问卷的类型

(一)结构型问卷

结构型问卷,又称定案型问卷,也称为封闭式问卷,是把问题的答案事先加以限制,只允许在问卷所限制的范围内进行挑选。结构型问卷包括以下问题形式:

1.是否式

把问题可能答案列出两极端情况,从中择一,"是"与"否","同意"与"不同意"。比如:

(1)你小时候和别人摔跤或角力时,常输给人家吗?　　是( )否( )

(2)兄弟姐妹中,你的成绩是最差的吗?　　是( )否( )

(3)你常常会羡慕别的孩子的家庭吗?　　是( )否( )

对以上问题的回答情况统计时,凡"是"占多数者倾向自卑,"否"居多者则不自卑,二者相当的较为普遍。

2.选择式(多选一或多项选择)

从多种答案中挑选最适宜的一个或几个答案,然后作上记号。比如:

(1)您的宝宝在吃饭的时候会做与吃饭无关的事(例如玩餐具、发呆等)吗?( )

A.经常会　　　B.偶尔会　　　C.不一定　　　D.通常不会　　　E.从来不会

(2)您或者您家人在吃饭时会做与吃饭无关的事(例如看电视、打手机)吗?( )

A.经常会　　　B.偶尔会　　　C.不一定　　　D.通常不会　　　E.从来不会

(3)对一些物体总爱观察、摆弄、拆开来玩。( )

A. 不这样　　　　B. 偶尔这样　　　C. 有时这样　　　D. 常常这样　　　E. 总爱这样

(4)与别的孩子发生争执时经常能谦让。（　）

A. 不能　　　　　B. 偶尔能　　　　C. 有时能　　　　D. 比较能　　　　E. 常常能

(5)经常表现很任性。（　）

A. 很任性　　　　B. 不很任性　　　C. 一般　　　　　D. 不大任性　　　E. 不任性

3. 批判式

每个问题后列有许多答案,要求被试依其重要性评定等次,所以评判式也叫排列式、编序式,是用数字表示几种答案应排列顺序。比如:

你认为目前中小学的艺术教育存在的主要问题是(请按您认为的顺序选择两项)（　）。

A. 领导不重视　　　　B. 教学方法不合适　　　　C. 教师水平不高

D. 没有教室　　　　　E. 说不清楚

4. 评定量表式

评定量表式是将答案分成一定尺度或等级由被调查者作出评定,也是定案型问卷的一种形式。列出对某种事物的倾向或态度的两个对立概念,其中分几个级别,让被调查对象划出符合自己实际倾向的级别。比如:

尊敬的幼儿父亲:您好,这张表中列举了一系列您抚养孩子过程中可能会有的做法,按符合程度不同,分为5个级别表示:1.完全符合;2.不太符合;3.基本符合;4.很符合;5.非常符合。请根据您与孩子行为的相符情况,在每题后您选择的数字上划〇。

抚养孩子过程中,您会……

(1)孩子身体出现不舒服时,我能够察觉到。　　　1　　2　　3　　4　　5

(2)孩子不听话时,我会生气、对孩子发火。　　　1　　2　　3　　4　　5

5. 数量式

要求在规定的地方填写有关的具体数字。例如:

(1)您宝宝的年龄(　　　)周岁。

(2)您宝宝所在班级(　　　)。

(3)您从事幼儿教育工作已有(　　　)年。

(二)非结构型问卷

非结构型问卷也称不定案型(又称开放型、自由答题式)问卷,问卷由自由作答的问题组成,是非固定应答题。这类问卷,提出问题不列可能答案,由被试自由陈述。就题型分析,可以是填空式的,也可以是问答式的。例如:

(1)您想让孩子长大以后干什么? 为什么?

(2)您的宝宝有不喜欢吃的食物吗? 是什么?

(3)您的宝宝有特别喜欢吃的或者只喜欢吃的食物吗? 是什么?

这种问答式问卷,搜集到的材料丰富、具体,往往能得到许多意想不到的很有价值的资料。但是这类问卷的答案不集中,材料分散,难于对答案进行横向比较,所以不易进行统计处理。

延伸阅读 6 - 2

非结构型问卷的应用情况

一是较深层次的问题研究。被调查者不受研究者和题目答案选择范围已界定的限制,按各自对问题的理解回答。这种问卷能如实地反映出被调查者的态度、特征、对有关情况的了解程度以及所持看法的依据等。因此它用于探讨那些只能进行描述性分析的较复杂问题,以及获得有关人士对某些问题的看法。

二是在研究初期,对所研究的问题或研究的对象有关情况还不十分清楚的情况下,采用开放式问卷,来帮助研究人员设计封闭式问卷。一般做法是:在小范围内进行问卷调查,并对搜集的资料进行归纳分析。在掌握相当的资料后,再采用结构型问卷进行较大规模的调查和进行定量分析。因此,在一定意义上,开放式问卷调查是封闭式问卷调查的基础。

(三)综合型问卷

综合型问卷,又称半定案型,其形式一般以封闭型为主,根据需要加上若干开放性问题。也就是说,将研究者比较清楚、有把握的问题作为封闭性问题提出,而对那些调查者尚不十分明了的问题作为开放性问题放入,但数量不能过多。经调查,在积累一定材料的基础上,问卷中的某些开放性问题就有可能转变为封闭性问题,这也是问题设计时常常使用的技巧。例如:

1.您最终学历的所学专业是( )。

2.您与孩子的关系:□母子 □父子 □母女 □父女 □祖孙 □其他___(请填写)

不定案型的问卷资料较难处理,但有时为了得到详细具体的有关指定对象的情况时使用。定案型题目便于量化分析,往往用于标准化问卷。有时在需要时可将各类题目混合在一个问卷中,但为了使调查尽量客观化和便于统计整理,最好较多使用定案型题,较少地使用不定案或半定案题目。

此外,根据不同的标准,问卷的类型的划分也各不相同。

根据使用目的,问卷可分为描述性问卷和分析性问卷。前者内容如家长情况调查表,其目的是了解现状,但并不准备对现状的可能成因作深入的分析;后者则不然,不仅要了解现状,而且要尽可能对成因进行探讨。显然,前者是后者的基础,是后者的重要组成部分;而后者则是前者的深入与发展。

根据填写方式,问卷可分为自填式问卷和访谈式问卷。自填式问卷即我们常见的被调查者独立填写的问卷。访谈式问卷是指由于调查对象没有足够的阅读能力,比如学前儿童或一些文化层次低的人,或者为了督促调查对象认真填写,调查者与被调查者之间采取一个读题和记录,另一个答题的方式进行问卷填写。两者的设计原理相似,但前者设计要求更高,因为对于被调查者不理解的题目没有解释的机会。另外,自填式问卷可以采取匿名形式,但访谈式问卷不能做到这一点。

第二节　问卷法在学前教育研究中的作用、
编制程序及注意事项

一、问卷法在学前教育研究中的作用

问卷法是学前教育的一项基本研究方法,合理而正确地使用问卷法可以确保研究者获得真正需要且真实可靠的资料。在学前教育中,问卷法是人们为了深入了解学前教育实际情况,借以发现存在问题,探索学前教育规律,或为了探索学前教育研究课题,需求解决现实问题的答案而采取的有计划地开展的并系统搜集和研究有关信息与数据的一种科学方法。问卷法能使研究者直接由受试者获得资料,比如调查受试者个人的所见所闻、喜好、价值观、态度信念等,亦可用来调查事实及经验或正在进行的事,比如调查学前教育的现状、幼儿教师的职业认同等。

二、问卷的编制程序

(一)明确研究目的,确定调查对象

根据研究目的和假设范围收集所需资料,草拟问题,并确定调查对象。

(二)列出问卷调查所需要研究问题的纲要

将初步列出的问题按研究课题的目标分类进行分组,确定所要搜集的信息和问卷类型。

(三)围绕主题草拟问题

列出标题和各部分具体项目,并在可能条件下对各组问题进行权衡,再进行处理及调整,然后逐项列出,这样利于统计整理。

(四)写出简函和填答说明

以短文或短信形式,说明问卷调查的目的、功能、填写方式、未来用途、填毕时间,并表达谢意,注明调查人姓名或单位与发出问卷的时间。如某些问题的填答方式复杂,需作详细明确的解释,并举例说明。

(五)修订问题

征求有关人员、专家的意见,修订项目。

(六)实测

从总体样本中抽取 30～50 人为试测样本,以检查问卷表述的方式、项目、内容能否被受试者所理解,并求出信度、效度。

(七)再修订

根据试测结果,对项目内容、排列方式加以改进,然后打印。

至此,问卷的编制工作完成,可以按计划发放问卷,进行正式调查。总之,问卷设计要注意两个方面的问题,一是研究目的,要保证问卷的题目紧扣研究目的;二是研究对象,要充分考虑问卷受体的感受和能力。

延伸阅读 6 - 3

问卷编题的原则

1.适宜原则

问题要适合研究主题的需要,切合主题、针对主题。

2.简明原则

每一问题力求简单明了,具体扼要,切记繁杂。每一问题只能有一个疑问,不能兼问。

3.整齐原则

每一问题的长短、位置排列应力求整齐,不仅节省纸张而且给人以美的享受,有利于提高回收率,便于统计整理。

4.礼貌原则

应附一短函,函中应对调查目的等作简要解释,并感谢被调查者的合作。问题的措辞应讲求礼貌,尊重答卷人,使答卷人能从内心深处愿意合作。这也关系到收集资料的完整性和回收率。

5.诱导原则

设计者应善于运用可引出真实情况的策略,同时要避免和防止对答案的诱导。

三、设计问卷题目的注意事项

问卷题目的设计和编制是问卷调查的关键,要获得尽可能全面、真实的材料,避免问卷的局限。因此,设计问卷题目时应注意以下几方面:

(一)问题的内容与问题用语要比较现实,便于回答

设计问题时,对一些专业术语要通俗化。问题的内容没有难懂或含糊之处,不要让被调查者产生误会或是凭猜想做推测。为使题意简明,应注意避免多重含义的问题或多重否定的问题,前者指一个问题中包含两个以上不同的含义,如"您班幼儿中年龄较小者往往缺乏自信,而且动作能力低下。是( )否( )"。对此,一般无法明确作答,此类题应分为两个问题。后者如"您是否反对在非学习日,包括周末与假日,不实行按时熄灯的规定? 是( )否( )。"这个问题中含有多个否定词,容易造成理解混乱,致使答案似是而非,缺乏真实意义。这个问题如果改为肯定问句:"您是否赞成……"意思就很清楚了。

(二)问题不宜过多,问卷的长度适当

要适当控制题目数量与答卷所需时间,一般应让填答者在半小时之内完成,占用时间过长会影响收回率。但题目过少将导致较大测量误差,一般题数在30～50之间为宜。有时某些题目对部分调查对象不相干,应在指示语中明确提示可用"无关"二字填入该栏目。可问可不问的问题不要问,较复杂难答的问题也不要问,以免被调查者随便敷衍,使答案不真实。

(三)问题的措辞要避免主观倾向性,问题及答案不宜带有暗示性或诱导性

应注意避免"社会认可效应",即被调查者依社会评价标准作答,而非提供真实答案。就是说,问题与答案应是中性的,不存在社会道德评价意义,不会使调查者产生社会认可与否的顾虑,真实作答。

(四)问题的排列顺序应采取"漏斗式"问题设计

问题排列采取由简单到复杂,由一般到特殊,由易引发兴趣的到牵涉个人及引起紧张的顺序,使被调查者愿意回答并且也较容易回答,而不是从一开始就产生挫折感,从而放弃答题。

(五)答案应尽可能简单具体,便于回答和统计

例如,要了解家长在独生子女身上的消费情况,可以这样设计问题:

(1)你们这半年为给×××买玩具大约花了多少钱?

(2)你们这半年为给×××买书大约花了多少钱?

将问题限于一定的时间范围,所需的材料就出来了。

(六)问卷题目编制好后,在正式实施前,应进行预测

通过预测,可考察题目的分量、难度等是否适当,有无语义含糊,难以理解甚至产生误解之处,以防止调查时出现问题。预测应选择与正式调查对象特点相近被试,按照设计好的方案进行。

(七)问卷前面最好附有扼要说明调查目的

使被调查者了解调查的目的要求,取得其信任,以便能够认真协助配合,提供所需的材料。

(八)欲编制常模参照问卷量表,须严格遵从该类量表的制作程序与要求

采用适当的取样方式,执行标准化实施过程,并对问卷量表的信度、效度、难度、区分度等技术指标进行数量化考证。

(九)注意问题中隐含的心理因素

属于社会科学的调查问卷,常常不可避免地要涉及一些敏感问题。因此,问题的设计要格外谨慎。首先,问题不应具有暗示倾向性,避免诱导性用语或带有主观意向和情绪色彩的用语在问卷中出现,还要避免与社会规范有关或有情绪压力的问题。其次,问题不要涉及个人隐私程度较深而答题者不愿直接回答的一些问题。此外,措辞要讲求礼貌。

延伸阅读6－4

避免主观性与社会认可效应的措施

1. 使题目或答案涉及"一般人"而非调查对象本人

比如:"有时候,孩子会和父母产生不同意见,而发生争执或冲突。遇到这种情况,父母应该怎么办?"(而不是"你该怎么办")

(1)绝不允许这种事情发生　(2)通常禁止此事发生,但有时也可不必在意

(3)试用平和的方式制止这种事情发生　(4)不必放在心上　(5)其他(请写明)

2. 题目阐明问题应客观,打消调查对象的顾虑

例如:"许多家长说,他们觉得自己很难与孩子交流思想和感情。你认为这种情况是否真的存在?(请家长作答)"

(1)肯定存在　(2)有时存在　(3)几乎不存在　(4)根本不存在

3. 采用列举形式设计问题

例如:"有人认为……还有人认为……你认为如何?"

4.使题目或答案看起来是中性的,均不明显侵犯社会规范

在调查家长对孩子的态度时,温和比冷漠更具社会认可性质,故有些人即使实际上对孩子并不温和,也常选择"温和"而非"冷漠"作为自己的答案。此时应采用类似以下题目,使调查对象可避免承认自己是冷漠的父母,同时又从某个角度考察其对孩子的态度。

例如:有些人喜欢公开表现出对孩子的温和和喜爱,同时也有些人,虽然也喜欢孩子,却不大愿意流露出来。您认为自己属于哪一类?

(1)很不愿意流露出对孩子的喜爱　　(2)有点不愿流露出对孩子的喜爱

(3)比较喜欢流露出对孩子的喜爱　　(4)非常喜欢流露出对孩子的喜爱

第三节　问卷的结构及优缺点

一、问卷的结构

通常一份问卷由标题、问卷说明、指导语、问题与选择答题、编码等几部分组成。

(一)标题

标题是问卷的研究主题,每份问卷都应该有一个题目,使被调查者清晰、明确地了解研究的中心内容。问卷题目不宜太长,确定题目的原则是鲜明、准确、易于填答者理解。例如,"幼儿教师的阅读状况调查",题目明确告知调查对象和调查内容。

(二)问卷说明

问卷说明,又称封面信,也叫知情同意书。问卷说明主要向被调查者介绍和说明调查者的身份,调查的内容、目的、意义、保密措施、填写要求等。目的是消除被调查者的顾虑,赢得信任,争取合作。如果是邮寄的问卷,还要写明最迟寄回问卷的时间。问卷说明具体内容包括:介绍调查主办单位和调查人员的身份,简要说明调查的目的和内容,承诺对涉及个人隐私内容的调查结果保密,对被调查者的合作与支持表示感谢。问卷说明篇幅应尽量短小,但要言简意赅、真诚详尽,同时要体现出对调查者的尊重,若能体现对调查课题的权威性更好。

延伸阅读 6-5

问卷说明示例

尊敬的各位老师:

您好! 首先感谢您在百忙之中填写"幼儿教师科学素养调查问卷"。本调查的目的绝不是对老师的个人素养进行评价,而是以统计的方式找出群体的特点,为我们今后编写有关科学素养培训教材提供可靠的依据。本问卷以匿名的形式填写,且我们承诺对每位教师的答案保密。如果因我们的失误而导致问卷中的任何信息的泄露而使您的名誉受损,我们将承担相应的法律责任。

为了使调查能够获得真实有效的数据,请您务必注意如下几点:

1.大概需要30分钟可以完成,请不要查资料、不要讨论,当堂交卷。

2.我们希望您能回答所有的问题。但是,如果您发现有些问题实在是不知道,就选"不知道"项;对于没有"不知道"选择项的题目,请给出您猜测的答案,不要不答。

3.除极少数注明"可多选"外,大部分题目只能选一个答案。

4.填写过程中如有疑问,可以写在问卷旁边。

谢谢您的合作和支持!

×××研究所,教育实验研究中心

YYY课题组(公章)

××年××月××日

(三)指导语

指导语是用来指导被调查者填写问卷的一组说明或注意事项,有时还附有样例。指导语应简明易懂,使人一看就明白如何填写。这部分有时与说明部分合在一起。

例如:

尊敬的家长:

您好! 首先对占用您宝贵的时间表示歉意!

我们正在做一项调查研究,需要您的大力支持! 以下所有问题的答案无好坏、对错、高低之分。我们只追求真实性,请根据您的真实想法填写。下面列举的是当您在生活中与孩子发生矛盾,产生不愉快的时候,可能采取的一些做法。请您认真阅读每一项,然后在最符合您的一个选项上打"√"。非常感谢您对本研究的支持与合作,谢谢!

(四)问题与选择答案

这是问卷的主体部分。问题是问卷的核心内容,编制的问题要简洁明了,要适应被调查者的文化程度和理解能力,符合研究的目的要求。至于用开放性问题还是封闭性问题,则应根据实际情况而定。采取封闭性问题要按标准化测验的要求设计题目和答案,答案要准确,符合实际,便于选择。

延伸阅读6-6

问卷中的问题类型

问卷中的问题从内容上可分为事实和行为性问题、原因或理由性问题、态度或情感性问题、环境性问题4种类型。

1.事实和行为性问题

主要调查了解客观存在或已经发生的行为事实,包括存在性事实和行为性事实两个方面。例如,年龄、性别、职业、收入等基本资料;是否做过某事,做过多少等情况;行为发生的时间、地点及行为方式等多方面的内容。其调查对象可以是对填答者本人行为的了解,也可以是通过填答者了解其他人的行为。

例如:

(1)您孩子的年龄　□3岁以下　□3~4岁　□4~5岁　□5~6岁　□6岁以上

(2)您的年龄　□25岁以下　□26~30岁　□30~40岁　□41岁以上

(3)您的学历　□初中或初中以下　□高中或中专　□专科　□本科　□硕士研究生或以上

(4)您从事幼教工作多少年了?

A.1年以内　　B.2～4年　　C.5～9年　　D.10年以上

2.原因或理由性问题

这类问题常常是对某一类行为出现的进一步说明。

例如：

您认为孩子的不良习惯主要来自哪方面的影响？

A.模仿父母　　B.模仿同伴　　C.电视、电影　　D.溺爱娇惯　　E.其他

3.态度或情感性问题

如赞成、不赞成；喜欢、不喜欢；愿意、不愿意；等等。态度是人对某种现象的相对稳定的心理倾向，一般无法进行直接测量，只能从人的语言、行为以及其他方面加以间接推断。在问卷调查某一群体意见倾向时，常常采用这类问题。可以从以下几个不同的侧面了解被调查者对问题的倾向。

(1)情感性意见。

这是指人对人，人对事、物的好恶及情绪，通常用喜欢、不喜欢，有兴趣、无兴趣等一类词语表达。

例如：

你喜欢和外国人用英语聊天么？　　A.不喜欢　　B.不知道　　C.喜欢

(2)评价性意见。

这是指人对人，人对事、物的好恶及情绪，通常用很好、好、不好，优、良、中、差，满意、不满意等一类词语来表达。

例如：

您对幼儿园的教育环境有什么评价？

A.非常满意　　B.比较满意　　C.普通　　D.不太满意　　E.非常不满

(3)认同性意见。

这是指人对某一事物或别人的某项意见是否赞同的倾向，通常用同意、不同意，赞成、不赞成等一类词语来表达。

例如：

您对"教育孩子的目的，首先是为了充分地发挥孩子的潜能"这句话：

A.非常同意　　B.同意　　C.无所谓　　D.不同意　　E.非常不同意

(4)认识性意见。

这是指人对某种事物的认识和了解所表达的思想与信念。如对某项教改成果用"具有创新意义，将产生积极而深远的影响"的语句来表达。

例如：

您认为对孩子实施家庭教育是自发地教育还是需要进行专门的学习培训呢？

A.完全自发，顺其自然

B.参考自己父母的做法或与他人交流即可，不需特别学习培训

C.家庭教育有很多学问，需要学习培训才能掌握要领，从而成为称职的家长

D.其他看法

4.环境性问题

如家庭、工作单位、居住社区、学习场所等，主要对那些影响或涉及人们思想、观念或行为

的各种各样的环境因素进行调查。

例如：

您的家里主要由谁负责对孩子的教育？

A.母亲　　　B.父亲　　　C.爷爷奶奶或外公外婆　　　D.保姆　　　E.其他人

几乎所有的问卷都包含调查者的"基本情况"部分，也就是"人口统计学特征"，例如性别、年龄、职业、收入等变量。这部分一般位于文卷的开头部分，对于较长的问卷，可以直接标出："第一部分个人基本情况"。

(五)编码

对于样本数量较大的调查，为了便于计算统计、汇总和分类，一般应设立编码栏。编码就是给每个问题及其答案编上数码。编码一般放在问题的右边，编码的序号与问题序号相一致。当然，如果是样本数量较小的调查，或采用手工汇总的调查，可不设编码栏。

例如：

根据您的具体情况，在下列合适的数字上画"√"。

1.您的性别：①男　②女

2.您所在的幼儿园所：①公立幼儿园　②私立(民办)幼儿园

3.你的学历：①高中或中专　②大专　③本科　④硕士　⑤博士

4.你的教龄：①1～3年　②4～6年　③7～10年　④10～15年　⑤15年及以上

延伸阅读 6－7

问卷题项设计中应该注意的几个原则

1.一般性原则

一般性原则即选项的设置是否具有普遍意义，指问卷中的题目和选项内容要对所有的被调查者而言都是熟悉的或具有代表性的。

例如：对幼儿教师上课所借助的信息化技术使用的调查问卷。

在下列信息化设备中，您一般使用哪种设备来辅助教学：

A.交互式白板　B.电子书包　C.触控一体机　D.电脑　E.其他

由于我国各地区经济发展水平不一，像农村贫困地区的幼儿园为能引进这些先进的信息化教学设备，很多老师也许没有听过这些设备，所以会选择"电脑"或"其他"项。可见题目没有考虑全部调查者的情况，缺乏一般性，这个问卷更多适合发达地区使用。

2.逻辑性原则

问卷的设计要符合逻辑，要有条理性、整体感。问题与问题之间、问题与选项之间、选项与选项之间要有逻辑性，既要符合事物本身的逻辑、时间顺序、空间关系，还要符合调查者的心理过程逻辑。

3.明确性原则

这一原则具体是指：针对被调查者的能力而言，问题中所含概念或陈述是否清晰，提问的语义是否明确、便于回答等。因为问卷里的题目是没有上下文的，因此，读者难以根据上下文进行理解，所以它的明确性就有特殊的重要性。

例如："您认为素质教育改革能否对学前教育的跨越式发展产生影响?"(是、否)

什么是素质教育？即使被调查者是专家也难以给出肯定的判断。另外，哪方面改革？什么是跨越式发展？这些概念都含糊不清。

如果把上述问题修改为：

"您赞成您所在的幼儿园进行素质教育改革吗？（是、否、不确定）"这样就比较清楚了。

二、问卷的发放、回收与偏斜估计

（一）确定发放的形式

问卷发放有不同形式，且各有利弊。

1.邮寄

邮寄简便易行，省时省力，但由于被试对所研究的问题或不关心不感兴趣，或问卷的问题设计不太合理，不便于回答，或其他问题影响被试作答，因此常影响问卷回收率。

2.有组织分配

有组织分配发放迅速，回收率高，便于汇集和整理。

3.当面填答

当面填答回收率高，不明白问题可当面提问；有情感交流，易取得被试的合作，但取样范围数量有限。

无论哪一种问卷的发放形式，在卷首应说明调查的目的意义以及对回答的具体要求。邮寄问卷时，应附回件邮资，收到填好的问卷要写一封感谢函。

（二）对问卷回收及回收率的计算

对问卷的回收，在剔除废卷的同时要统计有效问卷的回收率。一般来说，回收率仅30％左右，资料只能做参考；50％以上，可以采纳建议；当回收率达到70％～75％以上时，方可作为研究结论的依据。因此，回收率一般不应少于70％。

问卷回收率计算公式为：

问卷回收百分数＝（实际回收问卷数/发放的问卷总数）×100％

问卷回收有效百分数＝（实际回收的有效问卷数/回收问卷数）×100％

如果有效问卷的回收率不足70％，再发一封信及一份问卷。另外为保证结论的可靠性，如果有可能，可以做小范围的跟踪调查，了解未回答问卷那部分被试的基本看法，以防止问卷结果分析的片面性。

（三）对问卷回答偏斜（向）估计

答案中的偏斜指被调查者未真实反映事情的客观情况，因此对回收的问卷应作出偏斜估计。

1.对事实的回答错误

比如根据记忆回答而造成事实有误。

2.装假倾向

装假倾向往往发生在以下两种情况：或社会性期望，当问及有关社会不容忍的态度或行为，答者按社会所认可的方式，故意做出符合社会倾向的回答；或涉及私人问题时，使回答者难以回答而做出不真实反应。

3.默认倾向

默认倾向指问卷中有的问题答案的选择项,给填答者一个预定的框架,不管提问内容如何,都只能回答为"是"或"不是"。

4.道义理论

与事实相悖。

5.无回答

一种是整个答卷不答,一种是部分项目不答。此时需要分析原因,或表示回避倾向,或判断力不足,或项目过多,内容过于复杂,或问题不好理解,因此要具体分析。如果不回答者甚多,就要修改栏目。

三、问卷法的优缺点及面临挑战

(一)优点

问卷法的优点有:

(1)节省时间、经费和人力,尤其是大样本调查。

(2)避免偏见,减少调查误差。

(3)资料便于定量处理和分析。

(二)缺点

问卷法的缺点有:

(1)对被调查者的文化水平有一定要求。

(2)难以处理复杂的议题。

(3)缺乏弹性。

(三)问卷法面临的挑战

问卷法面临的挑战主要表现在:

(1)抽样随机性挑战。

(2)自我报告方式的挑战。

(3)解释力的挑战。

本章概念

问卷;问卷法;结构性问卷;非结构性问卷;综合性问卷;问卷的结构;问卷的编制程序;问卷的编题原则;问卷设计的基本要求。

推荐进一步阅读文献

[1] 刘云,赵振国.隔代教养对学前儿童情绪调节策略的影响[J].学前教育研究,2013(2).

[2] 杨莉君,曹莉.中部地区农村学前教育事业发展存在的问题及解决对策[J].学前教育研究,2011(6).

[3] 陈福美,苑春永,张彩,黎亚军,王耘.母亲抑郁、父母冲突与幼儿问题行为:有调节的中介效应[J].中国临床心理学杂志,2015(6).

［4］刘丽英,刘云艳.幼儿抗挫折能力的发展特点［J］.学前教育研究,2011(2).

［5］黄薇,阳泽.3～6岁幼儿目标取向、自我效能感与自我控制的关系［J］.心理发展与教育,2015(5).

［6］朱建方,崔冬雪,王少英,张勇,卢建辉.健美操练习对幼儿智力影响的实验研究［J］.湖州师范学院学报,2013(3).

［7］刘丽英,刘云艳.幼儿抗挫折能力的发展特点［J］.学前教育研究,2011(2).

问 答 题

1.问卷法的实施需要调查对象有一定的理解能力和知识背景,幼儿作为一个各方面发育并不成熟的群体,如何设计适宜有效的问卷,对幼儿进行调查呢?

2.问卷的问题设置需要注意很多问题,那在针对家长、幼儿教师的问卷需要分别注意哪些问题呢? 结合实践谈谈。

3.谈谈哪些因素会影响问卷的信效度,并说说如何测量问卷的信效度,如何提升问卷的信效度?

4.由于群体的局限性,我们常常将问卷与访谈结合使用,请你说说这样做的意义。

操作训练

请结合本章内容,编制一份有关学前教育研究主题的问卷。

第七章

实验法在学前教育研究中的应用

📖 **导　读**

蒲丰试验

一天,法国数学家蒲丰请许多朋友到家里,做了一次试验。蒲丰在桌子上铺好一张大白纸,白纸上画满了等距离的平行线,他又拿出很多等长的小针,小针的长度都是平行线的一半。蒲丰说:"请大家把这些小针往这张白纸上随便仍吧!"客人们按他说的做了。蒲丰的统计结果是:大家共掷2212次,其中小针与纸上平行线相交704次,2210÷704≈3.142。蒲丰说:"这个数是 π 的近似值。每次都会得到圆周率的近似值,而且投掷的次数越多,求出的圆周率近似值越精确。"这就是著名的"蒲丰试验"。

> **思　考**

1.蒲丰凭借实验得出的结论可靠吗?

2.你生活中运用实验法遇到过哪些趣事? 有过什么经验和教训?

> **抛砖引玉**

可以考虑:①实验法的概念;②实验变量的设计;③实验的效度;④实验中无关变量的控制;等等。

第一节　实验法的概念、特点及类型

一、实验法的概念

(一)实验法

实验法也称试验调查法,是实验者有目的、有意识地通过改变某些社会环境的实践活动来认识实验对象的本质及其发展变化规律的方法。它的基本依据是事物之间存在的因果关系。因此,实验法也就是保持某些条件不变即控制无关变量,操纵某些条件即操作自变量,观察或测量因变量,最后对自变量与因变量之间的因果关系进行分析。因此,实验法有时候也叫作有控制的观察。

在研究中,关于某个专题研究的第一步是对其进行描述,这是什么;第二步是寻求原因,为什么会出现这一结果,什么导致了这个结果。要解决因果的问题先要明白两个变量之间是否存在关系,即二者的相关关系,只有二者有关才可能存在因果关系。但相关不等于因果,如冬季棉衣卖的多,人们感冒的也多,二者存在正相关,但不能说因为棉衣卖的多导致了人们感冒高发,这只是因为二者同处于冬季,冬季是感冒的高发期而已。想要证明二者的因果关系,实验法是最适合的方法。实验中,实验人员可以控制无关的变量,操纵自变量来观测因变量,证明是自变量的变化导致了因变量变化,二者确实存在因果关系。

实验法最初被用于自然科学研究中,在1838年出版的《实证哲学教程》第四卷中,孔德首次提出"社会学"名称并主张运用自然科学方法"实证研究社会现象所特有的全部根本法则"。1879年德国心理学家冯特(Wilhelm Wundt,1832—1920)在莱比锡大学建立第一个专门的心理学实验室,将实验法用于心理学研究中,之后教育学研究也学习心理学的研究方法,开始采用实验法进行研究。

(二)实验法涉及的基本概念

1. 变量(variable)

变量是指性质和数量上可以变化、操纵、观测的各种因素、现象或特征。

2. 自变量(independent variable)

自变量是作为研究对象,被人为地操纵的对象。在对自变量进行操纵时,我们首先要明确自变量的操作性定义,因为有的自变量不能够进行直接量化。操作性定义是由物理学家布里奇曼(Bridgeman)提出来的,其目的是让实验者之间获得更清楚而准确的交流,从而在实验方法上更标准化、更一致,他的想法很简单:实验者应该根据产生变量的操作来定义变量,如果你以这种方式来定义变量,那么其他实验者在重复你的研究时只要依照你给的变量下定义就行了。他主张一个概念应该由测量它的程序来定义,由于操作性定义可以使实验者之间进行清晰而有效的交流,所以其在心理学实验研究中处于基础地位已将近一个世纪了。如学生的疲劳程度对学习效果的影响,疲劳的概念无法直接量化,因此要给它一个可以操作的定义,如将它定义为进行某种数量活动的状态,如做20道四则运算题定义为疲劳,那么对于疲劳的操纵是操纵做题的数量来完成的,疲劳可以被明确地测量和操纵。

3. 因变量(dependent variable)

因变量是随着自变量变化而改变的对象,是要观察、测量的对象。它可以是外显的、能被观测到的,也可以是机体的生理、情绪、意识反应。如可以是被试的按键的时间,这是可以观察到的,也可以是被试的皮肤电反应、眼动轨迹等,这是需要用仪器测量的。根据客观性程度,可以将因变量分为客观性因变量与主观性因变量。常见的客观性因变量有反应的正确性、反应的难度、反应的速度以及反应的强度和广度。常见的主观性因变量是被试的口头报告。因变量的选择一定要注意它的有效性,避免出现"天花板效应"和"地板效应"。因变量标准设置太低,致使大部分个体得分普遍较高的现象,即为天花板效应;因变量标准设置太高,致使大部分个体得分普遍较低的现象,即为地板效应。

4. 无关变量(control variable)

无关变量是指对实验结果会产生影响的其他刺激变量。这是指与所研究的问题无关,但却会影响其效果的变量。因此在实验中,必须要尽可能地对所有无关变量进行严格的控制,以确保因变量的变化是由自变量的操纵导致的。

5. 实验组(experimental group)

实验组是接受实验变量处理的对象组。

6. 对照组(comparison group)

对照组对实验假设而言,是不接受实验变量处理的对象组,实验组与对照组要尽量做到同质。

延伸阅读 7-1

常有的无关变量的几种控制方法

1.消除法

消除影响实验结果的无关变量。如消除实验过程无关人员的干扰、保持声音、光线的一致等。

2.恒定法

将各种实验处理保持在同一水平。如所有的被试在同一间房里做实验,使用同一型号的实验器材等。

3.平衡法

平衡法也叫作等组法,即随机取样随机分组,将被试分为两个无关变量相等的组,两组被试的特点相同或基础相同,表明这两组被试都是来自同一个总体,从而无关变量相同,其影响在两组平衡化。采取实验组和对照组就是利用平衡法来控制无关变量。如在进行儿童绘本教学对幼儿合作能力的影响时,选择将一个班的幼儿随机分成两个小组来进行实验,以平衡两组的无关变量。

4.抵消法

当实验变量是两个或两个以上时,会出现新的问题:两个实验处理的前后顺序不同,结果不同。这时可以采用循环组法加以抵消。如:在一项关于比较 A、B 两种训练方法效果哪个更好的实验研究中,A、B 两种训练方法哪个先做,都会对后做的效果产生影响。研究者可以采用一组按照 A、B 顺序实验,另一组则按照 B、A 顺序安排实验,最后将两组 A 的实验结果相加,两组 B 的实验结果也相加,再对 A、B 进行比较,得出结论。

5.随机法

随机是指在选择被试、安排实验处理顺序等许多实验环节上不受实验人员主观意图的影响,随机安排决定,它是教育实验中唯一有可能控制所有无关变量的方法。但问题在于教育实验一般不能打乱正常的教学秩序,有时实验者只限于被允许的学校,利用原有的班级进行实验。因而,在学前教育实验中,随机法是难以完全实现的。

6.统计控制法

如删除极端数据,使用协方差统计法,将不能进行控制的无关变量作为协变量进行处理。

二、实验法的特点

(一)有目的地控制变量

有目的地控制变量是实验法最本质的特点。实验者可以主动地选择、创设和操纵某些条件,至少对一个自变量或实验变量进行主动地改变,以引起某种特定的心理或行为的发生或变化。

(二)揭示变量之间的因果关系

即要回答"为什么"的问题。实验法是在理论假设的指导下,提出实验的条件,通过操纵这些条件,观测被试的反应,通过分析这些反应,就可以概括出被试为什么有这样的反应,这些反应是怎么产生的,这些反应与实验条件有什么关系,由此概括出条件与反应的因果关系。

(三)能够操作自变量

研究者不用被动地等待所要观察研究被试心理、行为现象的发生,而是创造条件主动地引起被试的反应,以此来考察被试的反应与条件之间的关系,探讨事物的本质联系。这样就可以扩大研究的范围与深度,使研究者在自然教育情境中难以观察到的现象也可以研究。

(四)有严格的实验设计和确定的实验程序

实验法实验设计更为严格,选择被试,确定实验变量,实验材料、工具规格,实验程序,先做什么,后做什么,每做一步都有具体要求,特别是对无关变量的控制更严格,只有这样才能使研究结果具有科学性。

(五)具有可重复性

凡是实验都可以相同方式重复进行,以便验证结果的信度和效度。凡是理论假设正确,设计严密,操作严谨,所得到的实验结果,重复验证一定能成功。正因为实验法可以重复验证,就可以通过大量的重复实验,以验证理论假设的正确性,从而作出确切的科学结论。

三、实验法的分类

(一)按照实验的组织方式不同,分为对照组实验和单一组实验

1.对照组实验

对照组实验也叫平行组实验,是指既有实验组又有对照组(控制组)的一种实验方法。实验组即实验单位,对照组是同实验组进行对比的单位。两组在范围、特征等方面基本相同。在对照组实验中,要同时对两个组做前测与后测,并比较其结果以检验理论假设。例如,要检验"游戏教学优于传统教学"这一假设,以某班幼儿为实验组,实行游戏教学,以另一个与此相似的班级为对照组,使用传统教学方法,在一段时间的首尾,同时对两个班级幼儿的发展水平做前测与后测,再比较其结果,得出结论。

2.单一组实验

单一组实验也叫连续实验,是对单一实验对象在不同的时间里进行前测与后测,比较其结果以检验假设的一种实验方法。在这种实验中,不存在与实验组平行的对照组(控制组)。同一组在引入自变量之前相当于实验中的对照组,在引入自变量之后则是实验中的实验组。检验假设所依据的不是平行的控制组与实验组的两种测量结果,而是同一个实验对象在自变量作用前和作用后的两种测量结果。

(二)按照实验的环境不同,分为实验室实验和现场实验

1.实验室实验

实验室实验是在人工特别设置的环境下进行的实验。

2.现场实验

现场实验是在自然的、现实的环境下进行的实验。实验者只能部分地控制实验环境的变化,实验对象除了受到引入自变量的实验激发外,还会受到其他外来因素的影响。

实验室实验和现场实验相比,前者实验结果的准确率要远远高于后者,但后者更贴近于现

实,外在效度高。在教育领域的实验,仍然大多采取现场实验的方法,这是因为实验室实验的成本高,操作复杂,而且样本规模十分有限,所以难以广泛应用。

(三)按照实验的目的不同,分为研究性实验和应用性实验

1.研究性实验

研究性实验是以揭示实验对象的本质及其发展规律为主要目的的实验方法,主要用于对某一领域理论的检验与探讨,如关于幼儿心理发展阶段的研究。

2.应用性实验

应用性实验是以解决实际工作当中存在的某些问题为主要目的的实验方法,如主题教学对幼儿学习效果的影响。

(四)按照实验者和实验对象对于实验激发是否知情,分为单盲实验和双盲实验

1.单盲实验

不让实验对象知道自己正在接受实验,由实验者实施实验激发和实验检测。目前多数实验都是这类实验。

2.双盲实验

不让实验对象和实验者双方知道正在进行实验,而由第三者实施实验激发和实验检测。

之所以有单盲实验和双盲实验,是为了避免两种情况:一是实验对象出于对实验激发的欢迎或反感而有意迎合或故意不配合实验者;二是实验者和实验对象出于对实验结果的某种心理预期而影响实验检测结果的真实性和准确性。

(五)根据系统操纵自变量的程度和内、外效度的高低,分为前实验、准实验和真实验

1.前实验

前实验无法随机分配被试,不能有效地控制无关变量,误差高,效度低,往往不能说明因果关系,常被称为"非实验设计",但它毕竟具有实验研究的最基本要素——实验处理和测量。在比较严格的意义上说,它是一种不合格的实验研究。

2.准实验

准实验无法对被试进行随机取样,一般按现存班级进行实验,能对一部分无关变量进行控制,无法完全控制无关变量。这种方法非常适合现场实验,现场实验是在现实的教育情境中进行,较为真实,外部效度好,但教育情境因素多,无关变量多,在这种情况下,如何最大限度地保证实验的内部效度,准实验能解决此问题,但在下结论时一定要谨慎。

3.真实验

真实验能够随机抽取与分配被试,被试具有同质性,能够系统操纵自变量,严格地控制无关因素。真实验内部效度高,能够准确地揭示自变量与因变量的因果关系,但由于真实验控制因素过于严格,而教育科学本身又是多因素的,所以使用此法有一定的局限性。

第二节　实验的步骤

实验的步骤通常包括以下几个方面:选择问题、形成假设、实验设计、选择被试、实施实验、解释结果与检验假设、撰写报告。

一、选择问题

选择问题是进行实验的第一步。选择一个值得研究的问题通常有以下几种方法：

(一)源自实践

日常遇到的问题,如要给朋友的孩子买玩具,什么颜色的玩具孩子最有可能喜欢呢？这个问题就可以总结为,儿童最喜欢什么颜色的玩具？

(二)源自理论

通过理论推导和争论选择问题。比如,儿童到底是怎样进行学习的？是遗传生物因素决定了学习还是学习促进了个体的发展？历史上经典的格赛尔的双生子爬楼梯实验就验证了学习在个体达到了一定的生物因素基础上进行。

二、形成假设

(一)假设

假设是实验者对自变量与因变量关系的预期。问题与假设的关键区别是假设可以直接进行检验,问题则不能进行直接检验。

(二)好假设必须具备的条件

好假设必须具备的条件包括:

(1)说明两个或两个以上变量间的期望关系;

(2)研究者应有该假设是值得检验的明确理由,且该理由是有理论或事实为依据的;

(3)假设应是可检验的;

(4)假设应尽可能直接明了。

假设通常采用陈述句,对变量关系进行准确的陈述,提出的假设要符合常理,同时假设要能够被证明。我们以"儿童最喜欢什么颜色"这个问题为例,可以通过日常观察归纳得出初步的假设:儿童喜欢色彩鲜艳的颜色。

三、实验设计

(一)真实验设计

1.两组前后测实验设计

最常用也是最经典的实验设计是两组前后测实验设计,也就是把对照组实验和单一组实验结合起来。首先选择一批实验对象作为实验组,同时选择一批与实验对象条件相同或相似并处于同一环境的对象作为对照组;然后,只对实验组给予实验激发,而对对照组不施加实验激发;最后,对实验组和对照组前后检测的变化进行对比研究,得出实验结论。这种实验设计要求实验组和对照组的具体对象完全匹配,对实验对象的要求较高,并要求实验环境基本相同,所以操作难度较大,成本也较高。但它能够将实验效应与外来非实验效应区分开来,从而使实验结论更为客观和准确,这一点明显优于单一实验组设计,因此应用更为广泛。

2.单一实验组设计

单一实验组设计也叫单组前后测实验设计,就是只选择一批实验对象作为实验组,而不设对照组,通过实验活动前后实验对象的变化来得出实验结论。它的操作模式是:①选择实验对象组成实验组;②对实验对象进行前测;③引入自变量进行改变实验对象因变量的实验激发;④实验后对实验对象进行后测;⑤得出实验结论。

3.两组无前测实验设计

两组无前测实验设计就是对实验组和对照组都不进行前测,这是为了排除练习效应。实验组引入自变量实施实验激发和进行后测,对照组则只进行后测。通过对实验组和对照组后测结果的对比研究,得出实验结论。

4.多组实验设计和多因素实验设计

(1)多组实验设计。

为了既能同时排除外部因素和前测干扰的影响,又能保证实验结论的客观性和准确性,人们还编制出了多组实验设计,一般是设置两个实验组、两个对照组,其中各有一组无前测,又各有一组无实验激发,通过对各组检测结果的交叉比较,得出实验结论。

(2)多因素实验设计。

因为社会事物往往不是一因一果,而是多因多果、互为因果,将这种错综复杂的关系简化为单一的因果关系,就难以从系统上和整体上把握社会事物的特征。为此,人们又编制出了各种多因素实验设计。所谓多因素实验设计是检验多个自变量(或一个自变量的多种取值)与因变量的因果关系的设计。它一般设置一个对照组、三个或三个以上实验组。

依照具体实施方法的不同,它又分为多种类型。主要有:

①因子设计。

它是检验两个以上的自变量对因变量的影响和自变量之间交互作用对因变量的影响的设计。

②重复测量设计。

它是检验多个自变量对不同实验对象进行激发后的差异的设计。

③拉丁方格设计。

它是检验多个自变量的引入顺序对因变量的影响的设计。

除了以上介绍的主要实验设计类型外,还可以根据实验者、实验对象、实验环境、实验激发的不同,做出其他多种设计。总的来说,实验设计中实验对象排列组合的数量越多,实验结论的系统性、完整性、客观性、准确性就越高。但是另一方面,实验设计越复杂,实验对象和实验环境的匹配就越困难,实验过程、实验检测、统计分析就越烦琐,实验的资金成本和时间成本就越高。因此,实验者不应凡实验必用多因素实验设计,而应根据实验目的和自身条件,选择最恰当的实验方式,在一般情况下,仍以采用简单实验设计为宜。

延伸阅读 7-2

主要使用的相关设计及注意事项

1.主要使用的相关设计

(1)散点图。

把两个变量分别作为 x 轴和 y 轴,然后建立平面直角坐标,将它们的坐标值绘制到该坐标系中,然后从中分析两个变量关系程度的大小。

(2)相关系数。

相关系数是对两个变量之间关系大小及其关系方向进行数量化表述的一个统计量,它的取值在—1至1之间,绝对值越大表示相关性越强,1表示绝对的正相关,—1表示绝对的负相关,0表示二者完全无关。相关系数的计算方法有许多类型,常见的相关系数有三种:皮尔逊积差相关、斯皮尔曼等级相关、肯德尔和谐系数。具体该使用哪种相关系数、使用它们需要满足的条件,请参考由北京师范大学出版社出版的,张厚粲、徐建平著的《现代心理与教育统计学》。

(3)回归。

回归是根据个体在一个变量上的得分来预测其在另外一个上得分的一种分析方法。

通过相关分析可以确定个体在变量数据中分布上所处的相对位置,通过回归分析可以预测个体的实际得分。但理想的回归预测要建立在相关系数较高的情况下,如果相关系数为1,那么可以通过已知的 X 值来对 Y 值做出最佳预测。

2.进行相关设计的注意事项

(1)相关系数表示两个变量相关的高低,它反映了两个变量间关联的密切程度。

高相关只是表示二者间关联密切,并不表示它们的内部关联性也高。因为任何变量之间都可以算出相关,高相关可能是一次偶然的巧合,解决的办法就是多次重复研究进行验证。同样,低的相关同样不能证明二者的内部关联性一定低。

(2)样本选择。

极端样本的出现会极大地影响相关系数。

(3)相关系数的重要性与显著。

判断一个相关系数的重要性即这是不是一个好的相关系数,不仅仅从相关系数的绝对值大小来判断,还需要对其进行显著性检验。

(4)相关不等于因果。

在天气寒冷与棉衣销售量成正比的例子中,若可以确定因果,能对其进行实验研究,可以采用实验研究来进行。如果无法采用实验研究,可以采用路径分析与交叉滞后组设计,以相关为基础来建构因果模型。

(二)准实验设计

1.准实验设计的概念

准实验设计是田坎贝尔(Campbell)和斯坦利(Stanley)提出的,目的是帮助心理学研究者解决一些他们想要研究在无法严格控制环境时所产生的行为。准实验设计是介于非实验设计和真实验设计之间的设计,准实验设计不能对被试进行随机分配,但可以操作自变量测量因变量。由于真实验设计需要对实验对象进行随机分配,但许多实验例如教育实验无法自由地对实验对象进行随机分配,另外严格控制的实验环境和真实的自然环境还是有差异的,这会影响到实验的外部效度,导致有的实验结果不能够很好地推广到自然环境中。因此,越来越多的人开始采用准实验设计。在教育试验中,由于需要维持正常的教学秩序,不方便将实验对象进行随机分配,因此多采用准实验设计。

2.准实验设计的使用条件

(1)变量无法进行随机分配。

如基于被试的性别、家庭条件等特征时,无法改变这些变量,只能采取准实验设计。

（2）当研究者对正在进行的研究内容或干预的效果进行评估。

特别是回顾性研究，就需要使用准实验设计。研究的内容在研究前就已经开始了，对变量无法控制。

（3）特定条件下的研究需要准实验设计。

许多社会因素造成的问题如流动、留守儿童等，研究者无法随机分配。

（4）研究者经费、时间、控制因素上有很大困难时。

此时无法实现随机分配被试时，必须选择准实验设计。

（5）因实验的伦理问题要求研究者必须采用准实验设计。

如看电视时长对儿童语言发展的影响，由于可能会给幼儿带来负面伤害，无法选择让一部分孩子每天看多少小时的电视，只能选择准实验设计。

3.常见的准实验设计类型

常见的准实验设计类型有回溯性研究、不等两组前后测设计以及时间系列设计。

（1）回溯性研究。

回溯性研究是指研究者试图系统考查被试特征（被试变量）的效果但是之前又没有进行实际操作的研究。如想要研究民主型教养方式的幼儿与放养型教养方式幼儿在面对陌生情境时的行为，在研究中幼儿被教养的方式是自变量，但实验者并没有操纵它们（这个自变量也无法很容易被操纵），因此实验者选取被试，根据他们已有的被教养方式来分组，再观察他们面对陌生情景时的行为。回溯性研究的操作性低，但生态学效度高，适用于某些无法轻易操纵自变量的研究。对于研究个体特征如性别、性格、年龄和生活事件如车祸、父母离婚、癌症对被试某方面的影响时，回溯研究经常被采用。但要注意的是，回溯性研究的结果不能轻易地得出因果结论。

（2）不等两组前后测设计。

不等两组前后测设计指包括一个实验组和一个比较组（作为控制组），并且在研究过程中既有后测又有前测的研究设计，但两组不是按随机化原则和等组匹配法操作的，有时甚至在不相等的两组中哪一个作为实验组和哪一个作为控制组，也不是随机进行的。在不等两组前后测设计中，前测是必要的，这是为了比较两组的具体差异，为后测数据的对比提供说明。在教育研究中这种设计是采用最多的，因为我们无法打乱原有的班级。克服不等两组前后测设计无法使两组同质的一种补救方法是采用事后匹配，尽可能地使对照组和实验组做到同质。

（3）时间系列设计。

时间系列设计是一种借助多次重复测量的前后测设计，它是对某个被试组进行周期性的测量过程，并在这一时间系列的测量过程中引进实验处理，随用后实施实验处理后在时间系列的观察中所得分数的不连续性来表示实验处理的结果。时间系列设计基本上是一种单组前后测设计，与其他测后测设计的主要区别是没有比较组，并且不是仅有一次前测和一次后测，而是指对实验组进行周期性的一系列的前测和后测。

四、选择被试

实验研究的被试常采用方便取样和代表性取样两种方法来选择。

（一）方便取样

使用容易得到的人来进行试验，这一方法方便于研究者获得被试，如许多实验研究会在大学校园里发布被试招募,寻找志愿者来参加实验。

(二)代表性取样

取样要确保被试能够代表研究总体。因为我们不可能挑选所有的儿童进行实验,那么进行实验的儿童也就是被试要能够代表儿童这一群体。

代表性样本能够确保研究结果的外部效度较高,具有较好的推广性,但样本的获得较困难,需要花费更多的时间和经济成本。同时要注意在被试选取中的志愿者偏差,接受实验和不接受实验的人或许存在一些差别,如愿意参加实验的人可能会更开放、活泼、主动,这样的抽样偏差非常隐蔽,需要我们在对实验结果进行解释时加以注意。

延伸阅读 7-3

3 种较常用的代表性被试取样方法

1.简单随机法

人数少时可以人工随机抽取,人数较多时可以将所有人编号,使用电脑生成随机数进行抽取。

2.系统随机法

系统随机法是从总体中按固定的间隔抽取被试的方法。先将研究对象编号,确定间隔如10,从1~10中先随机抽取一个数字如5作为开始,那么抽取出的被试编号就是5,15,25,35……直到抽取到足够的被试。

3.分层随机法

根据总体情况,先将被试进行分层,然后再随机抽取被试,它可以根据总体的实际情况抽取出代表性的样本来。例如,想要抽取的被试男女各一半,随机抽取无法确定抽出的被试男女数量相同,因此可以采用分层随机抽样,将男女分为两组,再在组内随机抽取相同的人数。

五、实施实验

1.操作和控制变量

在实验的实施过程中,要对自变量进行实验激发,对无关变量进行控制,对因变量进行测量与记录。根据自变量的操作水平不同,可以将自变量分为操作性自变量和选择性自变量。

(1)操作性自变量,即实验人员是可以控制的,如在情绪识别实验中,情绪的种类、强度是实验者可以选择的。

(2)选择性自变量,也叫被试变量,例如被试的性别、年龄、民族等。

2.测量反应

常用的反应指标包括正确率、错误率、速度、频率、强度等,在具体的实验过程中,选择哪一个指标作为反应指标,需要依据具体的实验来确定。指标选择是否合适,直接影响实验的成功与否。此外,如果选择的指标不合适,会导致不能准确测量被试的反应,也会导致实验的失败。例如,在研究幼儿情绪识别能力的实验中,一般是用对表情的正确识别率和识别速度作为指标的。

3.记录数据

对于每个被试进行编号,与数据一一对应,实验进行的时间、地点都要进行记录,以备后来查询。能够用数字记录的最好使用数字,尽量采用仪器如电脑、录音笔、录像机来记录,确保记录的准确性。

延伸阅读 7 - 4

无关变量控制中的霍桑效应和罗森塔尔效应

对于无关变量的控制除了常见的几种处理方法外,还应该注意霍桑效应和罗森塔尔效应。霍桑效应,即实验行为本身;罗森塔尔效应(也叫皮格马利翁效应),即实验者对实验结果的期待对实验结果的影响。

1. 霍桑效应(Hawthorne Effect)

所谓"霍桑效应",是指那些意识到自己正在被别人观察的个人具有改变自己行为的倾向。它是心理学上的一种要求特征。20 世纪 20—30 年代,美国研究人员在芝加哥西方电力公司霍桑工厂进行的工作条件、社会因素和生产效益关系实验中发现了实验者效应,称霍桑效应。

实验的第一阶段是从 1924 年 11 月开始的工作条件和生产效益的关系,设为实验组和控制组。结果不管增加或控制照明度,实验组产量都上升,而且照明度不变的控制组产量也增加。另外,还试验了工资报酬、工间休息时间、每日工作长度和每周工作天数等因素,也看不出这些工作条件对生产效益有何直接影响。第二阶段的试验是由美国哈佛大学教授梅奥领导的,着重研究社会因素与生产效率的关系,结果发现生产效率的提高主要是由于被实验者在精神方面发生了巨大的变化引起的。参加试验的工人被置于专门的实验室并由研究人员领导,其社会状况发生了变化,受到各方面的关注,从而形成了参与试验的感觉,觉得自己是公司中重要的一部分,从而使工人从社会角度方面被激励,促进产量上升。

2. 罗森塔尔效应(皮格马利翁效应,Pygmalion Effect)

1968 年的一天,美国心理学家罗森塔尔和助手们来到一所小学,说要进行 7 项实验。他们从一至六年级各选了 3 个班,对这 18 个班的学生进行了"未来发展趋势测验"。之后,罗森塔尔以赞许的口吻将一份"最有发展前途者"的名单交给了校长和相关老师,并叮嘱他们务必要保密,以免影响实验的正确性。其实,罗森塔尔撒了一个"权威性谎言",因为名单上的学生是随便挑选出来的。8 个月后,罗森塔尔和助手们对那 18 个班级的学生进行复试,结果奇迹出现了:凡是上了名单的学生,个个成绩有了较大的进步,且性格活泼开朗,自信心强,求知欲旺盛,更乐于和别人打交道。显然,罗森塔尔的"权威性谎言"发挥了作用。这个谎言对老师产生了暗示,左右了老师对名单上学生能力的评价,而老师又将自己的这一心理活动通过自己的情感、语言和行为传染给学生,使学生变得更加自尊、自爱、自信、自强,从而使各方面得到了异乎寻常的进步。后来,人们把像这种由他人(特别是像老师和家长这样的"权威他人")的期望和热爱,而使人们的行为发生与期望趋于一致的变化的情况,称之为"罗森塔尔效应"。

4. 资料收集与整理

在数据的收集中,我们可能会收集到以下几种类型的数据:

(1)称名数据。

只代表被试的属性或反应属性的差异,不涉及量的不同,如:男用 1 表示,女用 2 表示,正确按键用 1 表示,错误按键用 2 表示。

(2)顺序数据。

仅有等级、次序大小数据。如名次,第一名、第二名……

(3)等距数据。

除表明量大小外,有相等单位但没有绝对零点,只能加减,无法乘除。如温度,可以说10度比40度低30度,但无法说40度是10度的3倍热。

(4)比率数据。

可以进行加、减、乘、除运算,如身高、重量、速度等。

对于收集到的数据,首先要进行核查,将漏写、错误的数据进行补充或剔除。然后对其进行分类,输入到数据统计处理软件如SPSS中进行数据的分析。

六、解释结果与检验假设

解释结果与检验假设时,应该特别关注内在效度和外在效度。

(一)内在效度

内在效度是自变量与因变量的因果联系的真实程度,即研究的结果。若因变量的变化确实是由自变量引起的,是操作自变量的直接结果,而非其他未加以控制的因素所致,则该实验就有较高的内在效度。也就是说,内在效度表明的是因变量 Y 的变化在多大程度上来自自变量 X。一个实验是有效的,意思是指:得到的结果仅仅是由于操作了自变量和控制了无关因素的干扰。内在效度决定了实验结果的解释,没有内在效度的实验研究是没有价值的。

常见的影响实验研究内在效度的因素有:

1. 历史

历史是指超出研究者所能控制范围的特定外在事件对被试产生的各种影响,也包括诸如教师情绪性的长篇演说、鼓动、未定的考试产生的焦虑等。在周期较长的实验中,历史更可能成为一个问题。

2. 成熟

受试者在实验期间,不论生理或心理均会产生变化。例如,生理方面,变得更成熟、健壮。心理方面,技能、知识、经验的增长,或者变得疲劳、失去兴趣等。这些变化可能与自变量混淆而影响对因变量变化结果的解释,从而降低研究的内在效度。

3. 测验

教育试验中前测作为一次学习经验可能影响后测的成绩。因为受试者在经过前测之后,会熟悉测验的技巧和内容,尤其是前后测的题目基本相同、前后测之间的相距时间较短情况下,更会影响实验的内在效度。

4. 工具

在测量过程中,因工具测量(如试卷、仪器等)不同,主持实验者主观情绪状态发生变化(如评卷子的时候产生疲劳),也可能改变实验的结果。

5. 统计回归

统计回归现象是指受试者的测量分数在第二次测量时,有向团体平均数回归(趋近)的倾向。换言之,高分组的受试者在第二次的测量时,其分数由于向平均数回归而有降低的趋势,但低分组的受试者,其分数却有升高的趋势。因此,在有前后测的实验设计中,若以极端分数的学生为对象,统计回归现象就容易产生。

6.被试选择

被试选择指被试取样不等。由于选择被试的程序不当,没有用随机取样和随机分组的方法,因而造成被试组之间存在系统性差异。即在处理前,他们各方面并不平等。

7.被试的缺失

在一个延续时间较长的研究中,被试的更换、淘汰或中途退出可能对研究结果产生显著影响。如两个组,由于好学生离开控制组,被试更换,造成两组被试不等,结果实验组效果很好。

8.选择与成熟的交互作用及其他

由于测试程序、因素控制和实验处理安排等方面的原因,造成多种条件和因素之间的交互作用,从而影响对结果的解释。

(二)外在效度

外在效度涉及教育实验研究结果的概括性、一般化和应用范围问题,表明实验结果的可推广程度,研究结果是否能被正确地应用到其他非实验情境、其他变量条件及其他时间、地点、总体中去的程度。

常见的影响外在效度的因素有:

1.测验的交互作用

前测与实验处理发生作用,并导致结果不能推广到未经前测的群体中。

2.抽样偏差和实验处理的交互作用

根据实验处理的需要而挑选现成班级进行实验,其结果不能推广。

3.实验安排的副效应

被试知道他们要参加实验并对其具有新鲜感,也称为霍桑效应。

4.多重处理干扰

被试受两项或两项以上的处理(就像在重复测量中设计的那样),会产生一种后遗效应,导致不能推广到单独处理中。

七、撰写报告

教育实验研究报告是以书面形式反映教育实验过程和结果的一种研究报告,它最显著的特点是客观性。

(一)报告的题目及摘要

1.题目

实验报告的题目是论文内容主旨的集中反映,应当是通报性的,说明要做的实验研究属于哪方面的问题,表述方式应简洁精炼、合乎逻辑。

2.摘要

摘要是对报告内容的简短陈述,内容包括研究所要解决的问题、方法,以及获得的结果与结论。

3.关键词

列出研究的关键术语,既一目了然地向读者展示该报告的中心词语,又便于利用计算机管理文献,通过关键词迅速查找到相关论文。

(二)问题的提出

1.问题的性质及其重要性

研究者在文章的开头就必须交代清楚,他所研究问题的性质,以及该研究的意义和价值所在。

2.以往研究评述

对以往该领域内已有的研究结果做总结,使读者更好地了解该项实验研究的背景,同时说明自己的实验问题的理论和实践依据。撰写时,要注意用语凝练,言简意赅,不要堆积材料,篇幅不能太长。

3.目的与假设

一般来说,先有目的,而后提出假设,但是,有时也可先有假设后有目的,因为在教育研究中有些问题也许早已有了假设,只是等待实验验证而已。比如,非智力因素对学生学习成绩的影响问题,早就假设学生的非智力因素与学生的学习成绩密切相关,只是等待教育实验去验证而已。研究这个问题时,就可单纯以验证假设为目的。该部分的陈述力求简洁清晰,不需做过多论述,只需简洁明了地表述清楚即可。

4.关键术语的界定

在说明研究问题的性质、意义、目的与假设之后,研究者对于报告中的关键术语必须给予界定,有的还要写出操作性的定义。

(三)研究方法

所采用的研究方法是教育实验研究中的一个重要方面,研究方法对于实验的效果及成败来说具有决定性的作用。研究方法设计独到,运用恰当,即使研究结果没有按照自己的愿望验证假设,这项实验研究仍有价值。因此,在撰写研究报告时要极为注意研究方法的介绍,这也是实验报告中极为重要的部分。主要包括以下几个方面:

1.研究对象

从事教育实验研究,作者须说明被试的有关情况,也即研究对象是什么样的人,从什么样的群体中选取的,怎样选取的,有多少人,他们的年龄、性别、文化程度、经济地位、家庭情况如何等。如果实验为分组进行,则应说明研究对象是如何分组的。

2.研究工具

研究工具是指用来收集资料的量表、测验、问卷等工具。研究工具如果是众所周知的工具,则只需列出名称、无需另外的详细解释;还有一种是作者自行设计的,比如作者自编的或修订的测验、量表、问卷之类,这时就要详细说明,必要时还要将它们编列在附录内。

3.研究步骤

研究步骤要说明该项研究是怎样进行的,对于实验设计与实施的程序都要作详细说明。如实验变量的处理、无关变量的控制以及如何进行观察记录等,都要详细记述。

(四)实验结果

实验结果的陈述是实验报告的重心所在,在这部分必须详细地介绍实验中收集到的材料和数据,并展示分析数据所得出的结果。在报告中,实验所得的材料和数据最好用经过整理的图表的形式加以描述,并对其进行简要的说明,使其对实验结果的描述更加准确、概括,这不仅利于研究者整理实验结果,还便于读者阅读,获取有效信息。

(五)讨论与结论

讨论是研究者对于研究结果在理论或者实践中的意义进行的解释,为整个实验报告的结论提供理论上的支持。研究者根据研究的客观事实和结论,结合自己的认识与理解,讨论与实验结果有关的问题,将研究结果放在一个更广阔的背景下讨论,而后对当前教育理论或实践的发展提出自己的认识、建议和设想。讨论大致包括以下几个方面:

(1)对实验结果进行理论上的分析和论证。

(2)指出本实验中所遇到的困难,对本实验的局限性进行探讨,并提出进一步的相关研究的建议。

(3)提出可供深入研究的问题以及本实验研究中尚未解决或需要进一步解决的问题,对未来的研究以及如何推广研究提出建议等一系列内容。

结论主要是回答从实验结果本身概括或归纳出来的判断。下结论要恰如其分,留有余地,谨慎进行,同时对于实验结果的推广应用作结论时,解释更要慎重。

(六)参考文献

参考文献主要是列举在实验过程中参考了哪些文献资料,以告诉读者这项研究是在什么样的基础上进行的,反映该项研究是在什么水平上进行的,给人以启发与参考。

撰写实验报告时,首先,应遵循实事求是、科学分析的原则,不能弄虚作假,影响实验报告的科学性;其次,在撰写过程中要对所搜集的材料认真分析,找出反映本质问题的材料,抓住主要问题;最后,实验报告的撰写,应尽量做到定量和定质相结合。

第三节 学前教育研究经典实验、范式及优缺点

一、实验法在学前教育研究中的独特作用

观察法与调查法不能对事物呈现的自然状态进行干预,如果进行干预,那么观察或调查所获的材料就会失真,这两种方法均无法摆脱无关因素的干扰,因而有时就难以准确地确定事物间的因果关系。

在学前教育研究中实验法具有特殊的作用。特别是幼儿无法认字,无法理解我们的语言时,可以采用实验法来观察幼儿的注视点、注视时长、行为选择等行为指标进行研究,不需要他们的语言或书写。有些情景在自然中出现的比较少,或者易受到其他无关因素的干扰,采用实验法可以人为地创造出我们需要的事件,控制无关因素的干扰,观察幼儿的反应。

二、学前教育研究的经典实验

(一)延迟满足实验

20 世纪 60 年代,美国斯坦福大学心理学教授沃尔特·米歇尔(Walter Mischel)设计了一个著名的关于"延迟满足"的实验,这个实验是在斯坦福大学校园里的一间幼儿园开始的。研究人员找来数十名儿童,让他们每个人单独待在一个只有一张桌子和一把椅子的小房间里,桌子上的托盘里有这些儿童爱吃的东西——棉花糖、曲奇或是饼干棒。研究人员告诉他们可以

马上吃掉棉花糖,或者等研究人员回来时再吃还可以再得到一颗棉花糖作为奖励。他们还可以按响桌子上的铃,研究人员听到铃声会马上返回。对这些孩子们来说,实验的过程颇为难熬。有的孩子为了不去看那诱人的棉花糖而捂住眼睛或是背转身体,还有一些孩子开始做一些小动作——踢桌子,拉自己的辫子,有的甚至用手去打棉花糖。结果,大多数的孩子坚持不到三分钟就放弃了。"一些孩子甚至没有按铃就直接把糖吃掉了,另一些则盯着桌上的棉花糖,半分钟后按了铃。"大约三分之一的孩子成功延迟了自己对棉花糖的欲望,他们等到研究人员回来兑现了奖励,差不多有 15 分钟的时间。

(二)三山实验

心理学家皮亚杰做过一个著名的实验——"三山实验":在一个立体沙丘模型上错落摆放了三座山丘,首先让儿童从前后、左右不同方位观察这座模型,然后让儿童看四张从前后、左右四个方位所摄的沙丘的照片,让儿童指出和自己站在不同方位的另外一人(实验者或娃娃)所看到的沙丘情景与哪张照片一样,以此来观察幼儿的观点采择能力,即从他人的角度来看待事物的能力。

(三)视觉悬崖实验

视觉悬崖实验是沃克和吉布森(Walk & Gibson,1961)曾进行一项旨在研究婴儿深度视觉的实验,后来被称为发展心理学的经典实验之一。研究者制作了平坦的棋盘式的图案,用不同的图案构造以造成"视觉悬崖"的错觉,并在图案的上方覆盖玻璃板。将 2~3 个月大的婴儿腹部向下,放在"视觉悬崖"的一边,发现婴儿的心跳速度会减慢,这说明他们体验到了物体深度;当把一岁左右的婴儿放在玻璃板上,让其母亲在另一边招呼婴儿时,发现婴儿会毫不犹豫地爬过没有深度错觉的一边,但却不愿意爬过看起来具有悬崖特点的一边,纵使母亲在对面怎么叫也一样。

(四)错误信念的测试

Wimmer 和 Perner 的实验对象是 3 至 9 岁的孩子,他们给孩子们讲了一个叫作 Maxi 的男孩的故事。Maxi 的妈妈买了巧克力回家做蛋糕。Maxi 看到妈妈把巧克力放进了蓝色的橱柜,之后 Maxi 就出去玩了。与此同时,妈妈用巧克力做完蛋糕,把剩下的巧克力放到了绿色的橱柜里。Maxi 玩完回家觉得很饿,就想拿些巧克力来吃。实验者问参加实验的孩子:Maxi 会到哪个橱柜找巧克力(而不是巧克力放在哪个柜子里)?在实验中,实验者还用玩偶和火柴盒表演了这个故事,让孩子们有更直观的理解。结果显示,3 到 4 岁的孩子一般不能通过这个测试,他们会回答巧克力实际的位置,而不是 Maxi 以为巧克力在哪。他们不能理解:虽然自己知道巧克力在哪儿,但是 Maxi 并不知道。Wimmer 和 Perner 认为这是因为他们不能通过 Maxi 的视角,构建一个与自己世界不同的心理模型。也就是说,他们还不具备心理理论。

(五)自我概念——红点实验

1972 年,北卡罗来纳州大学的 Beulah Amsterdam 发表了一项实验,从此开启了随后几十年关于自我认识的研究。实验的过程很简单。首先悄悄地在 6~24 个月的婴儿鼻子上粘一小红点,然后把他们放在镜子前。孩子的妈妈指着镜子里的影像问孩子:"那是谁?"之后研究者们开始观察婴儿的反应。Amsterdam 测试了 88 个婴儿,最终只能得到 16 个孩子的可靠资料——婴儿终究是婴儿,而且很多孩子不想玩。从这 16 个婴儿身上,Amsterdam 发现了三类反应:

1.6～12 个月

那是别的孩子！婴儿的行为好像在镜子里的是另一个人——一个他们想友好相处的人。他们会做出接近的动作，比如微笑、发出声音等。

2.13～24 个月

退缩。婴儿看到自己在镜子里面的样子不再感到特别兴奋。看起来有些警惕，而另一些则会偶尔微笑一下并弄出些声音。对这种行为的一种解释是婴儿这时的行为很自觉（感到自己存在，可能表现出自我概念），但是这也可能是面对其他孩子的反应。

3.20～24 个月以后

那是我！大约从这个时候开始，婴儿开始能够通过指着自己鼻子上的红点，清楚地认出自己。这明确地表明他们认出镜子里的是自己，而那个小红点是在自己的鼻子上。虽然 Amsterdam 的结果是通过小样本得出的，之后在更多的被试身上得到了同样的结果。另外，之后设立控制情况的实验发现，这个年龄段的孩子如果鼻子上没有红点就不会碰自己的鼻子。这说明摸鼻子并不是他们看到自己影像的自然反应。

（六）陌生情境实验

Ainsworth 基于人类最基本的情绪——害怕，设计了她的实验。当婴儿对抚养者产生依恋，6 个月之后，会在下面这两个容易复制的情境中感到害怕。①陌生人焦虑：6 个月之后，婴儿往往会开始害怕陌生人。当抚养者不在场的时候，尤其如此。②分离焦虑：大概与此同时，也是 6 个月的时候，当抚养者离开的时候婴儿也会开始感到沮丧。

为了研究婴儿和抚养者之间如何互动，Ainsworth 设计了一系列互动性实验，来测试婴儿在陌生人焦虑和分离焦虑情境下的反应。每一次大约 3 分钟：①实验者将婴儿和抚养者安排在实验的房间里，随后离开。②当婴儿探索房间的时候，抚养者什么都不做。③进来一个陌生人，前一分钟什么都不说，之后开始和抚养者说话。再过一分钟，陌生人开始接近婴儿。④然后，抚养者尽量小心地离开房间，这时候，房间里只有婴儿和陌生人。⑤抚养者回来安抚婴儿，然后再离开。⑥婴儿一个人在房间里。⑦陌生人进来，开始和婴儿玩。⑧抚养者回来，陌生人离开。随着实验的进行，这些情境对于婴儿来说，越来越陌生。最开始，婴儿只是在一个陌生的房间里，然后陌生人进来了，然后陌生人开始和他们说话，最后连抚养者也看不到了。婴儿的压力也越来越大。

在很多婴儿身上重复实验之后，Ainsworth 从资料中分析发现了一个令人惊喜的规律。在观察到的现象中，最有意思的是当抚养者回来之后孩子的反应。根据在母亲回来后婴儿的反应，分析得出三种不同的依恋类型，其中一种是"好"的，另两种则被成为"混乱的依恋类型"。①安全型依恋：这种婴儿对母亲的依恋很有安全感，在抚养者离开的时候会有些沮丧，但当他们回来的时候就会很开心而且可以很快平静。深入的研究显示，70% 的婴儿属于这个类型。②不完全/回避型依恋：这些孩子对抚养者没什么兴趣，但当抚养者离开房间的时候会大哭。奇怪的是，当抚养者回来的时候他们也不觉得高兴，总是转过身哭着就爬开了。大约 20% 的婴儿属于这种类型。③不安全/抗拒型依恋：这些婴儿最开始不想离开抚养者去探索新环境。之后，和不完全/回避型一样，当抚养者离开的时候他们会大哭，抚养者回来并想靠近婴儿的时候，他们又开始抗拒。他们看起来很生气。大约 10% 的婴儿属于这种类型。

（七）客体永久性

客体永久性在是指"即使眼睛看不到，某件物体也依然存在"这一对客观世界的认识。瑞士心理学家皮亚杰认为,婴儿在 12 个月之前不可能具备这个概念。伊利诺伊大学的 Renee Baillargeon 教授进行了一系列实验,对这一观点进行挑战。实验利用了儿童会对"不可能"事件会表现出明显的吃惊,因此会更为关注这一道理,来证实孩子是不是了解物体恒存在。穿墙而过?——不可能场景实验有一项实验是让 6 个半月的婴儿看着一辆小车从坡道滑下去。半路有一块遮板挡住了婴儿的视线,通过遮板的时候婴儿就看不到小车,之后婴儿又可以看到小车。有一种情况是婴儿看到遮板后面放了一块障碍物,但是放开小车的时候,试验者做了一些手脚让小车可以顺利通过障碍。所以小车还能很神奇地从遮板的另一侧出现。上述"不可能"情况会和"可能"情况进行比较,也就是障碍物并没有妨碍小车的运行的情况。Baillargeon 发现,婴儿观察不可能情景的时间更长。这说明他们明白即使看不到障碍物,但它依然存在。这似乎为婴儿理解恒存在提供了合理的证据。当所有情况放在一起,剩下的解释可能就是真相。Baillargeon 教授在随后的实验中尝试了各种不同的情况。他用玩具兔子、玩具老鼠、玩具胡萝卜等来代替小车和障碍,并设计了各种违反自然规律的"不可能"情况。每个"不可能情况"之后都会进行严格控制的"可能情况",并逐一进行实验对比。在每项实验中,婴儿注视"不可能事件"的时间普遍更长,可能他们在想自己是不是在做梦。

三、学前教育研究中常见的实验范式

(一)Stroop 任务范式

Stroop 任务是研究反应冲突的一项常用范式。传统的 Stroop 测验采用色字和色块命名的方法来考察 Stroop 干扰效应量。在命名书写颜色字词所用颜色时,如果词义本身与颜色不符(如用绿色墨水书写"红"字时),颜色命名时间要长于词义与颜色一致时(如用绿色墨水书写"绿"字)或其他中性条件(如用绿色墨水书写一个与颜色无关的匹配字)。这之间的差异就是词义对颜色命名的干扰量。

1. 昼与夜 Stroop

昼夜 Stroop 来源于 Gerstadt、Hong 和 Diamond 的研究。当研究者向儿童呈现画有月亮和星星的图画,要求儿童看见此图画时回答"白天";当呈现画有太阳的图画时,儿童回答"夜晚"。在此实验条件下儿童正确回答的次数就是该研究的关键因变量。这种任务和 Stroop 任务具有基本相同的实质。昼夜 Stroop 这种研究方法既适用于学前儿童又适用于学龄儿童。

这两种任务一方面具有共同的实质:都要求儿童抑制字面意义和视觉冲突的矛盾,另一方面又不完全一致,后者同时还是一个规则运用任务,即"如果你看见月亮和星星,那么你说白天;如果你看见太阳,那么你说夜晚",因此,工作记忆在这种任务中也是不可缺少的;而 Stroop 任务则几乎没有规则运用的含义,工作记忆在其中并不重要。

2. 情绪 Stroop 范式

情绪 Stroop 范式是最初的 Stroop 范式的变式,这种方法是用情绪词作刺激,让被试对词的颜色进行命名,以被试的反应时间为指标来研究情绪和认知之间的关系。这种方法假设相关情绪词会导致较高程度的激活,因此有较高程度的干扰,情绪刺激的衰退期长于中性刺激。在孤独症、社交恐惧症等人群的研究中,发现失调患者都有特殊类型的情绪障碍,与前面假设一致,特定的临床病人在 Stroop 任务中把注意分散到特定类型刺激词的语义内容,因而这类词颜色命名的时间要长于其他呈现词。这说明,被试对特定类型的词更为敏感(比如焦虑失调者对压力词更为敏感）。

(二)整体—局部范式

纳冯(1977)发现了一个不对称干扰模型,基于这个模型的研究方法通常被称为整体—局部范式。在该模型中,大图形由一组小图形构成(见图7-1),整体的"H"是由局部的"T"组成的。实验呈现的图形有两种情况,一种是整体字母与局部字母一致,另一种是不一致的。于是,整体—局部的一致性就成为该范式的第一个自变量。此外,实验要求被试在图形呈现后报告整体字母或局部字母,也就是让被试注意整体或者注意局部,因此注意的指向在这里是第二个自变量。

实验结果表明:当被试必须报告局部字母时,如果整体字母与局部字母不符,那么反应时变慢;而当被试报告整体字母时,局部字母是否与整体字母相符却几乎没有或完全没有影响。根据这个结果,纳冯得出结论认为:整体字母先于局部字母被识别,这使整体字母可能干扰局部字母的加工而反过来则不会。后来的实验还指出,与很大或很小的物体相比,中等尺寸的物体能被更快地加工(Lamb & Robertson,1990)。通常,整体—局部范式对注意过程和感觉特征(如尺寸和空间频率)之间交互作用的研究很有用。

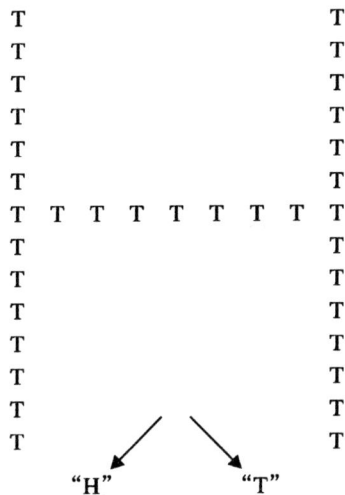

图7-1　整体—局部范式示例图

(三)负启动范式

负启动范式由蒂博(Tipper)在1985年首次使用,它是研究被忽略的刺激是否得到了加工,它的逻辑是这样的:给被试呈现一组刺激,让被试忽略其中的一个,如果被忽略的刺激没有得到加工,那么当下一次被抑制刺激出现的时候,其行为不会受到上次抑制的影响,如果被试进行了无察觉加工,那么行为会有所改变。实验流程为:要求被试对目标刺激反应,忽略干扰刺激。但上一次被忽略的刺激会作为下一次的目标刺激出现(见图7-2)。

实验时,图7-2中的黑色字母和灰色字母一起出现,黑色字母A是要注意的项目,灰色字母B是要忽略的项目,要求被试报告出黑色的字母A;在接下来的实验,将前一次灰色的字母B变为目标项目时,被试的反应时间延长了,表明第一次被干扰的字母也得到了加工,被记住了,因此在第二次干扰到了字母的识别。此范式经常被用来评估对一个刺激有意忽略的情

A   B
B   C

实验第1次   实验第2次

图7-2 负启动范式示例图

况下,注意能够在多大程度上自动地分配到该刺激上,并影响随后的加工。

(四)自我延迟满足范式

自我延迟满足,是个体为了更有价值的长远结果而主动放弃即时满足的选择取向,以及在等待过程中展示的自我控制能力。正式实验时,主试给被试拿来一辆玩具大消防车和一辆玩具小卡车,在地上演示玩法,之后将玩具放在桌子上,询问被试喜欢哪辆车,被试选择大消防车,主试便说:"一会儿我必须到隔壁房间工作,等我工作完自己从房间里出来后你就可以玩这辆大消防车。如果你不想等,你可在任何时候按铃把我叫出来,如果你按铃把我叫出来,你就只能玩这辆小卡车。我不在时你不能玩车,如果你玩了,我回来后你也不能玩这辆大消防车。"指导语重复两遍。为确定幼儿是否理解等待与奖励物的因果关系,要向幼儿提出以下3个问题:①"等我工作完自己从房间里出来,你可以玩哪辆车?"②"如果你不想等了,该怎么办?"③"你按铃把我从房间里叫出来,可以玩哪辆车?"幼儿正确回答后,主试说"我走了",到隔壁房间去,开始计时。幼儿参加实验时,家长只是坐在一个角落里填写问卷。用隐蔽的录像设备摄录实验全过程。

(五)Go No Go 任务

Go No Go 任务是研究反应停止能力的一种常用范式。此任务通常是随机交替呈现两个不同的字母或图案,要求被试对其中的某个刺激作反应(所谓的 Go 反应),而对另一个刺激不反应(所谓的 No Go 反应)。对 No Go 刺激的错误反应通常被认为是反应停止困难的一项指标。

(六)反向择物范式

相对于儿童博弈任务来说,反向择物任务是研究儿童执行功能的一种较为简单的方法,它以 Overman 等人的研究为基础。每次试验,研究者都向儿童呈现同样两个事物(如事物 A 或 B),并且当儿童选择其中一个事物(如 A)时,总是给予儿童奖励。经过一定次数的试验后,研究者又改为当儿童选择另一事物 B 时给予奖励,即奖励的可能性发生了反向转变。可见,此研究首要的因变量就是儿童要了解到这种转变所需的试验次数。反向择物法测量的是对刺激的强化值进行灵活表征的能力,为研究人的消退行为提供证据。这种研究方法常用于年龄较小的学前儿童,但也可用于婴儿和学龄儿童。

四、学前教育实验研究的优缺点

(一)优点

1.建立因果关系方面优于其他研究方法

文献法、调查法、内容分析法等研究方法,在多数情况下是横向进行的,而非在整个时期内进行的,但实验研究方法一般都是纵向的,尽管时间可能很短,但是自变量与因变量之间也有一个时间的先后问题,它为研究实验因子在整个时期的变化提供机会。此外,在严格控制无关因素对因变量影响方面,实验法是最好的。例如,调查研究一般对环境中的干扰因素难以控制;观察法研究虽然常常是纵观地进行的,但一般不能控制外部因素对因变量的影响;文献研究有时是纵贯的,但一般不能控制外部因素对因变量的影响,也不能准确地测量因变量的变化;文献法研究有时也可能是纵贯的,但也不大可能进行控制。

2.有助于研究者在多种不同的条件下研究学前教育问题

实验研究可以使研究者获得自然条件下遇不到或难以遇到的情况或情境,可以扩大研究的范围和排除或抑制某些对研究有不利影响的内容。

3.可以重复验证前人的研究

在实验中,通过人为地改变条件,可多次获得同一状态下的某些现象,因此它比采用观察法、调查法等能更加确切地研究这些现象。

4.有助于得出较为准确和精密的结论

采用实验研究法可以提高研究的准确性和精密度。实验使研究者有可能准确地、精细地、分别地研究事物的各方面或组成部分,比较容易观察某些特定因素的效果。

(二)缺点

1.研究生态效应较低

实验研究的环境是人为设置的,这些人为设置的环境增强了研究者对于研究的控制力。但实验中人为设置的环境,距离现实真实环境条件差距较大,导致研究产生生态效应,研究结果与现实之间存在一定的差距。

2.样本存在的缺陷

实验法所需要的样本的数量比较少,虽然省事、省力、省钱,但是也造成了样本的代表性存在很大的缺陷。

3.容易受主观因素的影响

研究中常用的个案研究与成组研究通常是以被试数量为标准。个案研究是指选择单一案例或有限数目的事例进行的全面而深入的研究。如弗洛伊德的研究及菲斯汀格、华生、艾宾浩斯等人的研究。这些研究容易受主观因素的影响。

📀 本章概念

变量;自变量;因变量;无关变量;天花板效应;地板效应;实验组;对照组;前实验;真实验;准实验;相关;散点图;相关系数;回归;两组前后测实验设计;单一实验组设计;因子设计;时间系列设计;不等两组前后测设计;回溯研究;罗森塔尔效应;皮格马利翁效应;霍桑效应;称名数

据;顺序数据;等距数据;比率数据;三山实验;自我延时满足;错误信念;Stroop 范式。

推荐进一步阅读文献

[1] 徐金今. 不同绘本因素对 3～4 岁幼儿自主阅读影响的眼动研究[D]. 沈阳:沈阳师范大学,2016.

[2] 黄薇,阳泽. 3～6 岁幼儿目标取向、自我效能感与自我控制的关系[J]. 心理发展与教育,2015(5).

[3] 林龙容. 户外游戏对提高幼儿社会适应能力的实验研究[D]. 福州:福建师范大学,2015.

[4] 王昕. 电脑游戏对幼儿社会性发展的影响[D]. 西安:陕西师范大学,2014.

[5] 董丽媛. 角色游戏对 3～6 岁幼儿同伴交往能力影响的实验研究[D]. 临汾:山西师范大学,2014.

[6] 吴慧娟. 大班幼儿理财教育及其有效性的实践研究[D]. 上海:上海师范大学,2014.

[7] 郝丹丹. 美术欣赏教育对中班幼儿绘画表现力的影响研究[D]. 大连:辽宁师范大学,2014.

问答题

1. 实验法的优缺点是什么?
2. 在什么情况下使用实验法是合适的?
3. 不同的实验设计模式如何选择?
4. 实验法与观察法的不同之处。
5. 如何对无关变量进行控制?
6. 高相关就意味着因果关系吗?
7. Stroop 范式研究的目的是什么?

操作训练

应用实验法对学前儿童的某一目标行为进行实验研究。

第八章
测验法在学前教育研究中的应用

📖 **导　读**

"抓周儿"是否可信？

　　"抓周儿"，又称拭儿、试晬、拈周、试周，英文为 draw lots。这种习俗，在民间流传已久，它是小孩周岁时举行的一种预测前途和性情的仪式，是第一个生日纪念日的庆祝方式。仪式一般都在吃中午那顿"长寿面"之前进行。讲究一些的富户都要在床（炕）前陈设大案，上摆：印章、儒、释、道三教的经书，笔、墨、纸、砚、算盘、钱币、账册、首饰、花朵、胭脂、吃食、玩具，如是女孩"抓周儿"还要加摆：铲子、勺子（炊具）、剪子、尺子（缝纫用具）、绣线、花样子（刺绣用具）等。一般人家，限于经济条件，多予简化，仅用一铜茶盘，内放私塾启蒙课本：《三字经》或《千字文》一本、毛笔一枝、算盘一个、烧饼油果一套。女孩加摆：铲子、剪子、尺子各一把。由大人将小孩抱来，令其端坐，不予任何诱导，任其挑选，视其先抓何物，后抓何物。以此来测卜其志趣、前途和将要从事的职业。如果小孩先抓了印章，则谓长大以后，必乘天恩祖德，官运亨通；如果先抓了文具，则谓长大以后好学，必有一笔锦绣文章，终能三元及第；如是小孩先抓算盘，则谓将来长大善于理财，必成陶朱事业。如是女孩先抓剪、尺之类的缝纫用具或铲子、勺子之类的炊事用具，则谓长大善于料理家务。反之，小孩先抓了吃食、玩具，也不能当场就斥之为"好吃""贪玩"，也要被说成"孩子长大之后，必有口道福儿，善于'及时行乐'"。

📑 **思　考**

1. "抓周儿"得出的结论可靠吗？
2. 你生活中运用测验法遇到过哪些趣事？ 有过什么经验和教训？

📜 **抛砖引玉**

可以考虑：①测验法的概念；②测验的指标；③测验的稳定性；④测验者的资质；等等。

第一节　教育测验法的概念、特点及类型

　　美国心理学家桑代克（1918）曾说："任何现象，只要是存在的，总有一种数量"；另一位美国教育测量学家麦柯尔（McCall，1939）也曾说："凡有数量的事物，一定可以测量"。这两句名言构成了心理测验的理论基础。以此为前提，心理学家们不断尝试着，采用各种各样的方法，对人的智能、能力倾向、成就、人格等心理特征中的个体差异进行测量，以期更好地认识心理现象，更好地服务于人类自身。

一、教育测验的概念

教育测验就是教育研究者运用数量化的方法对儿童心理某个方面的发展或学生的学习结果进行测定和评价。教育测量在一般意义上和教育测验是同义词,经常被通用,但有人认为,教育测量应是指教育测验的操作过程。具体而言,教育测验包含三个基本要素:

1.测验的参照点

参照点系计算的起点,参照点不统一,量数所代表的意义就不同,测验结果就无法比较。参照点有两种,一种是绝对零点,例如测量轻重、长短等都以零点为参照点,这个零点的意义为"无",表示什么都测不到。另一种是人定的参照点,即相对零点,例如智力年龄为 0,实际上是指零岁儿童的一般智力水平,而不能说没有智力。理想的参照点是绝对零点,但心理测验中很难找到绝对零点,多采用人为标定的相对零点。

2.测量单位

单位是测量的基本要求,没有单位就无法进行测量。理想的单位必须具有两个条件:一是要有确定的意义,即对同一单位,所有人的理解意义要相同,不能出现不同的解释;二是要有相等的价值,即相邻两个单位点之间的差别总是相等的。但目前心理测验的单位还不够完善,尚无统一的单位,也不符合等距的要求。

3.测量规则

所谓规则,是指测量所依据的规则和方法。例如秤量重量,依据的是杠杆原理;温度计测量热量,依据的是物体的热胀冷缩规律。但心理测验的规则是比较难以建立和遵守的。

在教育科学研究中,测验法是研究者根据研究的需要,运用客观性的测量工具来收集有关儿童身心发展和学习结果的数量化资料,通过对资料的分析来揭示教育活动的效果,探索教育活动的规律的一种研究方法。学前教育科学研究中的测验是对幼儿身体、认知、语言、社会性发展等方面的测量,是学前教育评价的一种重要方法。

二、教育测验法的特点

(一)具有稳定的特定量具

学前教育中的测量与物理上的测量是一致的,须有特定量具,且量具必须具有不可随意改变的稳定性。如测量房子的高度就要用米尺,其单位为米,任何人测量时每米的长度都具有不可随意改变的稳定性。而测量幼儿的智力要用智力测验量表为量具,其测验项目是共同的,任何人测验时这些项目都是不能改变的。

(二)多为间接测量

学前教育中的测验与物理测量又不一样,物理测量多为直接测验,而学前教育中的测验多为间接测量。后者往往是通过被试对测验题目的反应来推测他的心理品质,但是这种推论不是主观随意的,必须采用严格的和客观的方法。例如,要测验幼儿的智力发展水平,只能是让幼儿回答测验项目中的全部问题,但测验项目常常并不能体现幼儿发展的全貌。对幼儿的智力测验是根据对幼儿一些智力因素的测量去推知他们的整个智力发展水平,这就是一种间接测量。由于学前教育测量多为间接测量,为了保证测验的质量,测量者必须考虑测验的效度、信度、区分度。

三、教育测验的效度、信度、区分度

(一)教育测验效度

教育测验效度是指测量的正确性,它反映了测量到的数据或结果与所要测量的对象之间相符合的程度。例如,用智力测验的题目去测量幼儿的智力发展水平是有效的,而用智力测验的题目去测量幼儿体格发育情况则是无效的。测验是否有效,所测的量与所要测的量是否一致,对于正确地评价对象是十分重要的。但这一点很难做到,这种不一致也经常会出现。比如,有人认为智力测验是测量人的先天智力素质与能力的,然而至今我们尚未有足够的证据说明这一点。有些研究还证实,它可能还可测量其他特性,如生活条件、学习经验等,故对于智力测验究竟能否测出它所要测的特性,尚存在争辩。

(二)教育测验信度

教育测验信度是指测验结果的一致性或稳定性程度。一个好的测验,就好像是一把好的尺子,对于同一现象反复测量多次,其结果要一致。例如,用智力测验来衡量幼儿的智力,第一次测得的智商是 100,第二次测得智商是 120,则说明该测验的信度是低的。但是教育测验的对象是人,会受到各种主观因素的影响。例如,紧张、疲劳、猜测以及练习效应等都有可能影响测验结果。此外,测验结果还会受到评分者和测验的外部环境等各种因素的影响。因此,对同一被试两次或多次测量的结果并不可能完全一样,都会或多或少地受到偶然因素的影响而产生误差。通常用满足某种条件的两次测验分数的相关系数作为测验信度,记为 $r_{xx'}$,称为信度系数。信度系数通常介于 0 到 1 之间,其值越大,测验越稳定、越可靠。一般来说,信度系数 0.9 以上时,信度很高;在 0.75～0.9 之间时,信度较高;在 0.65～0.75 之间时,信度中等,尚可接受;在 0.55～0.65 之间认为是处于临界状态,而 0.55 以下是低信度。

信度和效度既有联系又有区别。效度是指正确性,信度指的是稳定性,稳定性强的并不一定是正确的。例如,用 4 岁组幼儿的智力测验项目去衡量 3 岁组幼儿的智商总是在 70～80 之间,稳定性是相当高的,但这种稳定性并不代表正确性。一般来讲,测验的信度高,其效度并不一定高;测验的信度低,其效度必然低。测量理论研究表明:效度的最大值小于或者等于信度的平方根。

(三)教育测验的区分度

教育测验的区分度指的是测验把水平不同的幼儿区分开来的程度。一般来说,测验的区分度主要依赖于测验题目的难易程度,测验题目太难或者太易都不能提高测验的区分度。

效度、信度和区分度决定了研究结论或测量结果是否有效或是否精确可靠,对于评价者通过测验从各种评价项目出发获取各种准确的资料是非常重要的。因此,学前教育测验必须考虑效度、信度和区分度。

延伸阅读 8－1

保证效度、信度和区分度的三点措施

1.编制测验题目要有计划

试题抽样不当,往往是由于编拟题目时不认真所造成的。所以,为了使测验题目分布合

理,在编制测验题目时,应先确立编题计划,如要对大班幼儿自然常识学习水平进行测验,可列出一个计划表(见表 8 - 1)。

表 8 - 1　大班幼儿自然尝试学习水平测验计划表

教学目标＼教材内容	知识记忆	理解能力	应用能力	分析能力	综合能力	评价能力	合计
认识季节现象	4	3	3	1	1	3	15
认识动植物	5	6	6	5	5	3	30
认识物体特性及理化现象	6	9	8	4	1	2	30
劳动	4	3	8	4	1	5	25
合计	19	21	25	14	8	13	100

表 8 - 1 中的数字代表每一类题目所占百分比,这些比例反映着每一个内容和目标的相对重要性。有了这种表格,就可以知道哪一类题目应该多选,哪类题目可以少选。编好题目之后,还应和计划数对照一下,看测验题的分布是否合理,难度如何,重点是否突出。在进行评价时,也可以参照表中的百分比,确定每个题的分数。这对于提高测验编题的质量有一定的积极作用,同时也保证了测验的效度、信度和区分度。

2.采用多种命题形式测验

测验的信度和效度与评分方法有关,而评分方法与命题形式有关。命题形式有很多种,各有优缺点,应在一次测验中采用多种命题形式,如提出问题让幼儿回答,请幼儿判断选择,创设情景让幼儿解决问题等,这样可以提高测验的信度和效度。

3.进行标准化测验

标准化测验常常用于测验某一规定的幼儿集体的成就水平。标准化测验的特点是:试题取样范围广泛,效度高;答法简单明确;评分客观准确;命题、实施及评分各个环节尽可能地减少无关因素的影响。标准化测验之前需要设定测验目的,明确范围,抽取样本;进行测试之后,要进行效度、信度、区分度的分析,筛选确定测试题目后要给出这套题的平均分和标准差。有了这个常模之后,再用此套题目测试时,就可以用常模进行比较,通过计算就可以确定被测对象在总体中的位置。

四、教育测验法的主要类型

(一)按照测验编制来源不同,可将测验分为标准化测验和自编测验

1.标准化测验

标准化测验是指教育部门专门组织人力,由教育专家或学者们所编制的,适用于大规模范围内评定个体心理特征或水平的测验。标准化测验结果可以和一定标准对照,以测定被评者的程度。

标准化测验的制作较为复杂,首先要根据测试评价目的,明确测试范围;然后抽取测试样本,进行测试;在测试之后进行效度、信度、区分度的分析;经过分析进行筛选,确定试题并给出此套试题的平均分及标准差等标准,供今后使用此题的测验者进行比较,这种标准称为常模。

2.自编测验

自编测验也叫非标准化测验。自编测验是教育者根据教学的需要,仿照标准化测验的试卷形式,自行设计、编制的测验。自编测验主要用于本校或者本班。在学前教育评价中,幼教管理者为了解自身管理工作和教师的情况,或教师为了解本班幼儿在某些方面的发展情况都会自制一些测验题目,用于常规的测验。由于测验多为书面形式,而幼儿又不具备文字能力,所以自制测验常用于成人。在对幼儿测验时,应将文字题目转化为语言告诉幼儿,请幼儿作答。自编测验一般多为两种形式:论文式测验和客观性测验。

(二)按照对象的数量分类,可将测验分为个别测验和团体测验

1.个别测验

个别测验是指在同一时间内,主测者只能以一名被试为对象而进行的测量。也就是说,测验过程中是以一对一形式来进行的。这是最常用的心理测试形式。其主要优点在于在测试过程中,主测者对受测者的言语和情绪状态有仔细的观察,并有充分的机会与受测者合作,在必要时采取一定的控制措施,及时消除影响测验的因素,使得测验顺利实施,所以其结果可靠。此外,在面对一些特殊的测试对象,例如幼儿、文盲时,由于他们不能使用文字,因此只能由主测者代为记录其反应,此时只能采用面对面的个别测验。个别测验的主要缺点是时间不经济、费时费力,不能在短时间内收集到大量的资料,而且其程序比较复杂,主测者需要经过严格的专门训练,具有较高的素养才能熟练掌握。

2.团体测验

团体测验是在同一时间内由一位主测者(必要时可增配协助人员)对多名受测者实施的测量。这类测验的主要优点在于时间经济、省时省力,可以在短时间内收集到大量的资料,测验程序相对简单,主测者不必接受严格的专业训练即可担任。其主要缺点是主测者不能对每位受测者的行为反应进行仔细观察以做出切实的控制,所得结果不及个别测验可靠,因此容易产生测量误差,影响到测验的准确性。

在一般情况下,团体测验材料也可以以个别方式实施,但个别测验材料不能以团体的方式实施,除非将实施方法和材料加以改变,使之适合团体测验。从实施效果来看,个别测验比团体测验的效果更为准确与可靠。

(三)按照测验材料的性质不同,可将测验分为纸笔测验和操作测验

1.纸笔测验

纸笔测验又称文字测验,所用的测验材料是文字材料,它以语言来提出刺激,使受测者用语言做出反应,如词汇、句子、数字等,受测者作答也是用文字。例如,韦克斯勒儿童智力量表中的言语量表部分均属于文字测验。这类测验的优点是实施方便,大部分团体测验多采用此种方式编制,还有一些有肢体残疾而无言语困难的病人只能进行文字测验。其缺点是测验的有效性容易受受测者文化程度和阅读能力的影响,因而对不同教育背景的人使用时,其有效性不同。

2.操作测验

操作测验又称非文字测验,所用的测验材料多是图形、实物、工具、仪器、模型等,受测者通过对材料的辨认、手工操作来回答,无须使用文字。因此,这类测验很少受或者不受文化因素的影响与限制,可以来编制"文化公平测验",也可以用于测验无文字能力的成人、学龄前儿童或者文字表达有困难的受测者。这类测验的缺点是常常只能个别施测,大多不宜对团体实施,比较费时费力。

目前,世界上一些较有影响力的智力测验,通常既有文字测验的内容,又有非文字测验的内容,以提高测验的有效性。例如,韦克斯勒智力量表中既包括文字测验的题目,也包括操作性题目。

(四)按测验解释所参照的标准不同,可将测验分为常模参照测验和目标参照测验

1. 常模参照测验

常模参照测验是将受测者在测验上所得的分数与常模比较,以确定受测者在某一团体中所处的相对位置。所谓常模,简单地说,就是在一次测验中所得的平均分数。常模参照测验用于儿童之间的相互比较,检查儿童在所处团体中的相对位置。智力测验就是常模参照测验。常模参照测验的分数分布曲线应呈正态分布,即得分在平均分数附近的百分比人数最大,高分和低分两端的百分比人数较少。

2. 目标参照测验

目标参照测验也称标准参照测验。这是将受测者的测验结果与事先规定的某一绝对标准进行比较,以确定受测者有无达到该标准,进而对受测者的分数作出解释,来评价其是否具备了某种能力。例如,教师以教学大纲中规定的教学目标作为参照物,用以检查学生达到教学目标的程度,即检查学生是否达标和达标的程度。

目标参照测验的分数分布曲线,可以呈正态分布,但与最大百分比人数相对应的分数并不一定等于平均分数;也可以呈偏态分布,即多数学生的成绩都集中在分数高的一侧或分数低的一侧。

(五)按照测验的目的不同,可将测验分为能力测验、成就测验和人格测验

1. 能力测验

能力测验可以进一步分为一般能力测验和特殊能力测验。

(1)一般能力测验。

一般能力测验又称智力测验,是以测量个人的一般能力为目的的一类测验。通常根据受测者对量表上题目的反应或回答情况来确定其智力水平的高低。智力测验是心理测验领域中最早发展的一类测验,也是迄今为止较为成熟的测验。目前在国内广泛使用的智力测验如韦克斯勒智力量表、斯坦福—比内量表等,一般强调的是个体表现在认知活动中的稳定的一般能力,如言语能力、数学能力、记忆能力、空间知觉、推理能力等,这些都可视为对个体一般能力的考察。

(2)特殊能力测验。

特殊能力测验是测量个体在某一特殊领域发展可能性的测验,如机械能力测验、音乐能力测验等。

2. 成就测验

成就测验又称学绩测验,主要用于测量个人或团体在经过学习和训练之后对知识与技能的掌握程度,即学业成就。成就测验被广泛地应用于教育工作中,最常见的是学校中的各种学科测验。成就测验的目的在于了解受教育者在一定时间内获得知识和技能所达到的实际能力。成就测验一般分为两种类型：一是单科成就测验，测量受教育者在某一学科上的学业成就，如数学测验、语文测验；二是综合成就测验，测量受教育者在多种学科上的综合学业成就，如目前高考模式"3＋X"中 X 就是综合成就测验。

虽然能力测验和成就测验都是测量个人在其先天条件下经由后天学习所能达到的程度，但是能力测验测量的是在较少控制的或不大确定的情景中学习的结果，也就是个人在生活中经验累积的结果，而成就测验多是测量在有计划的或比较确定的情境中的学习结果。

3. 人格测验

人格测验主要用于测量人格中除能力之外的心理特征，诸如性格、气质、兴趣、态度、品德、动机、价值观等方面的心理特征。有的人格测验测量单一的人格特质和类型，如气质测验；有的人格测验则包含着多种人格特质，如卡特尔 16 种人格因素问卷。常见的人格测验主要分为三类：一是自陈式人格量表，如艾森克人格问卷；二是评定式人格量表，如猜人测验；三是投射测验，如绘画测验。

第二节 教育测验法的功能、编制及注意事项

一、教育测验法的功能

（一）诊断功能

在实际工作中，仅仅靠观察或谈话来获取信息，往往很难获得足够的资料，因而对研究对象很难做出客观的诊断。而测验是一种既省时又省力的工具，能够系统地在短时间内搜集到大量资料，有助于提高诊断的效率。在临床上，心理测验主要应用于对各种智力缺陷、精神疾病、脑功能障碍、心理适应不良、婴幼儿发育不良等的筛查和诊断。在教育工作中主要用来发现学生适应不良的原因和学习困难之所在，弄清是由于缺乏某种特殊能力，还是由于没有掌握好某方面的知识，或是由于性格不良和存在心理障碍，从而采取适当的帮助和补救措施。

（二）建立和检验科学假设的功能

心理学中的不少理论、研究假说是在分析测验资料的基础上提出来的，又往往通过测验来对理论和假设进行比较和验证。因此，在教育科学研究中测验可以帮助研究者建立科学研究的理论假设，并且进一步检验理论假设，所以，测验在基本理论研究中所起的作用不容忽视。

（三）评价功能

测验能够提供关于人的行为的描述，因此为行为提供了可靠的依据。测验可用于评价个体的方方面面，它既可以用于评价个体在能力、人格特征上的差异，儿童已达到的发展阶段等，也可用于评价学生的学习状况、教师的教学效果和教学方法；既可以用于评价个人，也可以用于评价集体；测验还有助于人们的自我了解和自我评价。

（四）选拔功能

在教育、企业、艺术、体育、军事等部门常常面临着人才选拔的问题，即需要在众多的人才中挑选出那些带有最大成功可能性特征的人。而心理测验法的出现正好解决了这些问题，为人才选拔提供了科学的高效的量化手段。通过对各种工作岗位进行分析，找出特定岗位所要

求的最佳心理特征,然后根据这些特征设计出相应的能力、成就和人格测验,从而预测个体从事某种职业的适宜性,这种方式大大提高了人才选拔和职业训练的效率,决策的正确率也得到了提高。

综上所述,测验有多种重要的功能,但用测验来解决实际问题时,特别要注意的是不要绝对化,因为测验只是一个辅助工具,测验结果只是作决策时要考虑的一个因素,而不是充分的条件。在实际工作中,要做出一个好的决策,还必须充分考虑其他方面的因素和信息。

二、教育测验的步骤

(一)教育测验的编制

1. 根据测验目的确定测验目标

要区别是测试能力、态度还是人格;测试成年人的智力,还是儿童的智力。

2. 分析测验目标所包含的心理过程或者心理特性

弄清楚这种过程和特性由哪些因素构成。如测试智力,要分析智力包括的具体能力。

3. 搜集相关经验材料

如欲测试幼儿的学习兴趣,就要收集幼儿园教学内容、教学资料、测验题目,现有的标准化教育测验以及心理学相关论著等。

4. 编选测验项目

编选时需要考虑:测验时间、测验项目的数量、测验刺激的形式、计分的方法等。

5. 编制测验草案

编选测验项目,初步形成测验项目,按照试题类型分析,由易到难进行排列。

(二)试测

测验编写选定后,需要在少数特定群体中进行试测,以检验测验项目是否合格、所需要时间长短、难度大小如何等。试测人数一般在 500~1000 人,试测群体与欲测总体状况相近。

(三)对测验草案进行修正

试测结束后,根据试测结果对草案中的项目逐一进行难度与区分度分析,通过项目分析,对不适当的项目进行修正或者删除,最后产生正式测验项目。

(四)正式施测

测验编成后,就测验的情景、具体步骤、要求与注意事项等制成测验手册,以便使用者遵循。施测样本一旦抽选出来,就可依测验手册施测。

(五)建立常模

常模就是比较的标准,通常将样本的平均得分作为测验的常模,可以作为判断个体差异的依据和比较的标准。

(六)对测验进行检验

用各种手段对该测验的客观性、信度、效度、辨别度等测验应该具备的条件进行鉴定,将结果记录在测验手册中,作为评价测验的客观材料。

延伸阅读 8－2

区分度评价

一般而言,区分度越接近 1.00 越好,不同题目区分度要比较的话,要控制样本大小及同质性这两个因素。根据经验,区分度指数的评价见表 8－2。

表 8－2　区分度指数评价表

区分度指标	题目评价
0.40 以上	非常优良
0.30～0.39	良好
0.20～0.29	尚可,须修改
0.19 以下	区分度不好,题目需淘汰

三、教育测验的注意事项

测验的实施是保证测验有效性的重要环节之一,为了使测量结果准确可靠,减少无关因素对测验结果的影响,要尽量控制测验误差,提高测验的效度。因此,在实施施测时,应当注意以下事项:

(一)严格遵守标准的程序

1.主测者要具备专门的知识水平

包括为实施测验所必须的特殊训练(或证明)。标准测验的实施手续、指导语、一般注意事项、评分标准等,均在其"指导书"或"说明书"中载明,主试必须严格遵守,不能更改。

2.实施的指导要足够详细

以便在不同的测验条件下容易使用,主测者要掌握有关时间限制、对受测者的口头指导、猜题的对策、对材料的分配的建议以及如何回答受测者的问题等指导说明。如果受测者不是因为缺乏有关测验内容方面的知识而是因为指导太差而导致失败,那么,根据测验得出推论的合理性就会遭到破坏。

3.主测者要保证有实施测验所必须的适当数量和种类的材料

在测验前主测者要对测验和测验材料保密。如果受测者在测验前已经知道了测验、测验材料或者测验条件,他就会获得那些不了解情况的同伴所不能得到的信息,这就不公平了。因此,测验前的保密是十分重要的。在测验前后,对测验材料进行认真细心地计数、核对、分配、收集,这样会大大有助于保证测验的保密性。

指导说明要慢慢地读,声音要清晰,要准确利用测验设计者提供的语句。主测者应该告诉受测者怎样对测验的问题做出反应而不是反应什么。在各种场合下主测者的面部表情、声调等都要保持温和而不作任何暗示,不给受测者提供赞许或否定的信息,以免产生期待效应。

4.单独的答案纸或者其他操作材料的使用规定应对受测者解释清楚

受测者应该知道怎样和在哪里写答案,对年幼的幼儿更应该详细解释。使用答案纸可以使评分方便、迅速。因此,受测者必须知道如何正确地使用它们,然后才能得出准确而有效的数据。一般来说,6 岁或 7 岁的儿童不宜使用答案纸。

5.制定标准程序

制定标准程序的目的在于使我们能够在有控制的情况下,观察受试者的行为。每一个测验项目,就如同一个小型的实验,只有在统一规定的标准情况下,所得到的结果才具有比较价值。所以,任何改变测验程序,增删指导语,对某些被试予以暗示等现象,即使很轻微,均可能严重影响受试者的反应,使测验失去意义。

(二)主试应与被试建立亲密的关系

测验实施时,主试对受测者测验的情感因素应予以关注。在理想情况下,主试应寻求和受测者建立亲密关系,对受测者的感情要反应灵敏并采取措施来诱导受测者的最佳表现。

要顺利地实施测验,主试的首要任务便是赢取儿童的信任,消除儿童的胆怯行为,使其能充满信心地、轻松自如地参加测验。如果孩子充满恐惧或紧张的心理,则此时测得结果常不可靠。因此,成功的主试应具有纯真的友善态度,才可能和儿童顺利地建立一种和谐的关系。如会心的微笑、安然的沉默、愉快的赞美、善意的批评等细微的友谊行为,都可增加彼此间的和谐气氛。但主试应当记住,称赞只针对儿童的努力,而绝不是对她某种成功作答的特殊反应。一般在每做完一题时,只是千篇一律地说:"好了,很好。"这只表示一项测验已做完,再做下一项的一种敷衍形式。如果只在儿童答对的时候才加以称赞,便可能影响后面的测验。在任何情形下,对儿童的错误反应或不合理的答案,都不可以表现出不满意的神色。

(三)考虑幼儿的特点

1.在测试幼儿时,还需考虑幼儿的某些特点

例如,幼儿注意力极易分散,也容易疲劳。他们的反应很容易受到各种环境或动机因素的影响,如饥饿、困倦、疲劳、讨好主试者等,也有些性格特质,如怕羞、胆怯、依赖和消极反抗等,对幼儿的测验行为会有决定作用,而这些特质对于较大儿童则影响较小。实施测验时,应避免在孩子饥、渴、困、累时进行。

2.测验时应谢绝参观,尤其是幼儿家长、教师等最好不要在场

如幼儿年龄较小需要陪伴时,只能限于一人,并应请其待在一旁,不能参加测验情境,更不能提供帮助,向幼儿说明问题,或作任何暗示。为了保持幼儿的注意力和作答动机,一方面可用口头称赞加以鼓励,另一方面可用变化的测验来满足幼儿的好奇心。对幼儿进行测试时,主试者还必须善于经常应付偶发事件。主试者必须善于观察情境,得宜地决定何时应该稍停,以便激发幼儿兴趣;如何利用孩子高兴时弥补做原来不喜欢做而被迫暂停的项目,等等。

3.测验的环境最好是空闲安静的房间,避免出现使儿童分心的刺激

测验时应注意孩子的身心舒适,如座位的高低、光线的强弱等。主试应当按照一定的顺序放置好测验所需材料,以免临时找起来浪费时间,也可能破坏测验气氛,影响被试情绪。主试还应把这些材料放在幼儿看不见,也拿不到的地方,否则会对有些活跃好动的幼儿产生无法抑制的诱惑力,使他们分心不安,无心作答。由于幼儿易疲劳,测验的时间也不能持续过长,应控制在三十分钟之内,最好不要超过四十分钟。

总而言之,对受测者表现的正确推断和不同测验条件下受测者之间公正的比较应以测验实施的标准化条件为依据。如果时间限制、指导说明和评分程序等在测验实施过程中允许有很大变动,那么就失去了使所有受测者相互比较的共同或公正的基础。正因如此,标准化测验

的实施才尤为重要。

第三节　常用幼儿心理测验简介及测验法优缺点

一、常用幼儿心理测验简介

(一)比内测验

世界上第一个智力量表是法国心理学家比内和他的同事西蒙于 1905 年编制的,称为比内—西蒙量表,该量表是应法国教育部区分正常儿童与低能儿童的需要而编制的。我国先后对比内量表进行了修订,从而将其使用推广到全国。

斯坦福—比内量表是比内—西蒙量表传到美国后,由美国斯坦福大学教授推孟于 1916 年进行了第一次修订,称为斯坦福—比内量表。在 1937 年和 1960 年又进行了两次修订,1972 年出版了新的常模,1985 年进一步修订常模,使其成为当今很有影响力的智力测验。

斯坦福—比内量表的材料包括一盒标准玩具(用以测量幼儿)、两册图画卡片、一册实验指导手册、一个记录反应本。测验对象为 2 岁儿童至成人。实施时,每个受测者只接受适合年龄组的项目,不是所有的项目都去尝试。幼童测验时间不超过 40 分钟,年龄大的不超过一个半小时。

延伸阅读 8－3

中国比内测题名称

中国比内测验是比内—西蒙测验传入我国后经三次修订而完成的。该测验共有 51 个项目,从易到难排列,每项代表四个月智龄,每岁三个项目,可测验 2～18 岁被试。在评定成绩的方式上,放弃了比率智商,而采用离差智商的计算方法来求 IQ。其测题名称如下:

①比圆形;②说出物名;③比长短线;④拼长方形;⑤辨别图形;⑥数纽扣十三个;⑦问手指数;⑧上午和下午;⑨简单迷津;⑩解说图画;⑪找寻失物;⑫倒数二十至一;⑬心算(一);⑭说反义词(一);⑮推断情景;⑯指出缺点;⑰心算(二);⑱找寻数目;⑲找寻图样;⑳对比;㉑造语句;㉒正确答案;㉓对答问句;㉔描画图样;㉕剪纸;㉖指出谬误;㉗数学巧术;㉘方形分析(一);㉙心算(三);㉚迷津;㉛时间计算;㉜填字;㉝盒子计算;㉞对比关系;㉟方形分析(二);㊱记故事试题;㊲说出共同点;㊳语句重组(一);㊴倒背数目;㊵说反义词(二);㊶拼字;㊷评判语句;㊸数立方体;㊹几何形分析;㊺说明含义;㊻填数;㊼语句重组(二);㊽校正错数;㊾解释成语;㊿明确对比关系;51区别词义。

(二)韦克斯勒幼儿智力量表

韦克斯勒儿童智力量表是由美国心理学家 D.韦克斯勒制定的。韦克斯勒长期从事心理测验的编制和研究工作,在智力测验方面作出了杰出贡献。他编制了一套韦克斯勒成人智力量表(WAIS),此外,他还编制了适用于 6～16 岁儿童的韦克斯勒儿童智力量表(WISC)和适用于 4～6.5 岁儿童的韦克斯勒幼儿智力量表(WPPSI)。韦氏三个量表既各自独立,又相互

衔接,适用于 4 岁到 74 岁的被试,是国际上通用的权威性智力测验量表。这三个量表分别于
20 世纪 70 年代末、80 年代初由我国心理学家引进、修订,出了中文版并制定了中国常模。

韦克斯勒智力量表不仅能了解个体智力发展的水平,而且能够了解构成个体智力各因素
发展的特点。韦氏量表包括言语和操作两个分量表,言语分量表包括常识、理解、算术、类同、
词汇和背数(又称数字广度)6 个分测验项目;操作分量表包括填图、图片排列、积木图案、拼
图、译码和迷津 6 个分测验项目。韦氏量表可以同时提供总智商分数、言语智商分数和操作智
商分数以及 10 个分测验分数,能较好地反映智力的整体和各个侧面。

延伸阅读 8-4

韦克斯勒幼儿智力量表内容

韦克斯勒幼儿智力量表的内容适用于 4~6.5 岁儿童,也可用于比较聪明的 3 岁儿童,或
比较迟钝的 7 岁及更大的儿童。韦氏量表把智力分成语言和操作两部分。语言测验包括常
识、词汇、算术、类同词、理解 5 部分;操作测验包括动物房、图画补缺、迷津、几何图形描绘、积
木图案 5 部分。这样就有语言智商、操作智商和全量表智商 3 个分数。

1. 语言测验

(1)常识。

让儿童回答一系列生活中经常碰到的问题。共 23 题。如:你的鼻子在哪里? 指给我看
(必须清楚地指对鼻子)。什么东西生活在水里或河里?(动物,如鱼、鲸、青蛙、龟、鸭,或水生
植物,如莲、水藻等)。

(2)词汇。

要求儿童回答词的一般意义。共 22 题。如:帽子,如果儿童回答说戴在头上、圆圆的、上
面有个顶,得 2 分;如果儿童回答说戴的(再问仍无说明),得 1 分;如果儿童回答说是黑的,黑
帽子,得 0 分。

(3)算术题。

让儿童分别用图片册、木块及心算的方式计算,从简单的比较长短、多少到较难的心算推
理题。共 20 题。如:用图片册,"这里是一些小球,哪个最大? 指指看"。用木块,放 2 块木块
在儿童面前,问:"这有几块?"心算。"如果我将 1 个苹果从中间切一刀,那么会有几块?"

(4)类同词。

第 1 至 10 题,让儿童用适当的词来补充未说完的话;第 11 至 16 题,让儿童说出一对词的
相像处。如:你乘火车,也可以乘____。如果儿童回答说飞机、船,得 1 分;如果儿童回答说座
位、其他车类得 0 分。冰棍和雪糕,如果儿童回答说都是冷饮,得 2 分;如果儿童回答说都可以
吃,都是凉的,都是冰做的,得 1 分;如果儿童回答说都装在纸盒里,都是白的,得 0 分。

(5)理解。

要求儿童解释为什么某种活动是合乎需要的。在某种情境下,更好的活动方式是什么?
共 15 题。如:小朋友为什么不要玩火柴? 如果儿童回答说会起火,会发生火灾,会烧掉房子
(东西),人会受到伤害,得 2 分。如果儿童回答说会烧到手,手会起泡,会烧到衣服,烫着手,它
们是危险的,会犯罪,得 1 分。如果儿童回答不包括上述有意义的内容,不知道可能引起对人、
对己的伤害,而只能说明此行为的非主要结果,如会挨批评,不好,火柴有毒,会爆炸,玩火柴晚

上会尿床等,得 0 分。

2.操作测验

(1)动物房。

一块有图形的模板,一盒 32 个彩色的小圆木柱。在模板的每一个方格里有一个小洞和一动物图形,有狗(住黑房子)、鸡(住白房子)、鱼(住蓝房子)、猫(住黄房子)。让儿童按范例在每一个动物图下的孔里插入一根相应颜色的小木柱。

(2)图画补缺。

23 张图中,每张都缺少一部分,让儿童按顺序看,并指出缺少的部分。如:梳子—缺梳齿,门—缺铰链。

(3)迷津。

一共有 11 个由简单到复杂的迷津,要求儿童用铅笔正确画出通向出口的路线。

(4)几何图形描绘。

让儿童按照范例画 10 种几何图形。

(5)积木图案(拼图)。

给儿童 6 块扁方木,一面红色,另一面白色;8 块扁方木,一面红色,另一面半红半白,让儿童按主测者给他的样子摆出来。

韦氏量表的 IQ 值都是以 100 为平均数,以 15 为标准差的离差智商。与其他个别施测的智力量表相比较,韦氏量表的标准化样本具有规模性和代表性,尤其对于成人和学龄前总体而言;测验编制程序达到高质量的技术标准;韦氏量表为测验使用者提供众多辅助材料,如计算机辅助解释程序、训练主试的手册、解释指南等。由于测验内容的丰富和考察结果的精细使得测验实施显得尤为复杂,因此,主测者一定要经过专业培训。

(三)瑞文测验

瑞文测验是英国心理学家瑞文于 1938 年编制的一种非文字智力测验。整个测验一共由 60 张图案组成,按逐步增加难度的方式分成 A,B,C,D,E 五组,每组都有一定的主题如图形相似、图形转换等,因此各组的思维操作水平也是不相同的。每个组又包含了 12 个项目,也按逐渐增加难度的方式排列,分别编号为 $A_1, A_2, A_3, \cdots, A_{12}, B_1, B_2, B_3, \cdots, B_{12}$ 等,每个项目由一幅缺一小部分的大图案和与缺失部分形状一样的 6~8 张小图片组成(A 组和 B 组有 6 张,C 组以后有 8 张),小图片分别标号为了 $1,2,\cdots,8$(见图 8-1)。测验中要求被试根据大图案内图形间的某种关系,看小图片中哪一张填入(在头脑中想象)大图案中缺失的部分合适,就把小图片号码写在答案纸上。直观上看,A 组主要测知觉辨别力、图形比较、图形想象力等;B 组主要测类同、比较、图形组合等;C 组主要测比较、推理、图形组合等;D 组主要测系列关系、图形套合、比拟等;E 组主要测互换、交错等抽象推理能力。测验通过评价被试这些思维活动来研究他的智力活动能力。下面就是其中的实例 A_7, B_{11}, C_4, E_{12}。

瑞文测验适用于 5 岁半以上智力发展正常的人。此后,心理学家又编制出瑞文彩色推理能力测验,适用于 5~11 岁儿童和心理有障碍的成人;还有瑞文高级推理能力测验,适用于智力高于平均水平的人。这样,原来的瑞文测验现已被称为瑞文标准推理能力测验,以示区别。对于瑞文测验的修订,我国心理学家自 1985 年以来进行了大量的研究工作,张厚粲对瑞文标准推理测验进行了修订,李丹修订了出版了"瑞文测验—联合型(CRT)"等。瑞文测验的优点

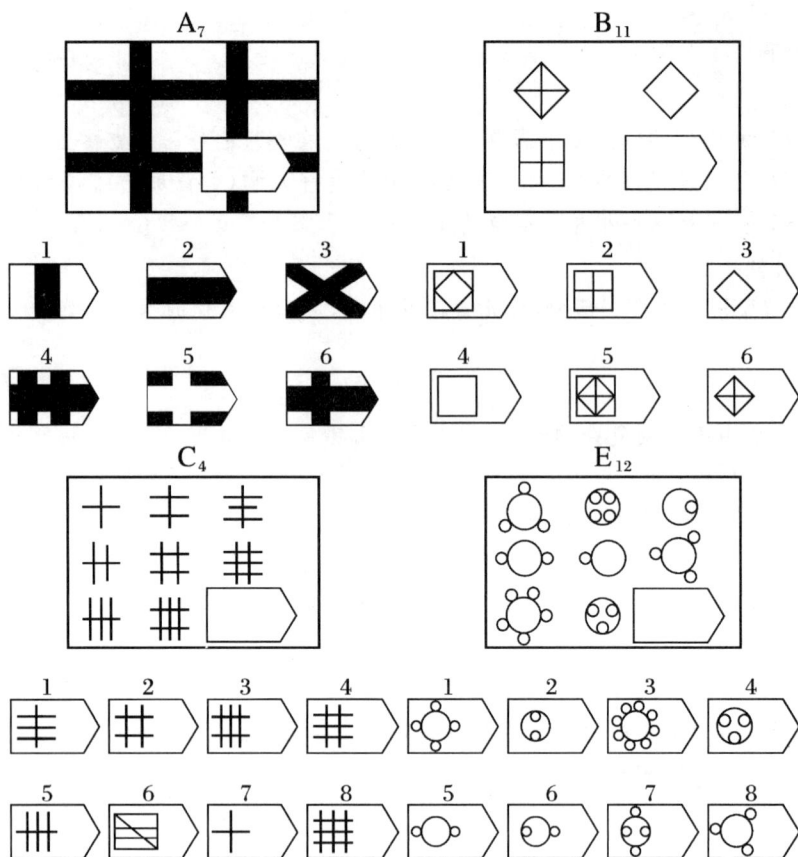

图 8-1 瑞文测验示例图

在于测验对象不受文化、种族与语言等条件的限制,适用范围广,测验既可个别进行,也可团体实施,使用方便,省时省力。它适合跨文化研究,以及正常人、聋哑人和智力迟钝人之间的比较研究,还可以作为大规模筛查或智力初步分等的理想工具。

(四)画人测验

画人测验又称绘人智能测验,它是一种能引起儿童兴趣的简便易行的智能测验方法,属于筛查或筛选方法。它不需要特殊工具,也不需要复杂的指导语,不受测量者的语言、行为等外界因素的干扰,能在很短的时间内,提供有关非语言的儿童能力测量的工具。在美国、日本等国家得到广泛的应用。

1885 年,英国学者库克首先描述儿童绘人的年龄特点。1926 年美国心理学家古迪纳夫氏首次提出绘人法可作为一种智能测验,并对该方法加以标准化。1963 年,哈里斯对绘人智能测验方法进行大量的研究,首次提出画人测验与智商测验之间有明显的相关性。此外,他认为画人测验是测定儿童智能的成熟程度,而不是测定个性、品质和天才。儿童在画人作品中,表现出注意力、记忆力、观察力、想象力和创造力,以及空间知觉和方位知觉,体现出儿童智能由具体形象思维向抽象逻辑思维的发展,亦可以看出儿童绘画的技能和手眼协调等精细动作的发展。

绘人测验可以采用个人测验或集体测验。个人测验可以了解受测者绘画时的情况、意图、感情及对事物的认识能力。集体测验省人力、省时间。用具是一张 16 开的白纸、一支铅笔及一块橡皮。在测验前要和儿童搞好关系,尽量消除儿童的紧张情绪,争取合作,使儿童在轻松愉快的环境中完成试验。画人测验要求主试者对小儿说:"我要求你画一个全身的人,可画任何一种人,但必须是全身的。""可以画男人或女人,男孩或女孩,随你便。"注意不让儿童画机器人、动画片里的人或唱戏跳舞的人,防止儿童仿画墙上的肖像或者书刊封面的人像。绘人测验不限制时间,但多在 10～20 分钟内完成,快的于 1～2 分钟完成。画时可用橡皮擦,或用纸的背面重画一张。

对不能绘人的儿童不能用这一画人测验的结果来评价其智能水平,对画人水平较高或过低的儿童评价时应慎重。画人测验有一定的局限性。本方法用于集体智能筛选时比较方便、省时。在做智能评价时,还应与儿童的平时行为表现结合起来,必要时,用其他智能测查方法复查。

(五)中国儿童发展量表(CDCC)

中国儿童发展量表是在北京师范大学张厚粲教授主持下,由北京师范大学和新疆师范大学等单位合作,并得到中国儿童发展中心的支持,自 1995 年开始,参考国内外有关研究成果,结合我国特点编制而成,由全国六大行政区所属的 18 个大中小城市研究人员协作研究的量表,适用于对我国 3～6 岁幼儿的智能发展作诊断性测验和评估。

中国儿童发展量表的内容由语言、认知、社会认知以及动作等四个方面构成,分为智力发展量表与运动发展量表两个部分。智力发展量表由 11 个项目 106 个题目构成,主要对幼儿言语发展、注意、感知、记忆、想象以及判断推理能力的发展、计算能力的发展、社会认知度的发展进行评价。测验是用语言和操作两种材料进行的。运动发展量表由 5 个项目构成,主要对幼儿身体素质与动作发展进行评价。

中国儿童发展量表是根据国内儿童心理发展研究编制的,用于评定幼儿发展的诊断量表。量表的内容适合中国儿童,测验项目有较理想的难度和较高的区分度,并具有良好的因子结构,能够较准确地鉴别我国 3～6 岁儿童的发展水平。实践证明,该量表是一个可靠的有效的测验工具。

以上五种是我国常用的学前儿童标准化测验,可以测得学前儿童的智商。孩子之间的智力有差别,因此智商也不同。心理学家经过大量的研究,根据孩子的智商,把智力水平分为 7 个等级。IQ 大于 140,近似天才;IQ 为 120～140,智力非常优秀;IQ 为 110～120,智力优秀;IQ 为 90～110,智力中等水平;IQ 为 80～90,智力愚笨;IQ 为 70～80,智力近似缺陷;IQ 小于 70,智力低能。儿童的智力水平的差异除了受遗传、环境等成长过程中各因素的制约外,很大程度上还要受智力测验中各种主、客观因素的影响。因而,家长和老师要正确地对待一两次智力测验的分数。如果孩子的智商在正常范围之内,就不必过分追究多几分或少几分。如果孩子的智商在 90 或 85 分以下,就应当再去测查一次,若复查的结果仍相同,就需要找医生做细致的生理和心理检查。

二、教育测验法的优缺点

测验法是目前教育工作中常用的一种研究方法,但是由于人们缺乏关于心理测量学方面的知识,使得不少人对心理测验或多或少存在一些不正确的认识和态度。实际上测验法既有优点,也有其局限性。

（一）教育测验法的优点

1.快速性

在各种评定学习和其他心理能力的程序中,教育测验是最简单、客观、公正、偏见最少的手段,它比观察法更准确、客观、取样大,能研究较为复杂和高级的心理现象,可以弥补实验法的某些不足。正因为这样,人们普遍认为测验法是继实验法之后心理学研究方法上的又一个里程碑。而比内、西蒙于 1905 年创制的比内—西蒙量表则被认为是 20 世纪 20 项对人类生活具有重大影响的科学发现之一。

2.科学性

教育测验法的内容广泛,评分客观,有助于取得科学的结果。

3.公平性

教育测验采用客观、标准、量化的研究方法,对研究对象一视同仁。

4.可比性

教育测验法获得的结果是量化的,测验对象具有质与量有大小、强弱与多少程度上的差异、数量上的差异,具有可比性。

（二）教育测验法的缺点

1.无法描述研究内容的全貌

标准化测验只是粗线条地刻画儿童的成就,它们只局限在由测验专家事先确定好的范围内提供关于成就的一般性信息,不能仔细描述关于儿童的技能、能力和学习方式的全貌。所以,有人认为标准化测验的结果,只是教师对儿童或课程进行学业决策时所依据的一小部分评估信息,绝不能认为测验分数可以提供非常精确可靠的指标,因为受测者在测验上的反应受知识经验的影响,因此相对于文化背景、教育水平不同的群体,测验是不公平的,存在着测验偏差。实际上,无论在理论上还是在方法上,测验都存在着不少问题,只有把各种方法综合起来运用,才能对人的心理做出正确的考察。

2.测验者需要经过专门的培训

教育测验需要测评者对测验者、测验内容、测验流程和结果具有较好的把握,在此基础尽量减少系统误差和偶然误差,使测评结果最大可能接近真实情况。

3.测验的编制较为浪费时间

测验对题目的数量和内容有一定的要求,要编写出高质量的教育测验工具,需要经过初始测验编制、试测、因子分析、正式测验、常模制作等步骤,要花费较多的时间。

🔶 本章概念

测验法；教育测验法；标准化测验；自编测验；个别测验；团体测验；纸笔测验；操作测验；常模参照测验；目标参照测验；能力测验；成就测验；人格测验；测验法的功能。

⊃ 推荐进一步阅读文献

［1］郭俊格.小班幼儿数学学习适应性［D］.重庆:重庆师范大学,2015.

［2］王盼美惠.5～6岁幼儿绘画表征特征研究［D］.南京:南京师范大学,2014.

［3］但菲,刘凌,赵琳.幼儿秩序认知发展的特点及其重要价值［J］.学前教育研究,2013

(07):15-19.

[4] 朱思颖. 分配对象和情境类型及移情能力对幼儿公平分配行为的影响[D]. 南昌:江西师范大学,2012.

[5] 马春红. 父母对幼儿消极情绪反应方式与幼儿情绪理解能力的关系研究[D]. 上海:上海师范大学,2010.

[6] 张燕子. 幼儿的图画书阅读特点与家庭的阅读教育研究[D]. 南京:南京师范大学,2007.

问 答 题

1. 什么是教育测验法？它有哪些特点？

2. 教育测验研究有什么作用？它为什么适用于有关学前儿童的研究？

3. 教育测验可以分为哪些类型？各种观察类型有哪些优缺点？

4. 如何进行教育测验的编制？在此过程中我们要注意什么？

5. 请尝试设计如何测评儿童的心理理论。

操作训练

应用教育测验法对学前儿童的某一目标行为进行研究。

第九章
个案法在学前教育研究中的应用

大象的故事

国王招驸马,出了一个难题:先让大象摇摇头,再让大象点点头,最后让大象跳进水池里。做到者可以招聘为驸马。全国上下来了很多人,但大象很不配合,没一个人能做到,国王很失望。最后来了一个乞丐,他说:"我有办法。"国王说:"那好吧,你就试试吧。"那人走到大象的旁边对大象说:"你认识我吗?"大象摇摇头。他又对大象说:"你长的真帅。"大象点点头。他拿出一把刀捅到大象的屁股上,大象一下就跳进了水池。但是,国王不想让一个乞丐做驸马,就说:"不行,我要用刀捅你屁股你也能跳进水池里,再来一次。"乞丐又走到大象身旁对大象说:"还敢不敢牛了?"大象摇摇头。又对大象说:"这下你认识我了吧。"大象点点头。然后,他又对大象说:"那你知道该怎么做了吧?"大象立刻跳进了水池。

◢ 思　考

1.这头大象遇到过什么变故,为什么最后要跳进水池?

2.你生活中运用个案法遇到过哪些趣事? 有过什么经验和教训?

◢ 抛砖引玉

可以考虑:①个案法的概念;②个案的经历;③个案的生活环境;④个案的材料搜集和分析;等等。

第一节　个案法概述

一、个案法的概念

(一)个案的概念

个案通常又被称为案例,是指具有某种代表意义及特定范围的具体对象。具体到教育研究领域来说,这个对象既可以是一个人、一种课程、一个机构,也可以是一个事件或一个过程等。

(二)个案法

个案法也称个案研究,指通过广泛搜集个例的资料,彻底了解个例现状及发展历程,对单一研究对象的典型特征进行深入而缜密的全面研究分析,确定问题症结,进而提出矫正建议的一种研究方法。个案研究最初起源于19世纪的医学研究,医生在对病人临床检查的同时,进行病例连续详细的记录,从中判明病理和病因并提出治疗方案。后来陆续在法学、管理学、心理学、社会学和教育学等领域中相继被引用。如精神分析学派创始人弗洛伊德从个案研究中受到启发,从而创立了皮亚杰儿童认知发展理论,这一理论对儿童总体发展具有普遍意义。

个案研究以某个或某几个个体作为研究的对象,但这并不排除将研究结果推广到一般情况,也不排除在个案之间作比较后在实际中加以应用。个案研究结果的推广和应用属于判断范畴,而非分析范畴。个案研究的任务就是为这种判断提供经过整理的经验报告,并为判断提供依据,在这一点上,个案研究有点像历史研究,它在判断时常需描述或引证个案的情况。因此,个案研究法亦称个案历史法。

(三)个案研究的目的

1.了解和分析个案发展变化进程

旨在通过对个案的调查与分析来认识个案的现状或发展变化的进程,这就是通常所说的"解剖麻雀"的方法。

2.在认识个案基础上,尝试探寻促进个案发展的措施

以对个案的了解与认识为基础,旨在尝试一些积极的教育措施,以促进个案的发展,从而认识措施与发展之间的因果关系。这种研究除了要"解剖麻雀"外,更重要的是探究一些经验,类似于平常所说的"试点"。

二、个案研究的类型

(一)根据研究手段,分为观察性、调查性、实验性和测验性个案

1.观察性个案

根据观察法获得个案在各种情境中的反应。

2.调查性个案

通过访谈、资料和问卷等方法获取个案资料。既可以通过访问个案的父母、亲友、师长等获取资料,也可以通过个案的日记、作品、信件等获取资料,还可以通过问卷调查获取个案生活情况及社交情况等资料。

3.实验性个案

通过实验来获取个案的情绪、典型行为等资料。

4.测验性个案

用心理测验与标准化测验考察其智力、性格、兴趣及学业成绩等获取资料。

(二)根据研究时间序列,分为追因、追踪和现状个案研究

1.追因个案研究

先见结果,再根据结果去追究其发生的原因,对个案进行具体、深入和较为全面的分析,进而提出矫正的策略。

延伸阅读 9-1

追因个案研究实施的5个步骤

(1)确定结果和研究的问题；

(2)假设导致这一结果的可能原因；

(3)设置比较对象；

(4)查阅有关资料进行对比；

(5)检验。

2. 追踪个案研究

追踪个案研究就是在一个较长时间内连续跟踪研究单个的人或事，收集各种资料，揭示其发展变化的情况和趋势的研究方法。追踪研究短则数月，长达几年或更长的时间。如我国著名的教育家和心理学家陈鹤琴对他的长子进行了长达三年的追踪研究。再如，超常儿童全国各地都有，其表现类型多种多样。对这类儿童进行个案研究的起始年龄不等，一般从发现他们具有超常表现开始，有的两三岁，有的五六岁或十多岁。大多数从童年开始，每年小结一次，为他们建立个案追踪的档案。对超常儿童进行的个案追踪研究，其研究周期一般较长。

3. 现状个案研究

现状个案研究就是针对某一种社会现状在较长时间里连续进行调查，从而研究这一现状发展变化的全过程。如针对幼儿园数学区活动开展的现状进行个案研究，从研究中分析问题及原因，最后针对问题提出解决我国幼儿园数学区活动开展的策略。

(三)根据研究目的，分为诊断性、指导性和探索性个案研究

1. 诊断性个案研究

考察特殊对象以及特定问题行为等，目的在于对案主问题行为或心理状态作出诊断。

2. 指导性个案研究

广泛运用于教育实践，如对新的教育方式、教学方法进行尝试，然后推广运用到实践中去。

3. 探索性个案研究

小型的、试探性的研究，常为进行大型研究或构建理论作前期准备。

(四)按照研究方法，分为人种学、评价性、教育性和行动个案研究

1. 人种学个案研究

研究者以人种学的参与观察方法对个案进行深入研究，以了解实际情况和各种关系。

2. 评价性个案研究

通过实地调查，旨在为教育工作者或决策者提供信息，帮助他们评价政策，判断价值。

3. 教育性个案研究

通过实地记录的案例，归纳概括成教育理论，充实实践工作者的思想。

4. 行动个案研究

在深入了解个案实际情况的基础上，完善或矫正原来的行为，旨在解决现实的问题。

(五)根据研究对象的大小，分为个人个案研究、机构个案研究和团体个案研究

1. 个人个案研究

个人个案研究是以个人为研究对象，对特殊个体的历史现状以及发展进行研究。个人个案研究原指医学领域对精神病患者的研究,后来逐渐扩展到其他领域。在教育领域中,个人个案研究主要是对个别学生、教师等进行的研究。如对儿童的成长发展过程进行研究,对智力落后或超常儿童对象的研究,对问题儿童、情绪障碍儿童的研究;对某教师的创造性教学进行研究;等等。个人个案研究可以通过调查访问、实际测查,也可以通过自传或他人介绍的相关材料进行研究。

2.机构个案研究

机构个案研究是以家庭、幼儿园等为单位作为研究对象进行的研究。机构个案研究一般涉及该机构的基本情况,机构的主要目的、任务以及为实现目的所采取的一些典型做法和改革措施。如某幼儿园课程改革的个案研究、某超常儿童家庭状况的个案分析等。

3.团体个案研究

团体个案研究是以某一学术团体、群众性组织或地区中一定数量的个人进行研究,揭示这类团体或成员所具有的个体特征。

延伸阅读 9 - 2

个人个案研究和团体个案研究的 20 条评价准则

(1)是否忽略了任何重要数据?

(2)是否只有一种方法收集资料?

(3)是否在解释资料时考虑到多个学派的思想?

(4)是否对数据的来源进行了详细说明?

(5)是否运用测验进行了行为描述并做出独立判断?

(6)是否提供了统计分析的参考点?

(7)是否考虑到个案作弊的可能?

(8)是否有详细的文化背景?

(9)是否说明理论与个案相关的发展经历?

(10)是否对于当前的行为趋势有足够的注意?

(11)是否充分考虑了未来的计划?

(12)是否涉及个案的家庭情况说明?

(13)是否注意到个案的动机?

(14)是否提供了具体的一般情况的说明?

(15)是否有依据地对个案进行预测?

(16)是否回避了检查项目?

(17)是否写作完整?

(18)是否简明扼要?

(19)是否前言与研究内容相一致?

(20)是否读完个案研究时,感到能够真正地了解个案?

三、个案研究法的特点

(一)个案的典型性与问题的普遍性

个案研究的目的在于通过解释和批判问题产生的原因,从而采取有效策略解决问题。其研究对象是与同类相比问题表现比较突出的教育研究对象,研究的对象有特定的范围、独特的情景。虽然个案研究的研究对象是个别的,但不是孤立的,因而对这些个别对象的研究必然在一定程度上反映其他个体和整体的某些特征和规律。个案研究的目的固然是了解把握某个个体的具体情况,但也要通过一个个案的研究,揭示出问题的普遍性。

在幼儿园的教育和教学工作中,我们常常会遇见典型的研究对象,对这些典型事例往往是从正在进行的教育活动中不需要有什么特殊的加工进行研究,因此,一方面研究不会影响正常的教育教学活动,比较容易展开,工作量也不大;另一方面研究之前难以预测,这样避免了先入为主的偏见。个案研究法在研究对象的选择上通常采用的是有意抽样法,即按研究者对特殊问题的目的要求,在特定的范围内选取特定对象,所选的研究对象应当具有典型性。

(二)结果的描述性与过程的跟踪性

个案研究的研究结果是对研究对象丰富而极为详细的描述,通过讲述研究中的一个个故事和对研究过程中的"实物"进行生动细致的描绘,来引领读者更好地理解研究中的样本。个案研究既可以研究个案的现在,也可以研究个案的过去,还可以追踪个案的未来发展。由于个案研究的对象集中,所以研究时就有较为充裕的时间,对有关该研究对象的尽可能多的变量及诸变量在较长一段时间内的互动进行透彻深入、全面系统的分析与研究,因而个案研究往往具有跟踪性质。

(三)情境的自然性与互动的灵活性

个案研究可不拘时地,即可随时对研究对象做深入研究。个案研究一般都是在自然的情境下展开探讨,不会去改变外在的因素,研究者着重在一旁观看或是参与其中发生的过程,不添加任何外在的影响,对研究对象控制程度很低,重在自然状态下的表现。研究者参与到个案中,站在被研究者的立场上观察他们,探讨他们对事件的知觉过程,用他们的语言和概念与他们互动。

(四)方法的多元性

个案研究资料的搜集方法相当多元,为了搜集到更多的个案资料,从多角度把握研究对象的发展变化,就必须结合教育观察、问卷调查、访谈调查、教育实验、教育与心理测量、实物分析以及整理查阅文件、档案记录等多种研究方法,综合行动研究法、叙事研究法等各种研究手段。

(五)注重分析的科学性

一项个案研究中包括了有关一个个案例的大量资料的汇集,以此代表整个现象,其资料搜集范围甚广,包括过去的和目前的,资料显得很繁杂琐碎,因此必须精细分析,方能找到问题的真正所在,因此对资料的分析在个案研究中占据重要位置。每个个案都有其独特的背景,个案的问题是长期形成的。因此,分析个案问题需考虑许多变项,不只探讨目前存在的问题,也要探讨目前问题的来龙去脉。

(六)研究方法的综合性

个案研究的内容很宽泛,涉及研究学生的个体差异;研究学生能力的培养和对知识的掌握;研究教学方法对学生学业成绩的影响;研究影响学生学习的外部条件;研究学生学习的动机、情感、兴趣、习惯、性格等非智力因素对学习的影响。从这一层面上看,个案研究应该在多种学科理论的综合指导下进行。

个案研究作为一种教育科研的方法,具有相对的独立性,但并不是完全孤立的。在研究的过程中,必须对研究对象进行调查,甚至进行实验、测量、统计。这就说明个案研究往往是多种研究方法的综合。当然,个案研究也可以贯穿在其他的研究方法中。

(七)研究过程的深入性

个案研究的对象是一个人、一件事、一个机构或一个团体,具有相对单一性,只要抓住一两个典型就可以研究,在任何一个班级的教学中都可以找到这样的典型。但对这样的典型应在时间和空间上做多方面的、深入持久的研究。研究的时间范围可以是研究对象的过去、现在,直至将来,这是一种纵惯性的深入研究。由于教育现象的复杂性以及教育周期的长期性等特性,在较短时间内很难看出问题的实质性变化。因而,对被试进行深入持久的追踪研究是个案研究的又一显著特点。

个案研究不仅在时间上具有纵惯性,而且研究的内容在空间上是多方位的,具有宽泛性。例如,对一个学习音乐有困难的学生的研究,不仅要从学生的智力和学习的努力程度上分析,而且还应涉及研究对象的家庭、社区(居委会、邻近的娱乐场所等)以及该学生的兴趣、爱好、性格、学习方法,学生所在班级、学校及其他任课教师、班主任,等等。研究的内容越全面、过程越深入,采取的教育措施才越具有针对性,收到的教育效果才会越好。如果研究者只凭了解到的片言只语就下结论,往往难以避免主观片面性。

(八)研究对象的个别性

个案研究的对象是个别的,但不是完全孤立的个别,而是与其他个体相联系的,是某一个整体中的个别。因而,对这些个别对象的研究必然在一定程度上反映出其他个体和整体的某些特征和规律。例如,瑞士著名的儿童心理学家皮亚杰运用对少数儿童的个别谈话法,揭示出儿童心理发展的普遍规律。当然,我们需要正确处理好个别与一般的关系。个别虽可以反映某些一般的特征,但个别毕竟不等于一般,个别研究取样较少,其研究结论的代表性也就较低,因此不宜机械地推广到一般中去,需要谨慎地思考和分析,以免犯以偏盖全的错误。此外,作为个案研究对象的个别,应该具有与众不同的典型特征,不具有典型性的个别,显然没有多少价值。

延伸阅读 9-3

个案研究对象应具有的三个特征

(1)在某些方面有显著的行为表现。

(2)与这方面有关的某些测量评价指标与众不同。

(3)教师、家长等主要关系人都有类似的印象和评价。

第二节 个案法在学前教育研究中的作用、实施过程及注意事项

一、个案法在学前教育研究中的作用

(一)个案法在学前教育领域占有重要的地位

个案研究适用于放在一定自然背景中进行,也特别适用于因时间而变化的事件研究。对于一些特殊的、"非正常"的学生,对他们的研究不可能集中在一段较短时间内突击完成,而需要随个案的发展断断续续地持续一段时间研究。个案法通常是以单一的、典型的对象为具体研究对象,通过对其进行直接或间接、深入而具体的考察,来了解对象发生变化的某些特点,并在此基础上设计与实施一些积极的教育措施以促进其发展。

个案法在学前教育研究领域中被广泛应用。从"不良问题"儿童的研究,扩展到对品学兼优的儿童、具有丰富教育改革经验的学校等方面。在对学习与教学活动的相关研究上,特别是对超常儿童、特殊才能儿童、学习落后或低度缺陷儿童等类型学习者的学习与心理活动的研究更是常用此方法。例如,有的学生才能特别优异或极端恶劣,以常用的教学方法无助其发展或进步;或者有的学生行为和情绪与一般学生不同,一般的教育方法不能改变其行为或性格。凡此等等都需要予以单独而深入的研究,以了解学生的实际情况或问题症结所在,诊断形成问题的原因,确定矫正的适当方法,以便使学生得到正常的发展。

(二)可以全面、系统了解研究对象

为了较全面、系统地了解研究对象,要涉及身心、教育等诸多方面的诊断和缺陷补偿的研究,而且有时还需要回溯到特殊学生成长史、家族史等。因此,个案研究的设计需要随时变化,而不是研究的整个过程必须依据设计好的程序进行,只要设计方案对研究对象发展有利,即可灵活采用。

(三)可以进行精细分析

教育个案研究的范围比较小,研究者可以在研究时看到某个事物的全貌,直接全面地观察并获得动态的资料,对观察的现象有深刻而充分的理解。因此,研究者能够做到较精细的分析工作,并从中发现研究对象存在的问题及形成的根源,或发现取得成效的原因,从而有针对性地加以辅导和指正或提炼推广。

延伸阅读9-4

个案研究的4个作用

(1)个案研究有助于实施因材施教。

(2)个案研究可以教育理论的发展。

(3)个案研究可以帮助解决教育实践中的问题。

(4)个案研究不仅丰富了研究者的教育教学经验,也有助于提高其他教育实践者的教育实践能力。

二、个案研究的过程

(一)制定个案研究方案

个案研究方案是指实施研究的计划,是进行个案法研究必须具备的前提条件。为了有效地开展研究,进行个案研究之前,需要制定个案研究方案。

(二)确定个案研究对象

确定个案研究对象分为两个阶段:

1.文献检索搜集与研究问题和个案相关的各种资料

此阶段为实地阶段的研究作好充分的准备。

2.进入现场对个案进行全面深入的考察

通过发放问卷、访谈、测验以及观察等各种方法来获得个案资料。

详尽的资料收集是得出准确结论的重要保证。为了更好地对确立的研究对象进行全面的深入的研究,找出问题的原因,要对与个案有关的方面全面地了解。因为个案某一方面的突出和不同寻常的表现并不是偶然的,它除了有自身的因素外,很大程度上同其所处的现状有密切的联系。所以,广泛地收集与个案有关的资料,有助于认识个案各方面发展的基本情况。

延伸阅读 9 - 5

个案资料应包含的内容

个案资料既要包括个案的现状,又要包括其历史资料,主要内容有:

1.研究对象的基本资料

姓名、性别、年龄、民族、籍贯、所在学校及班级、家庭住址、民族习惯乃至禁忌等。

2.个人身体健康资料

有无既往病史、药物过敏史,有无身体器官伤害等。

3.个人成长及心理发展资料

如母亲妊娠、出生、发育状况、人际交往、人格特征、情绪的稳定性等。

4.个体家庭背景资料

如父母姓名、年龄、职业、文化程度、经济状况、居住环境、所在社区状况、对子女的教养方式、亲子关系状况等。

5.个体当前问题资料

如问题的主要特征、行为表现特征等。

(三)收集个案资料

对个案进行资料收集,可以通过对个案对象的观察、调查得到相关资料信息,也可以通过对周围人士进行调查得到个案对象的相关资料;可以通过访谈来了解个案对社会各种现象的真实态度和观念,了解其人生观、价值观;可以走访研究对象的家庭,了解个案家庭生活环境、家庭中的生活状况,经济收入,父母的文化水平、职业,教育子女的方法,父母对个案的态度。个案资料的收集来源主要有三种,第一种为个案本身的资料,第二种为个案家庭、社区和社会背景资料,第三种为学校记录。

1.个案本身的资料

在个人资料中,除必要的辨认资料如姓名、性别、年龄、出生年月、籍贯等外,还应包括健康状况,如身高、体重、缺陷、各种体能、重症记录和目前健康状况的总评。另外,收集学生历年的学习手册、鉴定、考试成绩、作业本、日记、周记等也很有必要。

2.个案家庭、社区和社会背景资料

在家庭与社会背景方面,应调查父母的教育程度、职业,家庭经济状况,居住地区的文化状况,父母的管教状况,从事家庭活动与计划的程度,来往密切的亲友和邻居的情感,平时所常交的朋友或法律记录等。

3.学校记录

在学校记录中,除现在就读的学校、年级和班别外,尚应包括过去所有的成绩记录,能力、兴趣、人格等测验结果,操作评语,课外活动状况,所得的奖励,教师的评定,以及同学的判断等。

除上述三种方式之外,还可以采取多种不同的方式来进行个案资料的收集。如可利用调查表的形式,让有关人员填写;可采取测验的方式,让被试回答;可调阅研究被研究者的自传、周记、日记等,了解被研究者自身的基本情况;可以通过访问的形式,访问有关人员收取口头报告,与被研究者面谈,当面观察其行为反应,收取第一手资料,在谈话过程中发现隐含的因素。

延伸阅读 9－6

搜集资料的注意事项

1.资料的选择不易周全

个案研究是对于学生的全部事实,得到一个完整的印象,但是实际上,全部事实很难记载下来。所以,在收集资料时,往往选取一些重要的资料。选择很有可能挂一漏万,使所搜集的资料难以周全。

2.持续不断地搜集资料

在整个个案研究过程中,收集资料、诊断、治疗与辅导是有固定次序的。但是这一次序的运用,在具体生活情境中,必须反复进行,即由会谈获得更多资料之后,应立即施以某种辅导或治疗,在辅导和治疗中,也需要再持续不断地搜集资料。

3.资料的真实不易判定

个案研究所需要的资料,有很大一部分来自父母、亲属和教师、同伴等。这些材料和资料提供者的合作态度、判断能力、记忆的准确性、有无感情用事等有关,而这些往往很难判定,给个案研究带来一定的困难。

4.在收集被研究对象的资料时要绝对保密

在个案研究中,搜集到各种情报或资料,往往是学生的秘密,包括足以破坏自己名誉的事或涉及个人的恩怨等。对个案研究中所收集的一切个人的事实资料,都只能用于个案研究的目的,不能随意或者无意告诉其他与个案研究无关人员。如果用于会议的交流、演讲等目的,应该隐去能够暴露个案身份的内容。

(四)个案资料的记录

个案资料的记录是研究者保存的备忘录,也是整个研究最重要的参考资料,记录的原则是保持记录资料的正确性、完整性、清晰性。常用的个案资料的记录方式有半结构描述法和结构描述法。

1.半结构描述法

根据实际情况逐项填写个案清单中的项目内容,从而获得个案身份、人格等基本资料。

半结构式个人评定记录的项目内容如下:

(1)身份和外表:姓名、居住地、职业、个案来源、相貌特征等。

(2)生活史:个案史、过去经验、现在发展状况等。

(3)目前状况:目前个人的处境、如何形成目前的状况等。

(4)未来透视:未来需要掌握的是什么? 环境提供的机会及限制? 采取行动会导致什么样的结果? 将来会有哪些变化?

(5)习惯与活动:生活习惯如何? 如何支配时间和金钱?

(6)经济状况:经济来源和物质供应来源。

(7)实际事件:从实际发生事件中显示出的个人心理特征是什么?

(8)身心健康:个人目前生理及心理健康状态,有哪些不正常的想法、行动或欲望?

(9)普通人格特征:平常个人表现如何? 较持久性及一次性的行为举止是什么?

(10)特殊人格特质:在特殊情况下的行为表现如何?

(11)表达能力:个人如何表达其感觉及态度?

(12)动机状况:个人需求、企图、欲望、惧怕、喜欢或不喜欢的东西。

(13)能力:个人能做些什么? 不能做些什么? 适应环境的能力是什么?

(14)处事的倾向和感觉:个人对所遭遇的情景,感受如何? 有何期待和想法?

(15)理想与价值观:个人的基本信念、价值观和道德原则。

(16)自我概念:个人对自己的态度如何? 想法如何? 如何描述自己?

(17)兴趣:个人认为重要的事情是什么? 相关的事情有哪些? 这些事情是如何影响自己的?

(18)社会地位:个人的社会地位如何? 别人对他的看法如何?

(19)家庭亲属:个人与谁的关系最密切? 行为上最想哪些人?

(20)友谊和忠诚:谁是他的最好的朋友? 对哪个人最忠诚?

(21)对他人的反应:个案对他人的反应如何? 有何想法? 有何期待?

(22)与他人的交互关系:与他人分享的兴趣及活动是什么?

(23)与他人共同或相异的观点:个案与他人比较,与他人相同或相异的看法有哪些?

2.结构描述法

结构描述法在个案研究中运用比较普遍,即按某种框架结构将个案资料加以分类,然后将有关的资料重新组织,形成一个比较完整的个案记录。这种记录方法便于检索有关个案的资料,除可以从记录中发现资料的缺乏或遗漏之处,还可以进一步收集更详尽的资料。

结构描述法除了按规定的框架内容描述个案情况外,有时可以将个案的资料,制成表格形式,这样对个案的情况可以一目了然,可以简便地查检到个案的有关资料,形成有效的推论。

(五)个案资料的整理和分析

1.个案资料的整理

一般可以采用表格的形式对个案资料进行整理。收集资料并加以整理的目的是要研究产生特殊异常行为的原因,理清问题发展的脉络,发现各种因素中有哪几个主要因素对个案有影响。对于以提高教育效果为主要目的的研究者除认识问题产生的因素关系外,还需花气力确定问题出现的症结所在,对个案进行必要的诊断。造成个别学生生理、个性心理品质、行为等方面问题的原因,有的容易发现,有的不容易发现;有的很复杂,有的较单纯;有的始于婴儿期,有的经历过曲折变化。因此,研究者在诊断问题原因时,应该谨慎行事。有条件的地方,要依靠专门的仪器诊断。无条件的地方可采用经过实践确定的简易筛查方法、手段进行初步诊断。个案研究所搜集到的原始事实毕竟是粗糙的材料,不能直接说明问题。要把这些原始材料转化为能说明问题的信息,需要以正确的哲学方法论为指导,对之进行科学的加工与处理;通过分析与综合找出个案的本质特征,从而使事实材料不仅成为胜于雄辩的东西,而且成为证据确凿、富有意义的东西,并由此得出科学合理的结论。

2.个案资料的分析

搜集资料完备后,应当对这些材料加以认真的研究与分析,最后得出有关个案研究的结论。个案研究的主要任务在于揭示研究对象特征形成、发展的规律,属于定性研究的范畴。因此,在广泛地占有资料的基础上,最为重要的工作是做好对资料的加工。在加工过程中,最为常用的逻辑思维方式就是分析和综合。分析与综合质量的高低直接影响个案研究的有效性。

在整个研究的过程中,个案资料的整理和分析事实上和资料的收集工作是同步进行的。研究者要遵循资料收集、整理分析、根据分析的结果及时调整研究问题和方法、再进行资料收集、整理分析,这样一个循环往复、逐步深入的原则。个案研究收集到的原始资料往往比较粗糙、琐碎,难以直接利用这些资料来解释个案所反映的问题,因此还需要我们对有关资料进行理性的分析和加工,以诊断问题的症结所在,推论原因——主因、次因、远因、近因等,形成初步的假设。此外,诊断最好能有标准化的测验量表。

延伸阅读 9-7

常用的 3 种个案资料分析方法

1.动力性分析

从主观上分析了解学前儿童内在的动机即对研究对象的内在动力因素进行分析,其目的在于寻找出研究对象行为的内在动力。如,学生的人生观、世界观、价值观与行为及结果的关系,以及构成这些动力的内在与外在的因素,诸如健康、情绪、个性、需要、环境的习惯性影响(如家庭生活习惯、文化水平)和具有触发意义的重大事件与人物等。

2.临产性分析

从客观上分析了解学前儿童的教育背景、社会环境、家庭教育等与学生的生理、心理特点以及学生的成长、发展存在哪些相适应或不适应的地方,并找出这些适应或不适应的矛盾关键之所在。即对研究对象的发展与环境的适应性方面进行分析,其目的是要了解研究对象的生理、心理特点,以及学生的成长发展与当前的教育社会环境的活动和影响存在着哪些相适应或不相适应的地方,并找出这些适应或不适应的矛盾关键之所在。

3.发展性分析

从导致个案行为结果的各种现象形成和发展的过程分析,了解影响个案的各种因素。即对研究对象的发展与环境的适应性方面进行分析,其目的是要了解研究对象产生某些动机、行为结果或问题的具体原因及其形成和发展的过程。

(六)问题的矫正与指导

此部分属于个案研究的关键,即在诊断与分析的基础上,针对学生存在的问题,设计一套因材施教的方案加以实施。一般来说,这种指导可以从学生发展的内因与外因两方面入手进行。一方面是对学生的内在因素进行适应性训练与矫正的指导,以便使其与学校、社会环境的要求相适应。另一方面是尽可能改变其外部条件的指导,使其适应儿童发展的需要。这里主要考虑学校教育措施、家庭的气氛与影响、父母对子女的教育态度和方法、校外教育的作用以及学生间人际关系等因素。教师在进行上述矫正指导中,一方面需要得到有关专家的帮助,另一方面要加强教育学、心理学等基本理论的学习,掌握指导个案研究的技巧。

三、个案法实施的注意事项

(一)研究者要具有较高的智力、人格和情感

首先,研究者应该能够容忍一定程度上的模糊性,因为个案研究并没有约定成俗并且一定正确的实施步骤。在研究中,研究者必须能够不断地针对无法预见的意外情况作出决定和及时反应。经常出现的情况是,研究者工作了很长时间,却一无所获。同时,研究者必须对所研究的情境和人物语言或非语言信号保持一定的敏锐性和警惕性。在质的个案研究中,研究者并不是从量的角度来进行测量的,而是通过他们形象的诱发、描述、评估、比较和创造,给读者身临其境的感觉。并且,研究者的意识和感知力必须非常敏锐。质的个案研究本质上是非常集中和深入的,这就意味着质的研究会很劳心劳力。最后,个案研究者必须有很强的自我反省能力,以此来确保研究者将自身视为研究项目的一部分。

(二)遵循道德原则,切实保护研究对象的隐私权

个案研究的对象是典型的、特殊的、具体的某一人或某一团体,在收集资料的过程中往往会涉及研究对象的个人隐私。因此,在进行个案研究时,研究者必须遵循道德的原则,切实保护研究对象的隐私权。否则,不但不能帮助研究对象解决问题,而且可能适得其反,给研究对象带来不良影响。具体做法是:不得强迫研究对象参与研究,确保其行为出于自愿;整个研究方案进行中应该积极与研究对象沟通交流,态度诚恳、友善,充分尊重信任,不能讥讽或轻视研究对象;研究者不能随意将研究对象的资料透露给他人,在研究资料的处理过程中要积极与研究对象协商,未经允许,不得将资料转作他用。

(三)排除主观干扰,正确处理双重视角的关系

个案选择是否典型、是否具有代表性往往受研究者主观因素的干扰,因而不好把握。另外,在研究资料收集和处理的过程中,研究者也可能根据自己的主观臆断把本来有用的资料抛弃,而把无用的资料看作是有价值的,把原本没有关系的材料连在一起,对原因的推断错误等。

(四)准确把握个案研究的适用范围

个案研究作为一种独特的研究方法,有严格的适用范围。在学前教育研究中,个案法侧重于特殊儿童的特殊行为的研究。因此,个案研究针对的都是一些特殊的案例,只是同类事物的局部表现,研究结果并不具有普遍的代表性,所以不能轻率地将结论推广到全体。

(五)确保资料完整、真实、可靠、有用,合理处理"反身性"

在个案研究中,对原因的诊断是否准确,矫正指导措施是否有效,在很大程度上有赖于搜集的资料是否全面系统。资料不足或有误,都可能导致研究结果的错误,使整个研究失去价值。研究者在搜集和整理资料时需要大量地依赖个人的观察、移情、直觉等心理过程来了解研究对象实地经历的现象,研究者事实上起着研究社会现实的构造者、解释者的作用,有人称这一现象为"反身性"。研究者为了确保资料完整真实,研究可靠有用,就要正确处理这种"反身性",防止其过当。

(六)确定有价值的研究对象

有效地选择研究对象十分重要,这关系到得出的结论是否有价值。从事教育工作的教师,应根据个案研究的目的与内容,选定具有某一方面典型特征的学生作为研究对象。如教师为了探索提高教师质量的方法,可以把研究对象确定为与此相关的人和事例上,可将学习困难学生的研究,对学习困难学生个性发展的研究,对学习困难学生不良行为形成的原因与对策的研究等列为个案研究内容。个案研究对象的确定,一般可以选择有一系列不同于他人的行为表现,而且对这些行为的原因、特点、发展趋势的重要性认识不甚清楚,而又有搞清楚它的必要和兴趣。如果我们研究的目的是为了了解超常儿童的特点,帮助智力超常儿童成才,探索智力超常儿童成才的规律,那就应该选择真正智商高、学习成绩出众的学生作为研究对象,因为这样才有典型意义。研究这样的学生得出的结论对于培养超常儿童促进他们的发展才有价值。如果我们选择了一些智商一般、学习平平的学生作为研究对象,无论我们如何研究,由此得出的研究结论对于超常儿童来讲是没有多少价值的。

(七)遵循一定的研究准则

个案研究中的每一个人都有他的独特性,每一件事情都有它所代表的意义,而且各研究所采用的程序与方法也会有很大的差异,因此,为了将个案的原始面貌及背后所代表的真正意义显现出来,研究者需要遵循下面 4 个原则:

1.综合性原则

个案研究的综合性原则是指研究过程中的多方面因素的综合考虑,如在研究方法的运用上,个案研究常常需要运用测查法、测量法、文献法、作品分析法等具体研究方法进行综合性研究;在研究涉及的材料方面,常常需要搜集研究对象各方面的材料,进行全方位的研究;在对材料的分析上,往往需要定性分析与定量分析的综合运用;对个案的诊断也需要对身心问题及各种影响因素进行综合的考虑。

2.灵活性原则

个案研究的情境、对象、程序和方法等都会随着研究的不同而产生很大的差异,因此,个案研究者要灵活处理研究中出现的各种变化,对于不同的问题、不同的研究阶段以及不同的对象,要根据研究需要和进展,调整研究进程和研究内容,选择或变换更为恰当的研究方法。也可根据研究的需要对研究进程作适当的调整,体现出主动、灵活的特点。

3.谨慎性原则

由于个案研究是在真实的情境中针对具体的研究对象而进行的,涉及研究情境的多样性和变化性,涉及个案成长的累积性和个别性,涉及研究者与研究对象间沟通的顺畅程度和意义表达与理解的真实程度。因此,研究者在与研究对象间建立起相互尊重、信任与合作关系的基础上,要注意观察的方法和询问的技巧,要捕捉个案成长变化的细节,要注意分析的严谨与细腻,这些都要求个案研究必须坚持谨慎性原则。

4.伦理性原则

和许多质化研究一样,个案研究者一般要进入被研究对象的私人空间才能搜集到有价值的材料,但与此同时,被研究对象却可能面临尴尬、曝光、失去工作或个人自尊受损等危险,因此,个案研究会涉及各种各样的伦理问题,不同研究阶段所涉及的问题层次也会有不同的偏重。因此,要遵守伦理性原则,保护被试的隐私。进入研究场所阶段,取得正式的同意以及进行研究是主要的任务。资料搜集阶段,进行观察、访谈和文件采集时,主要的伦理议题在于与被研究者建立互信的关系。资料分析和诠释,则着重公正地反映不同的观点和意见。最后,研究报告的撰写要能公开及公正地呈现利益冲突的议题,并保护个人隐私。

(八)注重个案的追踪研究

由于个案研究对象的问题矫正与指导是一个极其复杂的工作。因此,仅靠一次诊断是不容易准确的。另外,教育是一个长期的活动,某些教育措施的实施往往要在一段时间以后才能比较全面地看出效果,因此,对于所研究的个案对象,特别对那些实施过矫正与个别指导的问题儿童,有必要用一段较长时间追踪观察与研究,以检查矫正补偿是否有效。如果有效,个案研究工作就算告一段落。如问题还没有解决,那就要重新诊断和重新矫正,继续研究下去。

通过上述各步骤的研究,研究者经过一定的理论与逻辑的再认识,形成了自己的观点,又通过把感性认识加以探索新的实践,并上升到初步理性认识阶段。这时,可以着手撰写个案研究报告。一般个案研究报告主要包括:研究对象的基本情况、研究目的与内容、研究过程、研究结果与分析等几部分。撰写时应注意研究的目的、内容、对象、过程与研究方案中相应内容相同,研究结果应该阐述定性资料的分析、概括提炼的规律和解决的问题,并用科学方法进行论证。

第三节　个案法研究的意义、适用范围及优缺点

一、个案研究的意义

个案研究的意义如下:

①为教育对象提供有效帮助,有利于因材施教。

②为理论发展提供特殊例证,丰富研究内容,促进教育科学发展。

③能够借助典型现象的特点和规律,为解释同类事物提供依据,为研究假设的形成提供参考。

二、个案研究的适用范围、判定标准及适合问题

(一)个案研究的适用范围

(1)尚未有许多研究或理论基础的问题。

(2)某些特例显然与理论矛盾时。

(3)特殊案例的特殊行为研究。

(二)适用个案研究的判定标准

(1)是否只能在自然环境下进行；

(2)是否为当前事件；

(3)是否毋须控制或操弄；

(4)是否已有理论基础；

(5)是否变量太多,其他研究方法无法掌握。

(三)个案研究适合研究的问题

(1)当前较新的、未曾有许多人研究或无坚强理论的研究问题,且是自然现实环境下的研究问题。

(2)最适合个案研究策略的研究问题经常是对调查设计、实验设计之观察值数而言,其研究牵涉的变量太多的情况。

延伸阅读 9 - 8

个案研究适合于学前教育研究的阶段

Bomona(1985)将研究目的分成 4 个阶段,其中有 3 个阶段适用进行个案研究。

(1)探索阶段:此阶段旨在探索澄清研究计划问题及假设,故特别适合用个案研究法。

(2)设计阶段:此阶段旨在了解假设所需的数据,并建立研究模式,可采用个案研究法。

(3)预测阶段:旨在测试假设以推论母群体,较适合使用调查法或实验法。

(4)质疑阶段:旨在找出极端个案以限制结论的适用性,故此阶段可以采用个案研究法。

Yin(1984)将研究分成 5 阶段,其中 4 个阶段可用个案研究。

(1)叙述阶段:此阶段可用单一个案或多个个案来叙述问题。

(2)探索阶段:此阶段可采用多个个案来探索。

(3)假设检验阶段:此阶段可以使用实验法或者调查法。

(4)实证、解释阶段:此阶段可多次采用个案法。

(5)质疑、解释阶段:此阶段可采用单一关键个案。

三、个案法的优缺点及走向

(一)优点

1.历史和现实相结合,充分挖掘个案信息

个案研究强调历史研究和现实发展相互结合的动态研究,能更好地揭示对象发展变化的特点和规律,能够提供有关个别对象有关的具体材料,丰富感性认识。同时,通过提供多次同类问题的个案研究,所得的案例,不仅能为以后研究假设的形成提供参考,而且为解释同类事物提供依据。个案研究因为要详细地记录个案的历史信息和现实表现,可以揭示许多在实验中可能被忽略或专门被排除的变量,因此,它可以发现可能会引起某些特定结果的潜在变量,从而为进一步的研究提示假设。

2.多种研究方法相互融合,更利于证明或发现"规则例外"

个案研究可被用来证明一种"规则例外",它只要提供一个否定证据、一个反例,就可以证明行为的所谓普遍"法则"并不总是成立的。个案研究常被用于为某种理论提供反证或批评,这种批评往往都是建设性的,它能通过引入新变量,使理论进一步延伸和发展。个案研究强调多种方法的综合运用,以便获得准确、详细的个案资料。由于个案研究只是以个案为研究对象的研究方法,因而在具体使用时,必须运用多种方法,才能收集到有深度广度的个案材料,如有关研究对象背景方面的资料就需要运用访谈法和调查法,有关对象智力、性格、能力等心理方面的资料需要运用测量法等,为提出针对性的建议、措施打下良好的基础,达到个案研究的目的。

3.共性和个性结合,比较可靠、接受度高

注重共性和个性相互结合,在研究中既强调研究人员必须充分考虑研究对象的个性特点,并能够根据研究对象的实际,提出有针对性的建议和对策,同时,又强调研究对象的共性,把研究对象放到社会文化背景中去加以考察,注意其社会性,以保证研究的有效性。与传统实验研究得到的"冷冰冰"的事实和数据相比,个案研究中的详细描述更人性化、更生动,也更富有情感,因此研究结论看起来比较可靠,它的被接受程度高。

(二)缺点

1.样本小,研究结果推广存在困难

由于个案研究的对象数量少,其代表性有限,难以从中得出普遍性的规律和结论,因而推广应用的可能性不大,故依据个案研究得出的研究结论的适用性也常常被人怀疑。个案研究涉及的是独特个体生活中的独特事件,因此,我们没有理由期望在研究限定的条件之外,能够得到同样的结果。不过,如果研究描述的是比较典型的病例和治疗过程,就可以将结果的适用人群的范围拓宽一些;相反,如果研究包括异常的实验环境、奇特的历史背景、古怪的行为或较个性化的处理程序,就不宜将研究结果推广到被试以外的人群。

2.易产生误差,结论主观性较强

个案研究一般只能揭示对象的典型特征,常常是定性的分析,其分析的方法也难以标准化,加之受研究者自身的知识结构、能力等因素的影响,容易作出主观的不精确的结论。首先,选择偏差,研究者显然要汇报那些最成功和令人印象深刻的案例,他不可能针对一个根本无效而复杂的新处理作一份详细报告(杂志不会发表这样的报告)。其次,个案研究由研究者的观察组成,这些观察受解释、印象和暗示的支配,被试的报告一般要经过研究者的筛选,由他们决定哪些重要哪些不重要。最后,病人提供的报告也可能带有偏见或虚假成分,报告的内容可能是他们夸大、缩小、撒谎或纯粹出于想象的事。

3.只描述行为无法探讨行为的内部机制,费时费力

个案研究可以详细地描述被试的年龄、性别、家庭背景等特征,但无法阐明这些特征如何影响被试的反应;它可以描述一个独特被试对某一实验处理的反应,但它不能解释其原因;个案研究也可以提供对结果的某些解释,但这种解释往往都是不确定的。个案研究往往需要采用不同的方法收集各方面的资料,对儿童进行一定的训练或矫正,有时甚至需要追踪几年或十几年,因而耗时较多,投入的人力、物力也较多。

(三)个案研究的走向

现在的运用,一方面强调个人个案法做详细的追踪研究,同时又对集体性的类似的个案统

一分析。这种个案研究具有 3 方面益处：

（1）集体性、系统性的个案分析是"仔细"、系统的个案分析和集体资料的结合，既有纵深研究，也有可靠的概括。

（2）复杂的心理活动，不是一两个"刺激"就能引起的"反应"。集体性、系统性的个案研究时间较长，工作较细，能够反映出在一定的社会环境和教育条件下心理活动的变化过程，有较高的科学性。

（3）集体性、系统性的个案分析法采用的心理学综合研究法，它综合地使用观察、调查、谈话、作品分析和教育性的自然实验，有定性和定量结合的分析，是一种比较全面且行之有效的方法。因此，现代教育与心理研究中运用个案研究法，常常倡导个体或少数的个案研究和集体性的成组个案研究相互结合，这能在一定程度上弥补单一个案研究的缺陷。

延伸阅读 9-9

个案的撰写格式示范

个案的撰写格式包含八部分基本内容：基本资料、个案来源、问题简述、资料搜集、资料分析（原因诊断）、辅导经过、辅导结果、追踪辅导。

苗苗为什么不受欢迎？——对一个被忽视幼儿的个案研究

1.问题的提出

幼儿园是幼儿的乐园，可是并非"乐园"里的每一位孩子都是快乐的。比如，往往有这么一类孩子，他们是班级里的"嫌弃儿"，遭到同伴甚至老师的冷落和遗忘，因而，他们的情感愈加消极压抑，他们并不快乐。针对此现象，本文选取一个被忽视幼儿为个案研究对象，运用同伴提名法、观察法、访谈法收集资料，继而详细分析该幼儿被同伴忽视的原因，并为该幼儿的教师及家长提供几点建议，以期改善该幼儿的同伴接纳水平。

2.研究对象

苗苗，女，4 岁，某幼儿园中（一）班幼儿。该幼儿从不主动与同伴或教师互动，对参与合作性游戏也不感兴趣，表现得羞怯、自卑、离群、退缩。家庭状况：苗苗一岁时，其父失业，后以卖菜为生。两岁时，母亲因外遇离家出走。孩子现在跟父亲还有年迈的祖母生活在一起。

3.研究方法

（1）同伴提名法。

苗苗所在班级共有 43 名幼儿，本系列调查随机抽取 30 名幼儿为被试。所有的同伴提名都是在研究对象苗苗来园期间做的。研究者坐在教室某拐角的小椅子上，将被试一一请到身边，先后单独问被试两个问题："你最喜欢班上哪三个小朋友？""你最不喜欢班上哪三个小朋友？"并及时记录被试的回答。"最喜欢"的幼儿计入正面提名，"最不喜欢"的幼儿计入负面提名。根据"最喜欢"和"最不喜欢"这两个极端的提名，研究者将幼儿分成三类：正面提名多，负面提名少，属"受欢迎的幼儿"；正面提名少，负面提名多，属"被拒绝的幼儿"；正面提名少，负面提名少，属"被忽视幼儿"。

（2）观察法。

一方面，研究者深入研究对象所在班级对其进行了十次非参与式观察；另一方面，研究者主动与研究对象苗苗的家长就孩子同伴关系不良问题进行了沟通，经家长同意，去其家中对孩子进行了为期两天的参与式观察。

（3）访谈法。

研究者随机访谈了研究对象的班级同伴、老师、父亲、祖母及其本人。

4.讨论与分析

同伴提名结果显示,苗苗的正面提名0次,负面提名1次,结合观察、访谈等得出结论:苗苗是一个严重被同伴忽视的幼儿。导致该幼儿几乎得不到同伴注意的原因是什么?

（1）幼儿的体貌特征影响其同伴认可度。

研究者对苗苗班级同伴所做的随机访谈结果显示,苗苗被同伴忽视的浅层原因是她的体貌特征没有引起同伴的偏好。粉儿说:"苗苗呀,老流鼻涕,脏兮兮的,讨厌死了。"娜娜说:"苗苗头发好难闻,她还把头发放在嘴巴牙齿上面咬。"即使是在熟悉的幼儿之间,他们的受欢迎程度与相互评价也与相貌的吸引力有关,这种"以貌取人"的倾向在女孩子之间表现得更为强烈。与班上其他小朋友相比,苗苗像是一只丑小鸭,因为她头发凌乱、不讲卫生。体貌特征的局限使苗苗在同伴交往中容易遭到同伴的消极评价和忽视。

（2）幼儿的先天气质和社会行为影响其同伴关系。

苗苗的父亲曾说:"我平时话少,这孩子大概遗传了我的性格,小时候就不哭不闹也不笑,特安静。"根据托马斯、切斯的气质三类型说,苗苗以前是一个迟缓型婴儿,情绪低落、安静甚至退缩。人的气质具有稳定性,在婴儿期情绪消极、不易对新鲜事物产生兴趣的苗苗,进入中班后,其气质仍偏向于黏液质和抑郁质。正如班级老师所说,苗苗自卑、内向、孤僻、离群、焦虑、注意力不集中、不理会老师的指示和要求。某次户外自由游戏,其他幼儿都在结伴玩耍,只有苗苗羞怯地站在操场某角落,远观滑滑梯的小朋友。她似有跑过来跟同伴一起玩的冲动,但似乎又害怕或不知道怎样融入同伴群体。显然,害羞的气质特性使苗苗恐惧与同伴交往,因而从不主动发起与同伴的互动,即使难得偶尔有同伴找她,她却又表现得过于"自我中心"。某次晨间活动,坐在苗苗对面的伦伦正在搭"浴霸",搭到最后一步缺了一个雪花片,伦伦看了看苗苗,跟她说:"借我一个雪花片好吗?"苗苗一下子紧张起来,用手护住筐子,小声说:"这是我的。"伦伦撇了撇嘴,朝苗苗大吼:"小气鬼!"苗苗眼眶红了。据研究,被忽视幼儿在进行社会交往活动时,往往以"自我中心"和"物品所有权"来解释社交策略,他们不愿意与同伴分享。同时,害羞的气质特性与幼儿的利他行为之间也存在关系,不爱社交的幼儿比爱社交的幼儿表现出的利他行为要少得多。可见,被忽视幼儿不恰当的社会行为也会加剧同伴对他们的忽视程度。

（3）家庭的不良因素。

亲子依恋是幼儿社会化的起点,其质量对幼儿的社会化尤其是同伴关系影响深远。母爱缺失使苗苗没有建立安全型亲子依恋,上幼儿园后,孩子将不安全的亲子依恋关系延伸到同伴关系中来,从而对同伴抱有不信任甚至畏惧心理,不相处导致被忽视。

祖母会怜惜苗苗:"多听话的孩子,那女的怎么舍得扔?"她也会埋怨苗苗:"天天操心你。我造的什么孽!"也会恐吓苗苗:"别哭,再哭老拐子就来啦。"祖母的负性情感表达,使苗苗内心充满无助、创伤和自责。家访时,孩子曾问研究者:"阿姨,奶奶昨天又骂我了。是不是别人都不喜欢我?你喜欢我吗?"其实,被忽视幼儿并非从未产生交往动机,只是,自卑故不敢,不敢故沮丧,负面情绪与不良社交行为相互交织,严重威胁孩子身心健康。

此外,父亲与祖母的教养态度不当且不一致,也造成苗苗与同伴相处时的被动退缩。父亲处处严厉,祖母凡事包办。这种教养方式使苗苗日渐孤僻,日渐被同伴忽视。

(4)教师的不公平对待。

教师A说:"苗苗就坐那儿不说话,省心。调皮捣蛋的孩子得关注,不然班上就乱了。聪明可爱的孩子那我肯定喜欢了。像苗苗这样的孩子,也不是说不喜欢,她让人省心,不要管。"如果教师只关注被拒绝的幼儿和受欢迎的幼儿,而忽视被同伴忽视的幼儿,那在这类孩子身上不就存在教育不公平现象吗?不能因为他们"乖""省心"就可以不关注他们。被同伴忽视的幼儿首先就被教师所忽视。教师对他们的不关注引起同伴对其不关注。教师B的回答是:"苗苗注意力不集中,上课我说什么她也听不太懂,问她肯定不知道的,不问反而保留孩子的自尊。一般园里上公开课啊、排节目啊我都不让她上。"教师B随意给幼儿贴标签,面对幼儿表现出注意力不集中的现象,不但不与该幼儿家长沟通,反而以此为理由剥夺孩子受教育和展现自我的机会。面对来自不同家庭背景、长相性格各异的幼儿,从职业道德出发,教师要尽量做到公平对待每一位幼儿,尤其对类似苗苗这样的孩子要给以更多关爱。

5.建议

在幼儿社会化过程中,同伴作为"重要他人",其作用是成人所无法替代的。与同伴之间不良的人际关系,是被忽视幼儿社会性能力低水平发展的外在表现,同时也是其社会性发展的障碍。教师和家长必须共同努力改善被忽视幼儿的社交地位,否则这些孩子今后很可能出现人格缺陷从而难以适应社会生活。针对苗苗的处境,研究者为其家长及老师提供以下几点建议:

首先,家长和教师要积极配合,及时了解苗苗在幼儿园和在家中的近期表现。如果出现教师和家长对幼儿评价不一致的情况,要调查确认并分析原因,使家园合作改善幼儿社交地位的工作更加有的放矢。

其次,虽然个体的气质具有稳定性,但气质也是可变的。苗苗的家长应增强对孩子照料的敏感性,为孩子的成长提供一个温暖、信任、安全的环境,那么苗苗的沮丧、焦虑等消极情绪会逐渐消退,这有利于改善孩子的同伴关系。同时,家长还要有意识为苗苗创造同伴交往机会,邀请邻里或朋友的孩子尤其是性格活泼开朗且与苗苗同龄的孩子来家里玩,期间成人还要对苗苗的社交策略进行一定的正确引导,让孩子体验与同伴友好相处的乐趣以及与同伴分享食物、玩具的乐趣,增强孩子社交信心。

最后,教师要给苗苗以更多关注。在日常生活与教学中,教师应当主动增加与苗苗的互动频率,关心和肯定孩子的点滴进步。教师也可以通过角色扮演等游戏让苗苗体验同伴交往的乐趣,并给苗苗同伴交往行为以正强化,增强孩子同伴交往信心,使孩子逐渐融入同伴群体。同时,研究者在对苗苗做进一步的追踪研究过程中,会运用移情训练等方法与教师、家长合作,对该幼儿进行社交行为矫正研究。

本章概念

个案研究;追因个案研究;追踪个案研究;现状个案研究;反身性;双重视角。

推荐进一步阅读文献

[1] 李晓利.一位幼儿教师职业适应的个案研究[D].西安:陕西师范大学,2013.

[2] 孙培.绘画疗法促进幼儿心理健康发展的个案研究[D].济南:山东师范大学,2011.

［3］张彩丽.三种类型社会退缩幼儿社会适应状况的个案研究［D］.开封:河南大学,2009.

［4］史晓波.男幼儿教师专业认同的个案叙事研究［D］.重庆:西南大学,2008.

［5］叶平枝.幼儿社会退缩游戏干预的个案研究［J］.学前教育研究,2006(4).

问 答 题

1.什么是个案研究方法?

2.个案研究有什么特点?

3.个案研究在学前教育方面有哪些应用?

4.结合你所了解的学前教育实际,分析个案研究的重要意义。

5.1920年,辛格博士在印度加尔各答西南部森林的狼穴里救出一个大约六七岁的小女孩,取名为卡玛那。辛格博士把她带到米德纳颁尔孤儿院抚养。刚入孤儿院时,小女孩拥有狼的全部生活习性,每天晚上像狼一样嚎叫多次,并竭力寻找出路以便逃回丛林。辛格博士下了很大功夫试图使卡玛那"恢复人性",但进展很慢。四年后,卡玛那只能听懂几句简单的话;七年之后,她学会了45个词,并勉强学了几句话。在她生命的最后几年,卡玛那喜欢并开始适应了人类社会。但在智力发展水平上,卡玛那根本不能与同龄正常孩子相比。在刚发现的时候,她的智力只相当于6个月大的婴儿。快到15岁时,只相当于2岁婴儿的智力水平。在她17岁那年去世时,她的智力水平仅有4岁小孩的水平。

这个案例说明了什么?对教育有哪些启示?

操作训练

1.5岁的欢欢经常欺负同班的小朋友,甚至出手打其他人,请以他为个案,拟定一份研究方案。

2.设计一份儿童恋物的个案研究计划。

3.请以"他为什么不去幼儿园当老师?——对一名学前专业男性毕业生的个案研究"拟订研究设计。

第十章
叙事研究法在学前教育研究中的应用

导 读

一位幼儿教师的故事

孩子们吃过午饭休息的时候,教师通常会给他们讲喜欢听的故事,今天老师讲的是《会飞的毛毛虫》,一个很有趣的绘本故事。孩子们看上去都听得不错,只有四五个孩子在互相说话,或者交头接耳。值得一说的是,班级的管理还是比较民主,教师在讲故事的时候,如果有小朋友不喜欢听,教师不会特别强调纪律,也不会强行斥责孩子们。讲故事的中途,教师由于感冒的原因,转过脸,用手挡着嘴,咳嗽了几声。

转过脸的时候,对孩子们说:"对不起啊,老师感冒了,喝点水再接着给你们讲故事。"

说完之后,教师起身走到饮水区喝水。之后折回凳子继续给孩子们讲故事。故事讲完了之后,教师对孩子们说:"对了,老师刚刚讲故事的时候,咳嗽了,小朋友还记得老师是怎么咳嗽的吗?"

孩子们你一言我一语地说了起来,当然其中也有的孩子没注意到,或者已经忘了刚刚发生过的事情。

"对,老师刚刚是不是转过身捂着嘴咳嗽的? 小朋友们以后也要这么做,因为对着别人咳嗽是很不礼貌的事情。我们打喷嚏的时候也是一样,要转过头,用手捂着自己的嘴巴。"

问起 Y 老师怎么想起在讲故事的时候对孩子们讲咳嗽的事情,Y 老师说最近班里感冒的孩子比较多,对着小朋友咳嗽打喷嚏,容易传染别的小朋友,孩子抵抗力差,很容易生病。有时候会听见小朋友告状:"老师,某某某打喷嚏喷到我了","老师,某某某把口水喷到我脸上了",很不卫生,而且也很不礼貌,就想起跟孩子们说说咳嗽的事情,不过也不是第一次说了,很多小朋友都懂,可是小孩子就是这样,时间长了不说怕他们会忘了。

"之前还在什么样的情况下强调过这个事情呢?"

"就是听到小朋友告状的时候,有时候会针对某一个小朋友强调一下,有时候会针对全班同学再说一次。"

"觉得孩子们能记住吗?"

"能记住,不过还是得常说,等他们大一点儿就好了。"

"你觉得哪种情况下对孩子们讲这些事情效果更好一些呢?"

"这个还真没特别留意过,反正我觉得这些问题就得常说,这儿说一次,那儿说一次,更重要的是老师在生活中要给孩子们做榜样,慢慢孩子们就记住了,不过这些他们家长也会教,有的小朋友没来幼儿园的时候就懂得这些了。"

后来在班级里问过一些小朋友,咳嗽的时候应该怎么咳嗽,好多小朋友都知道,应该用手挡着嘴巴咳嗽,有的孩子很夸张地用小手紧紧捂住嘴巴,还把另一只手也挡在上面,两只小手把嘴巴捂的严严的。有的小朋友答非所问,告诉我因为生病了所以才会咳嗽,有好几位小朋友都能正确回答用手捂着嘴巴,还应该把头转过去,不要把口水喷到其他小朋友的脸上。当然,并不能完全说明孩子们的认识是由于教师平时随机教育的结果,像 Y 老师说的一样,家长很多时候也会教孩子们具体应该怎么做。

资料来源:段宇鹰. 一位幼儿教师的随机教育叙事研究[D]. 哈尔滨:哈尔滨师范大学,2016.

思　考

1. 阅读上段故事能够得出什么结论?

2. 你生活中运用叙事法遇到过哪些趣事? 有过什么经验和教训?

抛砖引玉

可以考虑:①叙事研究的概念;②叙事中事的选取;③叙事的客观性;④叙事研究的缺陷;等等。

第一节　教育叙事研究概述

一、教育叙事研究的相关概念

(一)叙事

叙事(narrative)一词最早出现在文学领域中,应用于小说文学创作,是指以散文或诗的形式来叙述一个或一连串真实或虚构的事件。20 世纪 60、70 年代"叙事学"(Narratology)的兴起,将人们对"叙事"的研究推向了高潮。所谓"叙事"是指"讲故事或类似于讲故事之类的事件或行为,用来描述前后连续的发生的系列性事件"。我们一生都被叙事所包围,尽管我们很少想到这一点。我们听到、读到或看到各种传闻和故事,我们就在这些传闻和故事的海洋之中飘游,叙事毫无疑问是大众化的东西。当我们做梦、说笑话、讲故事、进行交谈、写信或写日记的时候,我们所做的就是与叙事有关的故事,并且在很多情况下是在创作叙事。人类是故事的讲述者,我们听故事、讲故事是为了了解世界。通过叙事与讲故事,我们找到了科学与人文的一个结合点,这也是人类生存的基本出发点。

(二)叙事研究

自 20 世纪 80 年代中期以来,"叙事研究"已在许多领域中生根发芽,如心理学、心理诊断学、语言学、教育学、社会学、女权运动理论、人类学、文学以及历史学等。叙事研究已成为社会科学研究中的一个占有重要位置的研究方式之一。"叙事研究指的是任何运用和分析叙事资料的研究。这些资料可以作为故事形式(通过访谈或者文学作品提供的生活故事)而收集,或者以另外一种不同的形式(人类学家记录他或她所观察故事的田野札记或者个人信件)而收集。叙事研究是一个很宽泛的领域——任何运用和分析叙事资料的研究都可以称作叙事研究。它可以是研究的目的,或者是研究其他问题的手段。"而且,叙事资料的来源也是多样的:

一方面,从类别看,有访谈材料、文学作品中的生活故事、观察记录、田野札记、个人信件等;另一方面,从获取途径看,可以通过访谈、文学阅读、观察、田野考察、生活交往等方式获得。叙事研究通常围绕三个方面来做:现场、现场文本、研究文本。叙事研究是一种质性取向的研究方法,对参与者在自然状态下的观察以及进行访谈等是获取第一手资料的重要途径。在叙事研究中,研究者和参与者要在和谐的关系中协作。研究者要尊重参与者,给每一个参与者的声音以地位。常见的现场文本有:口述式、故事、年鉴和编年史、照片及各种纪念品、研究访谈、日记、自传和传记、书信、谈话、现场记录、文献分析等。从现场文本向研究文本的转化过程中,研究者要从参与者的经验中走出来,运用自己的理论功底、开阔的视野、充满智慧的想象去驾驭材料,把不同事件联系起来,使研究文本超越现场文本经验的特殊性,并与现场文本保持一定的距离。

(三)教育叙事研究

教育叙事研究(Narrative Inquiry in Education)是将叙事研究法运用在教育领域,来研究教育问题的。教育叙事研究作为教育研究中的一种新兴的质性研究形式,是以叙事的方式开展的教育研究,它是研究者(主要是教师)通过叙事、讲故事的方式表达对教育的理解和解释,通过教育教学事件、教育教学实践经验的描述和分析,从而发掘或揭示内隐于这些生活、事件、经验和行为背后的教育思想、教育理论和教育信念,从而发现教育的本质、规律和价值、意义。它给读者呈现一个或多个教育故事,让读者从故事中体验教育是什么或应该怎么做,通过所叙述的故事来探究经验、行为的意义及其蕴涵的思想和哲理。关于教育叙事研究的理解,有广义和狭义之分。从广义上来说,就是对有意义的教育事件进行描述分析、发掘,或揭示日常事件、行为、生活背后的意义,从而促进教师改进教学实践,丰富教育理论;从狭义上讲,专指教师以研究者身份从事的叙事研究,教师对日常生活、课堂教学中的事件、个人经验、个人传记进行叙述,以此反思自己的教育教学活动,并通过反思改进自己的行动,不断提高自己的教育教学质量。由此可以看出,教育叙事研究的基本特点是研究者以叙事、讲故事的方式表达对教育的理解和解释。个人在他的叙说里,建构过去的经验和行动,宣称他的认同,形塑他的生命。叙事就是一种再呈现、一种诠释性行为,反过来也需要被诠释。对教育事件的叙说,能使教师看到平时视而不见的例行事项的意义,并把自己遇到了什么问题、怎样遇到这个问题和怎样解决这个问题的整个过程叙述出来。而通过叙述者展现他们生活和亲身经历的口头叙述和故事,我们得以了解他们的内心世界,能够捕捉他们外显行为中透露出的实践智慧。当我们接近和诠释这些叙事的时候,又不可能没有自己的假设和角度,我们对资料的分析其实也是一种自我的再呈现。如同 Mishler(1991)所说,"我们按照我们的发现,安排和重新安排访谈的文本,其实就是针对我们对于言说中发生的事情的理解,加以检测、澄清和深化的过程"。这显然包含双方主体非常复杂的过程。

二、教育叙事研究的特点

(一)资料来源的多样性

教育叙事研究是一种质的研究方法,质的研究是以研究者本人作为研究工具,在自然情境下采取多种资源收集方法对社会现象进行整体性探究,使用归纳法分析资料和形成理论,通过与研究对象互动对其行为和意义建构获得解释性理解的一种活动。由于教育叙事研究属于质的研究方法的范畴,因而具有质的研究方法的基本特征,如具有自然情境性、研究者的自身工具性、自下而上的归纳性、对事实的解释性和建构性等。教育叙事研究以教师的生活故事为研究对象,这从资料收集的来源上可以看出,作为一种质的研究方法,教育叙事研究在收集资料时主要采用参与式观察和深度访谈的研究方法捕捉研究对象的深层信息。日常生活中平淡的教育故事也许就隐藏着一个值得探究的问题和教师独特的体验和感受,周围环境、气氛、教师的行为动作也许就隐藏着个人的某种价值观念和理论修养水平,这都需要研究者仔细观察。另外,教师的"教育日志"、自传或传记、各种活动的图片、相关的学生的作品和日记、教师对学生的评价等也为教育叙事研究提供了丰富的素材。

(二)行动者的直接融入

教育叙事的方式主要有两种:

1. "我"作为研究者去观察和记述研究对象的日常生活

包括对他们提供的工作日志、教学录像等资料的解释等。在这种研究方式中,被研究者(教师)只是叙说者,由研究者进行记述。在叙事过程中,研究者既是整个研究过程当中的参与者,还是被研究者教育事件的记述者,以及故事意义的解读者。

2. "我"同时充当叙说者和记述者

即"我"自己既是研究者也是被研究者。叙事研究作为质的研究的一种具体形式,具备传统研究方法一贯所具有的严谨性、科学性,叙事研究能够使得研究者和所研究的问题紧密地生活在一起,有助于研究者收集到最原汁原味的研究资料。在叙事研究中,研究者本人就是研究工具,在教育教学的长期实际生活体验中,在与对象的直接互动与实际交往中,发生各种生活故事和教育教学事件,对这些事件,教师们通过观察、分析、反思,而获得一些见解或者解释性的意见。这就是行动者自身作为主体并直接介入其中的行动研究。

(三)融事实性、情境性和过程性于一体

教育叙事研究是教师从教育实践出发,从校园生活出发,从真实教育事实出发,从自然情境出发所进行的研究,这种研究的显著特征在于"实",它是教师在教育活动中对实事、实情、实境和实际过程所作的记录、观察和探究,从而获得对事实或事件的解释性意见。

1. 事实性

这些教育事件是真实的、情境性的、有意义的、不可重复的。教育叙事研究总体上提倡对实际发生的教育事件,而不是教育者的主观思想进行研究。这就决定了教育叙事研究不能像小说一样可以虚构故事。对教育故事的理解可以体现研究者的价值观和意义倾向,但研究所基于的叙事材料应该是基于真实的教育情境,这是进行教育叙事研究的前提。"所谓真实"是指教育叙事者回归教育生活,力图创设一种现场感,把真实的教育生活淋漓尽致地展现出来,以真实的故事为基础,还原教育生活的本来面目。教育叙事研究的真实性使其与一般叙事研究相区别,展示了教育叙事研究的独特性。当然,故事的真实性并不妨碍研究者对故事"理解的真实"。教育叙事研究允许研究者和读者从不同的意义角度来建构和理解研究文本。

2. 情境性和过程性

教育活动是一种实践活动,它总是在特定的背景或情景下发生,教育叙事研究并不是对教育活动进行简单的描述与记录,而是将研究对象的行为与教育场景、背景相联系,对情景做细致描述,分析和把握处于情景中的个体是如何理解周围发生的事情、事件的,并剖析事实背后所含的意义,将其融于事实讲述之中,只有经过这样的深度描述,才能引起叙述者和读者情感上的共鸣,帮助教师、学生、研究者有所发展和提升,促进彼此间的互动。

(四)反思性

叙事研究的根本特征在于反思。教师在叙事中反思,在反思中深化对问题或事件的认识,在反思中提升原有的经验,在反思中修正行动计划,在反思中探寻事件或行为背后所隐含的意义、观念和思想。离开了反思,叙事研究就会变成为叙事而叙事,就会失去它的目的和意义。反思教育的过程是教育者与受教育者通过对教育生活的观察、思考、分析、批判、体悟,探究教育生命意义的过程。教育叙事不是一个对已发生的故事进行简单追述的过程,而是一个在故事中重温教育经验,体悟教育生活,反思教育过程的再理解、再探索的过程。在教育生活中,一些有意义的教育生活的点滴往往会从我们身边不经意地掠过,而以叙事的方式追问和反思教育过程,会有利于深化对教育问题的认识,探寻其背后的意义,让日常生活中容易被忽略的东西得到重新解读。更为重要的是,教育中的实践性知识通常是内隐的、缄默的,但它们却在一定程度上支配着教育者在教育中的各种行为。因此,如何解释、洞悉、把握、传递内隐的、缄默的个人实践性知识也就变得格外重要。康纳利认为,个人实践对于许多教师而言只是重构过去,专注未来,应付现时危机的方式。它内含在教师过去的经验中,教师当前的身心中,以及教师的未来计划和行动中,撰写和描述故事是探究、洞悉教师个人实践知识的最佳方法。因此,叙事的展开是次要的,反思教育过程,发现前所未有的教育意义则是教育叙事研究的一个本质追求。

三、教育叙事研究的意义

(一)真正能使教师成为研究的主体

此为教育叙事研究的最大的意义。它可以使每个教师都可参与教育研究,使教师有话可说,有事可写,使教育研究从专家手里回到教师手里,从天堂回到人间,从神秘走向世俗,从根本上解决长期以来教育研究与教育行动分离、教育理论与教育实践脱节的状况。

(二)有助于幼儿教师参与科研

教育叙事研究使教学一线的教师有了一种操作方便、实施容易和效果实用的科研方法,它可以让幼儿教师意识到:科研并不是科研人员的专利,发生在自己身边的每一桩教育事件都可能成为科研的素材。教育叙事研究不需要教师花费太多的时间和具备深奥的教育理论,教师只需把教学中遇到的值得向别人讲述的事件叙述出来,并加以分析和反思,就能从中归纳出具有普遍性和条理性的规律来。在幼儿教师普遍课时多、教学任务重,不少教师很难专门抽出时间和精力搞科研的情况下,教育叙事研究有助于她们(他们)参与科研。

(三)有助于幼儿教师有意识地反思自己的教学思想和行为

教师叙述教育故事的主要目的是反思自己的教学思想和教学行为(如图 10-1 所示),从而改进自己的教育实践,提高自己的教育教学水平,同时使教师认识到那些平时常被忽视的例行事件的意义。

(四)使幼儿教师有话可说,体现教育的人文关怀

教育叙事要通过讲故事的形式来表达,而语言是工具性和人文性的统一。开展教育叙事,

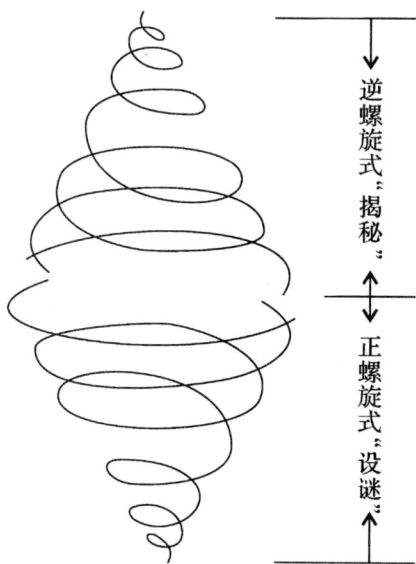

图 10-1　反思对教师专业发展的促进

它可以让我们离开冰冷的说教,感受教育生活的多姿多彩。教育叙事吸引人的地方就在于它对个体体验的关注,使教师有话可说,有情可抒,从而体现教育的人文关怀。

第二节　教育叙事研究的内容、过程和分析模式

一、教育叙事研究的内容

(一)教育故事

教育叙事研究是通过讲教育故事(或教育事件)来研究教育实践的。教育故事可以发生在不同的叙述者身上,即故事可以由不同的叙述者来讲某种与教育相关的经验、行为、过程、心理、情感、观点等,从而形成不同的叙事资料,构成叙事研究的内容。根据教育叙事的主体可分为:教师叙事、学生叙事、学生家长叙事、其他教育工作者叙事和社会媒体叙事。其中教师叙事是教育叙事研究的主要内容,以至于有的学者认为教育叙事研究不是教师科研的方法而是教师专业发展的一种方式。但是无论作为一种研究方式还是教师专业发展方式,教师的叙事研究已非常鲜明地划定了事件的范围:这些"事"是教师之事,是教师的生活故事和发生在教师身边的教育故事,教师是参与其中的人。教育叙事研究就是研究教师在日常的教育活动中所遭遇、经历的真实的各种事件,包括教师的教育思想、教育活动和教育对象。

(二)研究教师的教育思想

教师的教育思想具体体现在教师的教育教学行为当中,表现为教师的教育理念先进与否、教育思想系统与否、教育认识独特与否。教师关于教育的思想、认识、看法、见解渗透于日常的教育活动中,指导着教师的教育行为,也影响着教师的人生。

理论是行动的先导,教师具有何种教育理念,对教育秉持怎样的信仰,直接决定着教师在

教育活动中采取的做法。因此教师的叙事研究首先就要研究教师的日常行为背后所内隐的思想,教师的生活故事当中所蕴含的理念,以便为教师的行为寻求到理论的支撑,为教师的生活构建起思想的框架。

(三)研究教师的教育活动

教师教育思想的研究离不开对教师的教育活动的研究。教育活动构成了教育事件。教育叙事研究正是立足于此进行的研究:通过教师在校园里的谈吐举止了解教师的为人修养,通过教师在课堂中的处世行为了解教师的个性特征,通过教师对教学内容的诠释了解教师的知识基础,通过教师对教学方法的运用了解教师的教育机制等。研究教师的教育活动要倾听教师的内心声音,感受教师的主观世界,体验教师的生命律动,探寻教师的行为意义。这种研究有助于教师更深刻地认识自己、提升自己,由此带来教育思想的整体升华。

教师的教育活动是丰富多彩、绚丽多姿的,教师在教育中展现自己,在活动中塑造自己,在行为中成就自己,而这点点滴滴的细节和事件构成,筑起教师充实的职业生涯和美妙的事业人生。

(四)研究教师的教育对象

教育思想与教育活动又与教师的教育对象息息相关。所以,教育叙事研究离不开对教育对象的研究。教师职业的劳动对象不是无生命的自然物质材料,而是有思想、感情、个性和主动性、独立性、发展性的活生生的人。教育叙事研究所述内容体现了对人的关注。多数教育叙事研究的研究对象常常是单一的个体,每个个体在真实情境中的所思所想都是不同的,所以研究者对个体在真实教育情境中的个人生活经历、所思所想十分关注,通过搜集教育、叙述、重构个体在教育生活中的故事,达到对个体行为和经验的理解。此外,研究者在进行教育叙事研究时,不仅对事件本身、事件背景做各种记录和描述,同时还对研究者自身的信息做描述。因为研究者所叙之事处处渗透着自己的立场和态度,是生命中一种独特的亲身经历、体验和感受,有着不可重复性。教育叙事研究所述内容体现了对个体独特性的尊重。

二、教育叙事研究的过程

(一)确定研究问题

1. 源于实践领域的有意义的问题

"有意义的问题"有两重含义:

(1)研究者对该问题确实不了解,希望通过此项研究获得一个答案。

(2)该问题对研究者来说具有实际意义,是他们真正关心的问题。

2. 不断聚焦、凝练确定研究问题

研究者可能同时关注多个教育现象,可以采用不断聚焦、凝练的方法来鉴别值得探究的教育现象以及内隐的研究问题。这一过程需要考虑三个方面的因素:

(1)所探究的教育现象与内隐的研究问题要有价值。如对学生发展、对学校教育质量提升有所贡献,对改善教师的教学生活有所帮助等。

(2)所探究的教育现象及内隐的研究问题要有新意。新意既包括这类教育现象或问题至今尚未探究,也包括对别人而言不是新问题,但相对于研究者本人而言,这些教育现象或问题仍然存在疑问或被其困扰。

(3)具有可行性。即具备主观条件、客观条件和时机条件。主观条件是指研究者要考虑自己的知识储备以及能力是否能够驾驭研究工作,是否了解叙事研究方法,研究过程中能否及时补充所需要的知识等。客观条件是指具备探究这类教育现象或问题的环境。时机条件是指研究者当前及其后一段时间内可以对这类教育现象或问题进行持续探究。

（二）选择研究对象

选择好的研究对象,是教师叙事研究重要的一步。一般采用抽样法确定研究个体,抽样就是选择观察对象的一种过程。教育叙事研究的特点决定了其需要采用综合抽样策略,即以目的抽样方式为主,兼顾就近和方便的方式选择研究个体,将能够为研究问题提供丰富信息的个体作为研究对象。抽样的具体方法可以根据研究需要采用极端个案抽样、强度抽样、最大差异抽样、分层目的抽样等方法。

选择研究对象是研究得以进行的保证,需要研究者与被研究者的互动与合作。首先,研究者要有敏感的心灵,能够细致入微地把握研究环境和研究对象。其次,研究者的研究活动要得到被研究者的认同、理解与合作,双方应有从研究中共同进步的要求。

（三）进入研究现场

进入现场是叙事研究的第一步,它是形成现场文本的基础。进入研究现场就意味着走进教师活动的时空,把握教师的行为、观念所赖以产生的深层原因,对教师生活的现场观察,理解教师做法的背景。研究现场是教师叙事研究或取得真实资料的直接来源。

（四）搜集故事,建构现场文本

1.搜集故事

（1）搜集谁的故事。

故事的提供者应该是教育叙事研究的参与者,研究者要求参与者讲述他所经历过的故事。

（2）怎样搜集故事。

搜集故事的最主要的方式是研究者建构现场文本。这里所说的"现场文本"可以一般地解释进入现场后对所得到的包括研究者和参与者创造的代表现场经验各个方面的文本。

（3）故事的表述。

故事可能包含了小说中常见的四个基本元素:时间、地点、情节和场景。从故事的呈现、危机的出现或转折点,到结论或结局的顺序与情节的发展过程一致。

2.构建现场文本

在教育叙事研究中,研究者走进现场进行观察、记录、搜集个体教育故事,建构现场文本是一项基础性工作。如果现场文本积累较少,缺乏时间的连续性和内容的延续性,教育叙事研究将无法进行。教育叙事研究现场文本的类型较多,现场文本可能来自研究对象的教育故事、生活故事、自传、札记、录音（像）材料,研究者和研究对象之间的讨论、对话、访谈的文本,研究日记,研究者或参与者所做的现场笔记,有关文件、照片、记事簿,研究对象个人或者与他人、家庭、社会的交互中形成的作品、生活记录以及信件等。不同类型的现场文本的建构方式有所不同。如现场笔记是一种以现场记录为主的重要的书写体裁,它的书写可详可简,也可以穿插或多或少的诠释与思考。构建现场文本有两方面意义:

（1）帮助研究者处理与参与者以及现场的距离问题。

研究者身处其中的教育情境时,往往处于两难处境:一方面,研究者如若不能全然涉入教育情景就无法探索、描述和解释所探究的教育事件;另一方面,如果研究者全然涉入教育情景,可能会带有感情的倾向性而失去叙事研究的客观性,需要与现场保持适当的距离,以便看清楚研究者自己的故事,看清参与者的故事,以及研究者与参与者共同生活的场景。现场文本将帮助研究者往返于两种境界,既和参与者一起全然涉入,又和参与者保持一定距离。

(2)帮助研究者记忆及补充被遗忘的教育故事及丰富的细节。

必须定时、认真书写现场文本,注意个人的内在回应,注意现场文本必须有另外的现场文本来补充。如现场笔记与书写现场经验的日记加以结合,为研究者提供了一种反思现场发生事件的平衡手段,不至于研究者"离场"后重新讲述故事时仅仅依靠现场日记等文本做出失真的表述。

(五)编码并重新讲述故事

重新讲述故事是研究者依据一套特别的程序和技术,分析所搜集的故事以获得故事的主要元素,并按年代学的序列重新撰写故事的过程。最初获得的原始故事往往显得比较零乱、缺乏逻辑顺序甚至看不出故事发展的来龙去脉和时间顺序。通过重新讲述故事,研究者会在故事所反映的众多想法和观点的联结中找寻出因果联系。重新讲述故事不仅对教育叙事研究新手是具有挑战性的工作,也是所有教育叙事研究者面临的困难工作之一。

重新讲述故事一般需要三个阶段:

1. 写出原始故事

这一阶段相当于完成从现场到现场文本的建构工作。有些故事,如利用录音或录像设备搜集的故事需要在其转译稿基础上制作成为现场文本。如果已经是研究对象提供的文稿形式的故事,或者参与者提供的某些反映自己教育故事的书面材料,就可以直接进入下一阶段。

2. 编码和转录故事

(1)编码。

教育叙事研究的数据通常包含不同主题。研究者可以通过对故事的数据进行编码分类以形成主题或类属。主题或类属的确定提供了故事的复杂性,为洞察、理解研究个体的经验增加了深度。这些主题为研究报告的撰写提供了便利,它们在研究报告中形成系列并从不同侧面反映个体经验的发展过程。把搜集到的现场文本的故事由研究者按照故事所包含的基本元素进行编码、转录。研究者首先要根据研究目的和研究问题的特点建立一套编码体系。

(2)转录故事。

编码完成后进入转录环节,它是将故事的基本元素从故事之中抽取出来的过程,即将编码好的句子按照顺序转录在一起,形成一个反映原始故事精神实质的压缩的精短的"骨架"型故事。

3. 利用故事的基本元素重新书写故事

研究者把已经转录出来的"骨架"型故事,按事件发生时间的顺序(用年代学方法),以第一人称,重新书写成清晰的包含故事基本元素的一个序列性的文稿。如上述编码后重新讲述的故事以地点(某幼儿园)和人物(我)开始,然后是事件(如教育过程中出现的不愉快、困惑或者兴奋等行为)。

延伸阅读10-1

常用的两种比较权威的确定故事基本元素的叙事结构

(1)奥勒莱萨提出的组织故事元素。将故事所包含的基本要素分解为:背景、人物、活动、问题和解答五个方面(见表10-1)。

表 10－1　组织故事元素成为问题解决的叙事结构

背景	人物	活动	问题	解答
故事背景、环境、地点条件、时间、地点位置、年代和纪元	故事中描述的个体的原型、个性，他们的行为、风格和做事模式	贯穿在故事中的个体的动作，说明人物的思维或者行为	要回答的问题，或者要描述或解释的现象	对问题的回答，对引起人物发生变化的原因的解释

（2）克莱丁宁和康纳利提出的三维空间：相互作用、连续性和情境（见表 10－2）。

表 10－2　三维空间的叙事结构

相互作用		连续性		情境	
个人	社会	过去	现在	将来	地点
注意内部的内在条件、感觉、期望、审美反映、精神调整	注意外部的环境条件，其他人的打算、意图、设想和观点	看过去的、回忆的故事和早些时候的经验	看当前的故事和处置事件时的经验	看隐含的期望、可能的经验和情节线索	看处于的自然情境或者在有个体打算、意图、不同观点情境之中的背景、时间、地点

　　研究者可以参考上述结构分析现场文本故事的基本结构，可以使用字母编码并在现场文本中标记，如背景、人物、活动、问题和解答的语句可以分别用（英文名的第一个字母）S、C、A、P 和 R 来标识。这些编码过程不一定出现在研究文本重新讲述的故事之中，但这一过程是规范的叙事研究实施中不可或缺的环节，它们是评估研究合理性与准确性的重要依据。

（六）分析资料，形成扎根理论

1. 分析资料

叙事研究基于资料事实进行的符合材料实际的分析，强调对事件本身的分析。在整理分析资料的过程中，研究者的一项重要的任务是从所收集的大量资料中寻找出"本土概念"，即被研究者经常使用的、用来表达他们自己看世界的方式的概念。唯此，研究才具有了独特"个性"的特征，研究报告才具有个性色彩。

2. 扎根理论

扎根理论是在收集和分析资料的基础上归纳出相关的假设和推论。扎根理论的过程是分析现场文本，撰写研究报告的过程，这是叙事研究最重要、最关键的部分。在对现场文本进行分析的时候，研究者并不能根据现存的理论来加以诠释，而是要尊重事实，尊重研究对象的声音，让资料说话，悬置教育理论。

（七）撰写研究报告

　　研究报告的撰写既包含研究者对所观察到的"事"的故事性描述，也包含研究者对"事"的论述性分析，两者相辅相成，构成了研究报告中细腻的情感氛围和浓郁的叙事风格。叙事研究强调细致的描述和深刻的分析，使教师生活故事得以丰富的呈现，也因此具有教育研究中不可替代的意义。撰写教育叙事研究没有一个固定的模式，叙事的长短不限，提倡百花齐放，千姿百态，达成给读者启迪和回味的意境。

延伸阅读 10-2

常见的 3 类叙事型文章

（1）关于某一节课或某一教学片断的具体反思，使之成为一份具体的教学案例（可称之为"教育叙事"）。

（2）关于教师与某个或几个学生交往的生活故事，使之成为一份具体的师生关系或学生生活的案例（可称之为"生活故事"）。

（3）教育研究、论文研究、资源开发实践等过程中的思考体会（"研究叙事"）。

三、教育叙事的分析模式

（一）Rivka、Tamar 和 Amia 的四个单元模式

以色列三位女性研究者 Rivka、Tamar 和 Amia 在她们合著的《叙事研究：阅读、分析和诠释》中，基于叙事分析的两个独立维度——整体方法和类别方法、内容和形式，组合出四种探究模式：整体—内容、整体—形式、类别—内容、类别—形式。

1. 整体—内容模式

整体—内容模式关键在于寻找故事中反复出现的主题，这些主题最能体现个体的性格特征。研究者要带着一颗开放的心反复、仔细地阅读整个故事，将故事的总体印象记录下来，然后，在故事的不同发展阶段寻找那些与总体印象相符的、反复出现的主题，但是，也要特别留意那些表面上看起来似乎与主题相矛盾的情节，并在整体背景下给予合理解释。Amia 运用这种方法对一位研究对象的生活故事进行了分析，归纳出两个基本特征：积极乐观的世界观和重视人际关系，并提炼出在故事的不同阶段都反复出现的四个主题，这些主题进一步印证了上述两个基本特征。

2. 整体—形式模式

整体—形式模式着眼于故事的情节进展和完整结构。例如，叙事是作为一个喜剧还是一个悲剧发展的？故事呈现的是叙述者目前生活状况的上升态势，还是从一个较为积极时期和境况开始的下降态势？研究者首先要做的也是反复、仔细地阅读故事，识别每一个阶段的中心主题，但这时应重点关注的是把故事组织起来的主题和剧情的发展脉络，而非主题和剧情本身。分析的第二个阶段是确定剧情发展的关键点，它可以从言谈的特殊形式中推导出来，如访谈对象的反思和评价性言语、表示叙事结构性成分的术语（"十字路口""转折点"等）。在这种分析中，Rivka 在前进、衰退和稳定三种叙事模式基础上，为每一位访谈对象绘制了人生轨迹曲线图，比较了男性与女性之间叙事结构的相似性和差异性。

3. 类别—内容模式

类别—内容模式通常也称为"内容分析"，研究者要在反复阅读故事的基础上，根据研究目的把文本分为几个相对小的内容单元，然后对这些内容单元做描述的或统计式处理，它"是心理学、社会学和教育学领域研究叙事资料的传统方法"。内容分析的方法有许多形式，视研究

的目的和叙事资料的特质而定。当然,偏重于哪一种形式也和研究者本人有关,或者坚持客观性原则和量化分析过程,或者采纳诠释的和质化的分析视角。内容分析包括 4 个步骤:选择文本、定义内容类别、资料归类、做出结论。

4. 类别—形式模式

类别—形式模式即如何"用语言学特征识别和评定叙事的情感内容"。分析访谈资料时,选择重点关注受访者如何描述他们生活中的困难问题。通过编辑一个体现情感或精神障碍的形式特点清单,以指导我们在阅读和分析叙事时,注意这些指示情感的形式要素,比如,"状语'突然'可能预示了一个事件的如期而至或者不期而至;打乱事件的时间顺序或者通过倒退、离题、时间的跳跃或沉默随意前进,可能预示了说话者在努力避免讨论一次困难的经历"。运用这个清单,研究者寻找并分析了叙事文本暗含的情感特征,最后得出结论。

虽然四种模式是以二对二(two-by-two)模型展示的,但多元化和复杂性是叙事分析的内在本质,更为可取的做法是,"把这个模型想象为两个连续体。在每个连续体的一端,存在着几个稀少但非常清楚的例子,这些例子都具有'只能二选一'的特点,而大多数被提议的阅读方法都是由更加平衡的混合体组成的"。而且,整体与类别、内容与形式彼此也不是截然对立的,当重点关注故事的形式时,叙事的内容也不应该忽略;熟悉整个叙事的内容、说者的语言风格和更广阔的社会背景,对于叙事分析也是非常重要的。

(二)瑞斯曼的三种叙事分析模式

叙事作为自我及经验的再呈现,对它的分析也仅是在某种模糊的程度上再现和诠释叙说者的世界:这个故事为什么是这样说的? 美国社会学家瑞斯曼在《叙说分析》(Narrative Analysis)中把叙事研究对经验的再现过程分成五个层级:对经验的关注—诉说—转录—分析—阅读(如图 10 - 2 所示),这是研究者在呈现被研究者的生活经验时所走的分析历程,相应的,每一个层级都是具有选择性、诠释性和建构性的。在此基础上,瑞斯曼以几位关心女性健康问题的研究者的研究为例,讨论了三种叙事分析模式,并从这五个层级入手进行了评鉴。

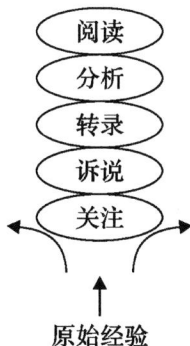

图 10 - 2　瑞斯曼的经验再呈现过程

1. 情节—故事区分(plot-story distinction)

探究的是生命故事的整体轮廓。基于情节—故事区分的方式重构访谈资料不是按照访谈当下受访者述说的次序,而是根据出生、婚姻家庭到现今行动这样的"传统故事"时间顺序进行再呈现,然后找出显露于其中的未预期的"情节",它是生命故事的转折点和关键。研究者勾勒了典型对象的情节线:儿童时期就有所"不同";经历了一个生产的过程从而质疑作为母亲所受到的限制;在 20 世纪 60、70 年代接触了女性主义而有了转变;随后建立了对自我、女性兴趣和养育的理想。每个人都会以其经历的生命故事为基,建构不同的情节,如果能够在关注—诉说—转录—分析几个层级上抓住和凸显这条情节线,以此分析理想与现实间的断裂、个人与社会间的互动,则会给个案比较研究带来更深入的视角。

2. 提炼"主要叙说"(core narrative)

从访谈中"提炼"结构化故事。生命经验的叙事大多数都很冗长,充满了离题的话语、评论、倒叙和评价等,如果要把言谈资料转化成书面文字,就涉及选择和化约。提炼"主要叙说"就是其中一种方式。贝尔按照受访者叙述的顺序,区分出几个有开始和结尾的完整段落(故事),用"状态、复杂的行动、解决方式和结局"四种结构形式为"锚",把冗长的叙事资料简化为三个主要故事。这样就形成一种概括化的结构,并可以进行对比分析。

3. 诗的结构取向(poetic structural approach)

该模式则抓住了内嵌于个人叙事中的诗的特性。瑞斯曼对冗长、没有什么典型情节的叙说,通过使用隐喻——把个体的心情状态比作乌云笼罩下的行走——为自己的叙说增添了结构的连贯性。从语言学的角度分析了这种结构,即以诗的结构分析取向化约和解释叙事资料。她将森蒂的叙说句子从语法上分析成"行、小节和区块",其中小节是指"在单一话题上的几句话,是平行的结构,而且诉说者诉说时依着相同的速度和鲜少的停顿,让人听起来这些话是配在一起的",它们再组合成几个大的区块。这样,整个分析文本——由瑞斯曼提炼的森蒂的故事——看起来就像一首诗一样,因此更利于话语分析和个案间比较。

延伸阅读 10 - 3

新手教师诗的结构取向分析模式示例

不知不觉我就做了老师

看着那一群天真无邪的孩子

叽叽喳喳无忧无虑

我还没结婚呢

就仿佛已体验到了妈妈们的心地

我想证明自己

让他们知道

我是正确的

可是教材把握不准挖掘不深

我总是忐忐忑忑 怕误人子弟

工作好累

我真的很拼

每天跟在师傅的后面

不耻下问

我的听课笔记有那么高　没人能比

有一个好的领导

给我很多机会

上公开课—层层地扒皮

失败总是难免我也很在意

但我一定要出人头地

慢慢的我竟然真的

获得了很多荣誉

取得了别人艳羡的成绩

最初的劳累与忙乱

似乎都已经离我而去

我知道

与那些优秀教师相比

自己还有很长一段距离

三年眨眼已经过去

未来还在自己手里

不过我觉得自己挺没出息

就想好好做一名教师

跟孩子们在一起

他们喜欢我　也愿意和在我一起

这就是我最大的目的　我愿意

　　研究者尝试把一个研究对象的故事提炼成了一首诗，勾勒出她从教三年来的成长历程。但我与瑞斯曼的区别在于：瑞斯曼的研究对象的叙说中没有典型的故事情节，而我的研究对象向我讲述了她成长过程中的关键事件和生动故事；构成瑞斯曼的"诗"的语句，都是其研究对象的原话，而我的"诗"是基于我的理解，对研究对象生活经验的提炼和诗意呈现，但它同样达到了化约、分析和解释叙事资料的目的。

第三节　教育叙事在学前教育中的作用、意义及优缺点

一、教育叙事在学前教育中的作用

1.沟通学前教育理论与实践的桥梁

　　幼儿园教师与专业研究者有一个根本的区别，就在于他们一直生活在教育教学实际现场，在现场中感受教育生活中发生的一切，而教育现场正是产生教育问题的地方。叙事研究通过要求教育工作者深入现场，把幼儿园作为研究基地开展研究，倾听一线教师叙述的产生于真实教育情境之中的故事，体会他们对学前教育最为深切的感受，教育工作者作为研究者，与幼儿园教师良好的合作伙伴关系在此过程中建成，加强两者之间的沟通、交流与学习。教育叙事研究作为沟通学前教育理论与实践的桥梁，丰富着学前教育理论，指导实践活动，促进学前教育理论与实践接轨。教育叙事研究非常强调理论的经验表达方式，它将教育故事、教育事件，以及与之相关的个体经验、个体对教育的理解等，以阐释而非物理浓缩的方式升华至教育理论的高度，为学前教育理论研究寻找到了生长土壤。

2.促使学前教育研究回归生活世界

教育叙事研究尊重个体的生活意义,倡导教育研究走向个体的生活体验;倡导研究者到教育生活的现场去了解教育意义;强调研究者应关注教育现场中人们的体验及其故事,并通过在现场中的关系架构来了解教育。这种与教育生活和教育现场的强亲和力,将学前教育研究深深融入到生活世界中,避免了教育研究与人类经验联系减弱的发生。从另外一个方面来讲,由于教育叙事研究多采用叙事的方法叙述教育生活故事,这种平实、朴素且具有生活意味的表达不仅能切实反映学前教育的真实境况,而且也拉近了学前教育理论研究者和实践工作者之间的距离。教育叙事研究的方式无疑为学前教育研究回归生活本身开辟了一条道路。对于倾听者和阅读者来说,幼儿园教育教学活动中鲜活生动情节的具体描述,能让他们有身临其境的感觉,使他们从多个侧面和纬度认识和了解学前教育实践,理解幼儿教师教育信念的形成。对于幼儿教师来说,儿童的自然成长发生在幼儿园的一日生活中,许多教育情景都是在没有刻意计划下发生的,掌握教育叙事研究方法可以让教师更加关注儿童的生活,在儿童生活的背景和环境中认识儿童的学习与发展,从而采取恰当的教育行动。由此可以看出,教育叙事研究作为一种质的研究方式,它真实性、行动性的特点决定了它可以被用到学前教育领域中,并非将它处于与其他研究范式对立的位置上,学前教育是一个开放的、复杂的系统,需要运用不同研究范式,从多角度看待学前教育问题,需要做的就是深入认识学前教育研究方法论,了解它们的优势与局限,结合具体研究问题,科学地运用各种方法。

3.对学前教育研究具有重要的价值

(1)更适合幼儿教师进行科学探究。

由于我国目前幼儿园的教师大多是幼师毕业,学历和学术水平有限,对他们来说,以自身课堂教学过程为叙述对象,加入自己的理解和反思的微小叙事研究,可能更适合他们进行科学探究。在以往学前教育的科研活动中,研究者一般都是专家,幼儿教师只能够服从专家的建议。然而叙事研究强调教师在研究中的主体地位和每位教师在课堂中个人知识的合法性,要求挖掘教师课堂经验所蕴含的巨大力量和潜在意义,这对幼儿教师来说无疑是体现自我价值的一种恰当的方法。教育叙事研究是研究者通过描述个体教育生活,搜集和讲述个体教育故事,在解构和重构教育叙事材料过程中对个体行为和经验建构获得解释性理解的一种活动。20世纪80年代以来,加拿大课程理论专家 F. Michael Connely 和 D. Jean Clandinin 等人认为真正的交流和研究是从说"故事"开始,教师从事实践性教学的最好方式是讲出教育过程中的"真实的故事"。叙事研究的研究方法遂逐渐广泛地运用于教育领域。这种基于分析教师教学经验、生活故事的研究方法对当前的教育研究提供了一个新的视角,"叙事研究"成为教师发展科研能力的一种重要研究方法。

(2)幼儿园教师成为学前教育研究真正的言说者。

随着《幼儿园教育指导纲要》的颁布和实施,"让教师参与学前教育研究"的呼声越来越高。全国各地纷纷开展了以教师研究为主体,以幼儿园发展为本的教育科研活动,这些科研活动极具代表性地体现了教师力图成为学前教育研究之生力军的发展景观。但是,由于以往的学前教育研究多采用自上而下,由专家引导的经院式研究方式,处于日常教学一线,具有丰富教育实践经验的教师因为能力的限制,常常感到力不从心。学前教育理论的"科学""艰涩""深奥"也严重影响了幼儿教师参与科研的热情。导致的结果是,以幼儿教师为代表的学前教育经验话语"缄默不语",根本没有言说的机会和权利。教育叙事研究强调让被研究者"叙述"出自己对教育的理解与感受,幼儿教师由于身处教学一线,对学前教育的感受最为深切,也最能体会到教育事件和教育故事中的意味,因此,这种天然的优势促使幼儿教师成为教育叙述的最佳人选。在实际的教育叙事研究中,一般是由幼儿教师充当叙述者,记述者可以是幼儿教师自己,也可以由教育研究者承担。幼儿教师的"亲自叙述"保证教师成为学前教育研究中真正的"言说者"。通过教育叙事,教师不仅能不断进行自我反思,优化教育行为,而且还给了教师把自我经验言说出来的机会,有助于教育的人文关怀。

4.有助于促进幼儿教师专业发展

(1)学会观察和记录是优秀教师的基本条件。

教育叙事研究所叙述的是教师亲身经历的教育事件,涉及的人物、事件以及相关环境和场景都源自他们的教育实践与生活经历,这也是符合幼儿教师的教学特点和幼儿发展规律的,学会观察和记录是成为一名优秀教师的基本条件。幼儿教师以日常教育生活中真实的活动、感受、体验与诉求为研究的素材,把真实地发生在教育生活中的有价值的事件记录和表述出来,这也是反思和思考的过程,这不同于以往的为了迎合某种所需而杜撰的故事。教育叙事研究激发了幼儿教师不断自我发展的需要和意识。多年来,教师作为教育教学的执行者,被动地执行教育行政规范、指令,极大地压抑了教师的教育教学热情,使其成为教育领域的沉默者。教育叙事研究使教育研究回归教育经验本身,回归生活本身。它使每一个教师都有机会参与进来,充分地尊重每位教师的话语权,让教师成为教育叙事的研究者,增强教师主人翁的责任感。教师只有具有自我发展需要和意识,才能不断审视自己的职业生活,追问教育的意义,完善自己的内在专业结构,改善日常教育行为,从而获得专业成长。

(2)有助于对教育事实进行反思、总结和研究。

教育叙事最大的特点就是教师通过事件的描述,来反思自己的教育实践活动。通过反思来改进、重建自己的教育生活。在叙述中融入思考、反思,就会使经验更厚重,具有理性的色彩。这也更好地解决了幼儿教师基础差、研究能力弱的问题,通过反思,让幼儿教师对幼儿教学和自我发展有深刻的认识。教育叙事研究要求教师不断地反思与自我重构,幼儿教师的教学工作总结就不至于流于形式,而是教师自主地、自觉地进行教学反思,自觉寻求解决问题的手段与方式。在叙事研究中幼儿教师通过对教育行为的反思、对教育信念的反思、对教育理论的反思等来反思自己的教育生活,并在反思中改进自己的教育实践,重建自己的教育生活。由于教育叙事并不仅仅停留在叙述的表达层次,更重要的在于"重述和重写那些能够导致觉醒和变迁的教师和学生的故事,以引起教师实践的变革"。这对幼儿教师的专业化成长意义非凡。

二、教育叙事研究的注意事项

(一)选题要有典型性

在教学活动中,不乏具有曲折离奇的故事情节的实践,然而是不是所有的"经历"都值得去写、值得研究呢?教育叙事研究离不开故事,具有很强的故事性,但这种对故事的记录并不是要全盘实录,而是通过对教学事件进行深度描写来突出其典型性,从而引发进一步的联想和思考。这里的典型性,区别去生活中作为某种类的标本和样板的典型概念。首先,它具有一种鲜明的独特性,必须能通过对教育事件采用深度描写的写作方式,准确生动地写出故事发生的情境,以及师生在教育及教学事件中的心理活动。其次,典型性还要求故事具有深刻的普遍性。

所叙故事要能透过个别事件,揭示出教育教学生活中某些本质特征甚至教育发展的必然规律。有了这种典型性,在阅读过程中,才能唤起读者的共鸣,引发广泛的联想和深入的思考,产生进一步探讨研究的愿望。

(二)在故事的基础上进一步思考教育教学问题,反思教学的真谛

教育叙事研究需要故事,这个故事不是一般的故事,而是教师在教育教学实践中的具有"研究性"的故事,是含有问题或疑难情境在内的真实发生的教育教学事件。它不仅仅体现在故事本身是教师"行动研究"的记录,而且还包括教师对教育教学故事进一步的反思和感悟。在叙事研究中,仅有故事是不够的,还需要教师进行思考、反思,这样,经验就会更加厚重并且富有理性的力量,对教学问题有了较深层次的理解和把握后,就形成了规律性的认知。对阅读者来说,则能够从这些思考中产生联想,联系到自己在教育教学中类似的境况,形成叙述者和阅读者的一种事实上的交流和对话。

(三)营造开放平等的对话氛围

没有平等的对话,研究者就无法获得真正了解被研究者的真实态度和体验,所以在叙事研究中研究者和被研究者之间必须首先建立平等、信任的对话关系。只有在此前提下,被研究者才会想说,多说,无话不说,研究者才能探究到一个真实、真诚、自由的心灵世界,搜集到各种真实的材料,梳理出叙说者的实践经验,建构起完整的教育故事,从而实现教育实践和教育理论的某种契合。

(四)准确的定位

在教育叙事研究过程中,研究者既是所叙故事的局内人,又是局外人。说研究者是局内人,这是因为其本人可能就是故事的主人公、当事人。说研究者是局外人,这是因为其叙述的是他人的故事,研究者本人未参与到故事中。在研究过程中,研究者必须以局内人的身份"进入故事",挖掘教学现场当时的"内在真实",展示故事的本来面貌。同时还要以局外人的身份对故事进行审视、拷问和反思,思索其中的真实意图,不断树立自己对于教学的理解和认识,挖掘出其中的实践智慧。应该说,这种局内人与局外人的身份,并不是僵化生硬的,有时候可以进行灵活的转化,从而使研究者在不断的视角转换中贴近教学的真实,更好地促进已有经验和理论与教育教学实践的融会贯通,促进专业化水平的提升。

三、教育叙事研究的优缺点

(一)教育叙事研究的优点

1.适用于个体或小样或事件的研究

布鲁纳把叙事研究以外的研究形式统称为范式研究(paradigmatic research),虽然范式研究也能进行意义阐释,但由于它追求形式化、数学体系式的意义解释系统,运用的只是分类法或概念化的方法并以价值中立式的科学化语言,进行普遍意义的解释,而置个体性的、情境性的、偶发的特殊事件等不顾,因此它无法适用于对个体或小样本群体或事件的研究,而这正是叙事研究的专长,叙事研究的不可或缺性正在于此。如布鲁纳所言,叙事研究的不可或缺性在于能够弥补范式研究只能以价值中立式的科学化语言进行普遍的意义解释而无法适用于个体或小样或事件的研究。由此可见,教育叙事研究成为教育研究中一种新兴的质性研究方式,并不是否定教育领域中以前的范式研究,只是在以往范式研究难以企及的地方,弥补范式研究之不足,发挥自己的特色。叙事研究只是既往教育研究方式的补充、丰富,而非教育研究的转向。

2. 真实、可信而且富有"情趣"

由于教育叙事研究重视教育事件的丰富性、形象性和复杂性,教育叙事往往采用"深描"的写作方式。"深描"即教师比较详细地介绍教育问题或教育事件的发生与解决的整个过程,留意一些有意义的具体细节和情境,在叙事研究的报告文本中引入一些"原汁原味"的资料,比如学生的作品、学生的日记、某位学科教师对这位学生的评价、隐藏在学校建筑中的语言等。这种"深描"使叙事显得真实、可信而且富有"情趣"。

(二)教育叙事研究的缺点

1. 小样本往往只有一个到几个参与者

研究成果的典型性、代表性经常被人质疑,也无法回答普遍性问题。

2. 时间长

对个案进行深入研究,取得丰富资料要花费相对多的时间。对于事物繁忙的幼儿教师来讲参与比较困难。

3. 评定难

叙事研究相对客观性的标准目前还在探讨中,借鉴的典型研究较少。幼儿教师相对封闭的专业生活习惯和缺乏自觉反思的意识也会影响叙事研究的开展。

4. 对研究者具有很高的要求

教育叙事研究一方面要求研究者深入了解某一教育实践现象,另一方面又要有足够的理论视角,只有这样,在叙事的过程中,才知道如何组织事件,组织起来表达什么理论主题。同时,叙事研究中,研究者必须以对话者、倾听者身份同时与三种声音,即叙事者的声音、为解释提供概念和思考工具的理论框架、对材料所做结论的自我评价与反思进行交流。要求研究者"贴近""身处"教育实践,还要有必要的教育理论作为内隐的支撑,否则教育叙事难以避免"叙事越叙贫庸"的结局。

本章概念

叙事;叙事研究;教育叙事研究;现场文本。

推荐进一步阅读文献

[1] 王莹莹.幼儿家庭艺术教育叙事研究[D].西安:陕西师范大学,2014.

[2] 周玲玲.幼儿教师如何写好教育叙事[N].中国教育报,2013-11-10(3).

[3] 吴宇.以教育叙事研究为切点促进幼儿教师专业发展[J].黑龙江教育学院学报,2012(9).

[4] 时松.一位高校学前教育专业男生职业生涯规划的教育叙事研究[D].长春:东北师范大学,2011.

[5] 杨宁.叙事:幼儿教育的基本途径[J].学前教育研究,2005(Z1).

[6] 易凌云,庞丽娟.在"亲历"中成长——一位幼儿教师个人教育观念的叙事研究[J].学前教育研究,2005(2).

问 答 题

1. 简述叙事研究的特征。
2. 简述教育叙事研究的内容。
3. 教育叙事研究的操作步骤有哪些?
4. 幼儿教师如何做教育叙事研究?

操作训练

撰写一份"我"在幼儿园的见习或者实习的教育叙事研究。

第三篇

撰写篇

本篇主要对开题报告和结题报告、学位论文的撰写方法及各自的使用、注意事项进行了较为细致的介绍。其中,第十一章开题报告的撰写详细介绍了开题报告的概念、意义和格式,开题报告的撰写要点及注意事项。第十二章研究资料的分析与结果的呈现详细介绍了研究报告和论文的概念、格式和内容,研究报告和论文撰写的要点及注意事项。为了帮助学习者对本篇内容更深入地学习领会,本篇每章的后面部分均配有相应的示范材料、延伸阅读材料和操作应用题目供大家进一步深入学习。

第十一章

开题报告的撰写

导 读

到底该用何种研究方法

有位本科同学在参加本科开题报告的时候,谈到应用研究方法之际,说到其研究应用了文献研究法、观察法、调查法、实验法、内容分析法、测验法等,结果开题专家询问他:"你到底用哪种研究方法?"该同学彻底懵了,难道我写的不是研究方法吗?

思 考

1.该同学这样的写法和开题说法有问题吗?

2.你在申请大创课题、勤助课题时遇到过哪些趣事?有过什么经验和教训?

抛砖引玉

可以考虑:①开题报告的概念;②开题报告的内容;③开题报告撰写注意事项;④开题报告的意义;等等。

第一节　开题报告概述

一、开题报告的含义

开题报告是指学前专业本科生在确定选题后,关于如何开展研究的一个"详细计划书",即对该选题为什么要研究、研究什么、如何研究以及开展研究所具备的条件等做进一步说明的一种文字体裁。

本科学位论文开题报告是论证研究课题的形式之一。一项正式的研究课题往往需要通过开题报告进行论证。学前教育专业本科论文开题报告是提高本科论文研究质量和水平的重要环节,它既是本科生描绘的整个论文研究的"蓝图",也是今后对论文研究进度、质量进行检查和把关的标准与依据。

二、开题报告的特点

(一)"5W"一个不能少

开题报告一般包含 why、when、who、where、what 5 个要素,分别通过综述、研究目的、关键技术、可行性分析和时间安排等五个方面来表述。

（二）言简意赅，表述清晰

由于开题报告是用文字体现的论文总构想，因而篇幅不必过大，但要把计划研究的课题、如何研究、理论适用等主要问题写清楚。

（三）表格式对应填写

开题报告一般为表格式，它把要报告的每一项内容转换成相应的栏目，这样做，既避免遗漏，又便于评审者和导师一目了然，把握要点。

三、撰写开题报告的意义

（一）为高质量完成毕业论文奠定良好的基础

本科生开题报告的内容主要包括：说明论文选题的来源及其理论意义和应用价值，阐明国内外研究的进展概况，论证研究起点的先进性，提出总体设计方案，论证技术路线及技术条件的可行性。同时，还对自己论文写作时间安排进行简要说明。开题报告一般由各学校自行安排，由本科生提供评价的内容，以便于指导老师评议，是后面提高选题质量和研究水平的重要环节。

（二）有助于论文选题者理清研究思路，把握研究方向

通过撰写开题报告，使研究者进一步明确课题提出的依据、课题研究的意义与价值、研究的目标与内容、研究的方法等，有利于理清研究的思路。同时，这些内容为研究者后续的课题研究搭建了合理的研究框架，对后续研究工作的顺利开展起着关键作用，它可以避免研究者在研究中偏离主题，保证研究工作按照计划有条不紊地进行。

第二节　开题报告的基本格式及填写要点

开题报告的格式虽然不是绝对的，但其常见的格式基本稳定，主要包含7方面内容：

一、选题的缘由与意义

开题报告的撰写首先是从选题的缘由、意义开始的，撰写时要实事求是。

（一）交代清楚研究课题产生的基本背景

选题的缘由一方面可论证本研究选题的地位和价值，另一方面可显现出研究者对选题的研究是否有较好的把握，又可以使评审者对课题有概括的了解。

（二）从实践意义和理论意义两方面阐述研究课题的选题价值

实践意义是指研究该题目所设计的问题和内容能最终为相关决策部门或相关教育实践提供有效的决策参考或行动依据，理论意义是指研究该题目所涉及的内容能为完善理论所作的贡献。如关于"城乡幼儿教师工作价值观的比较"研究，实践意义是研究城市和乡村幼儿教师工作价值观的异同，以期为城市和乡村幼儿园教师的管理和职业规划，以及促进城乡幼儿园教师教学效能感的提高提供一定的参考；理论意义是进一步完善"教师工作价值观"相关理论知识。

在选题缘由及意义的撰写中,首先,将你感兴趣的研究现象置身于现实背景中考察,即概括地介绍问题,然后通过聚焦逐渐提出需要研究的问题,凝结为自己的研究题目;其次,进一步论证该题目所涉及的问题是不是现实急需研究和解决的问题。如果是,就要论述解决这些问题有哪些现实意义,如对解决教育实际问题或回答教育理论问题有什么意义,对教育的改革和发展会有什么贡献。实践意义论述之后,就要进一步论述研究这些问题有没有相关的理论支撑,如果没有或者不完善,就需要论证研究这些问题在理论上能作出哪些贡献。

延伸阅读 11－1

论证选题的实践意义和理论意义的逻辑

论证选题的实践意义和理论意义的逻辑一般是:研究对象→现实背景→现实问题→聚焦为研究题目(选题)→现实是否急需研究(如是则说明其研究的重要现实意义)→解决它有没有成熟的理论支撑(如无则说明其重要的理论意义)→学术界的研究状态(如果存在不足,有研究的剩余空间,说明该选题有重要的学术价值)。

二、国内外相关研究现状述评

国内外相关研究现状述评是针对本课题收集整理国内外的研究情况,属于文献综述的一种,为国内外相关研究现状述评提供参考。

(一)文献综述的含义

文献综述是研究者在对与自己研究内容相关的某类专业文献资料进行阅读、选择、比较、分类、分析和综合的基础上,列举他人的研究成果,阐述他人的研究结论对自己开展课题研究的启示、依据等,或发现他人研究尚未解决的问题,从而为自己的选题找到视角、理论支撑和依据。

(二)文献综述的作用

(1)可以避免无根据的研究和对以往已做过的研究的过度重复。

(2)有助于掌握现阶段相关理论成果和确定新的前沿领域。

(3)为研究思路和研究方法提供指导,如:如何处理遇到的难题、数据来源、研究者尚未想到的其他研究方法。

(4)可揭示对问题的概念分析。

(5)为研究者自己的研究假设提供基础。

延伸阅读 11－2

收集文献的两个要求

1.文献种类权威性和代表性

文献是国内外权威性学术期刊发表的学术论文和知名学者的学术性专著,不能将教材、报纸、网络等大众化文献作为文献综述的材料。

2.注重文献的质量

文献质量通过文献的权威性、代表性、前沿性和时空分布的均匀性等体现出来。

(1)权威性。

权威性指文献在学术界影响较大、被引用的次数较多,其学术水平在学术界具有领先地位。

(2)代表性。

代表性指文献在符合权威性的假定下,能在同类文献中体现较高的学术水平,从而能代表同类文献的学术水平。例如,在同一时代,我们查找到某个主题二三十篇权威性的文献,我们没必要对所有的文献进行评述,只需要选出其中的5~10篇最具有代表性的文献来进行评述。

(3)前沿性。

前沿性指文献所研究的内容是目前学术界最关心的热门话题,或是在本学科领域中尚未研究清楚的内容,具有时代新颖性。这就要求我们在搜集文献时,一定要搜集到最近、最新的能体现本领域学术界最高水平的文献进行评述。

(4)时空分布的均匀性。

时空分布的均匀性指在文献综述中,要求从最早时代的一篇文献开始,以后每个时代都需要几篇具有代表性的文献,以全面地反映学术界的研究进展。

(三)文献综述的写作步骤

1.收集文献

(1)文献分类。

按照文献在传递知识、信息的质和量方面的差异,文献可以分为一级文献、二级文献、三级文献。

一级文献是人们直接以自己的生产、科研、社会活动等经验为依据生产出来的文献,也叫原始文献,如报纸、图书、期刊、会议文献、科技报告、档案材料等。其中图书包括名著、一般性专著、编著、教科书、科普读物和资料性工具书,是我们经常查阅的一次文献。

二级文献是将大量分散、凌乱、无序的一级文献进行整理、浓缩、提炼,并按照一定的逻辑顺序和科学体系加以编排存储,使之系统化,以便于检索利用,如书目、索引、检索性文摘等,二级文献是第二手资料。

三级文献是包括自己观点在内的资料,是通过对大量文献资料进行综合、分析、研究而编写出来的文献,如专题综述、评述、年度总结、进程报告等。

(2)文献收集的方法。

①直接法。

直接法是直接利用检索工具(系统)检索文献信息的方法,这是最常用的一种文献搜集方法。

②追溯法。

一般每一篇文献后都附有参考文献,对参考文献进行追查而获取信息资料来源,称为追溯法。它是一种非常简便的扩大资料来源的方法,因为作为参考文献的文献,同样也有参考文献,所以还可以进一步追查,像滚雪球一样,不断追溯下去,这样获得的相关文献会越来越多。

③综合法。

综合法即综合使用各种文献检测的方法。比如对直接法和追溯法综合利用,就是综合法的一种表现。

2. 批判性阅读分析文献资料

文献综述通常重点解决三个问题:一是前人在此问题上做了哪些研究,得出了什么结论;二是前人研究的不足,留下了什么研究的空间;三是前人的研究对于自己研究有什么启发。

3. 文献综述撰写中的注意事项

(1)引用的文献要具有代表性、可靠性和科学性。

(2)要有一定的逻辑性,不能太松散。

(3)在评述时不能刻薄尖酸,应该用客观的语态,以尊敬的、学术性的语气评价,尤其在批评前人不足时更应该如此。评价一定是对原文献的评价,不能从二手材料来判定原作者的"错误"。

(4)文献综述要有简要的总结,表明前人为该领域打下的工作基础。要围绕主题对文献的各种观点作比较分析,而不是简单地、教科书式地汇总、陈述。文献综述结果要说清前人工作的不足,衬托出做进一步研究的必要性和理论价值。文献综述应包括综合提炼和分析评论双重含义。

(5)所引用的文献应是一次文献,不能只根据摘要即加以引用,更不能引用二次文献。

(6)文献综述是建立在他人的劳动成果之上的,如果采用了文献中的观点和内容,应注明来源,如果是模型、图表、数据应注明出处。因此,从他人文章中获得的,不论是观点,还是资料,不论是原话,还是自己提炼出来的,均需要标注,否则就是抄袭。

延伸阅读 11-3

好文献综述的 16 条标准

(1)对资料进行分析和综合;

(2)比较和对照不同作者对某一问题的观点;

(3)把持有相同结论的作者放在一起;

(4)对方法论部分进行批判;

(5)留意观点之间的分歧;

(6)突出经典研究;

(7)突出研究中的差距;

(8)说明你的研究与以往研究之间的联系;

(9)说明你的研究与文献之间的整体关系;

(10)总结文献,得出你自己的结论;

(11)对你正在研究的问题进行定义和限制范围;

(12)为你的研究提供历史的延续性;

(13)消除对已经研究过的知识进行再次研究的需要;

(14)评估有潜力的研究方法;

(15)帮助我们在正在研究的领域中构建起已有的知识体系;

(16)将你的发现跟以往的知识联系起来,并为以后的研究提供建议。

三、研究目标、研究内容和拟解决的关键问题

(一)研究目标

研究目标是指研究者在开题报告中针对研究问题而设定的,并通过课题研究最终要完成的内容和达成的愿望。它通常由一个总目标和一组具体目标构成。总目标是研究的中心目标,它陈述研究的主要目的。对总目标的陈述越简明、准确,其作用越好,一般用一句话就可以陈述总目标。而具体目标是对总目标的分解,它是一组有助于实现总目标的子目标,通过达到具体目标,使总体目标部分或全部得以实现。有时,也需要对具体目标的综合结果进行分析,看能否有助于实现总体目标。

(二)研究内容

研究内容回答的是本课题需要具体研究哪些内容,是对课题研究目标的细化表述。开题报告对课题研究内容的定位是:课题研究的主要内容及框架,每项研究内容具有相对独立性;可能有的创新点;需要重点解决的问题;研究内容要新颖、简明、具体和适度。研究内容要按照一定的逻辑顺序逐一表述,可适当展开,语言应简要、准确。

(三)拟解决的关键问题

拟解决的关键问题是指开题者预先设想的、将要在论文中证明的某一个新的理论问题,或某一个新的技术问题,或某一个新的方法问题,以及开题者对这个问题的基本观点。填写此栏目,要求研究者用明确、具体的文字把论文研究中的研究重点和主攻方向表述出来;说明本课题各部分的研究都是为了解决这些关键问题而展开的,而解决了这些关键问题,就将得到预期的研究成果。

拟解决的关键问题不能太多,否则就有可能导致主攻方向不明确,会在论述过程中遇到种种困难,或主次不分,或观点冲突,或逻辑混乱。所以,对于学位论文来说,拟解决的关键问题最多不超过两个。

四、主要研究方法、技术路线及可行性分析

(一)研究方法

研究方法是研究者在开展课题研究时所使用的工具、技术和手段。正确的方法是深入认识事物的本质,揭示其客观规律的保证,是获得准确可靠的研究结论的重要保证。研究方法的选择是建立在对研究问题深入了解的基础之上的。在前面几章的论述中,详细描述了一些定量和定性的研究方法,在研究设计阶段,研究者要综合前人在做类似课题时所使用的方法,在此基础上有所改进或创新,找到适合本课题的研究方法。

开题报告填写研究方法栏目时,一定要交代具体、可行和可供读者操作的研究方法。方法是否适当,依赖于问题和研究目标,这需要研究者首先在阅读文献资料的基础上,对相关研究方法进行述评,然后对自己所选择的研究方法进行讨论,重点说明为什么选择这一方法,还要

指出所选研究方法的局限性;随后应该详细描述如何使用所选定的研究方法进行研究。例如,在实验性论文中,应当说明实验的环境条件要求、实验设计方法、材料的选取、处理和对照的设置、分析测定指标和测定方法、数据统计分析方法等;在实证性论文中,通常应说明所要检验的研究假设、研究中的变量、研究样本的选取、数据的收集过程、如何进行数据分析等。总之,研究方法要明确,操作过程要具体,方法的选择以及数据的搜集和分析要适合论文的研究目标,要将论文各部分使用的具体研究方法详细地交代清楚,以便开题专家委员会为研究方法进行严格把关,并提出宝贵的修改建议。

(二)技术路线

技术路线是指研究者所设计的课题要遵循的具体研究步骤和研究程序,它将逐步详细描述研究问题将要做什么、如何做以及为什么这样做,包括研究过程中各个步骤的次序,对数量估计技术、分析方法、预备搜集的数据,以及如何获得和处理数据做出详细的说明。

技术路线一般需要用逻辑图形经典化地显示出来(见图 11-1)。需要指出的是,技术路线图的内容可根据不同的题目来具体设定,形式可以多种多样,没有固定的格式。

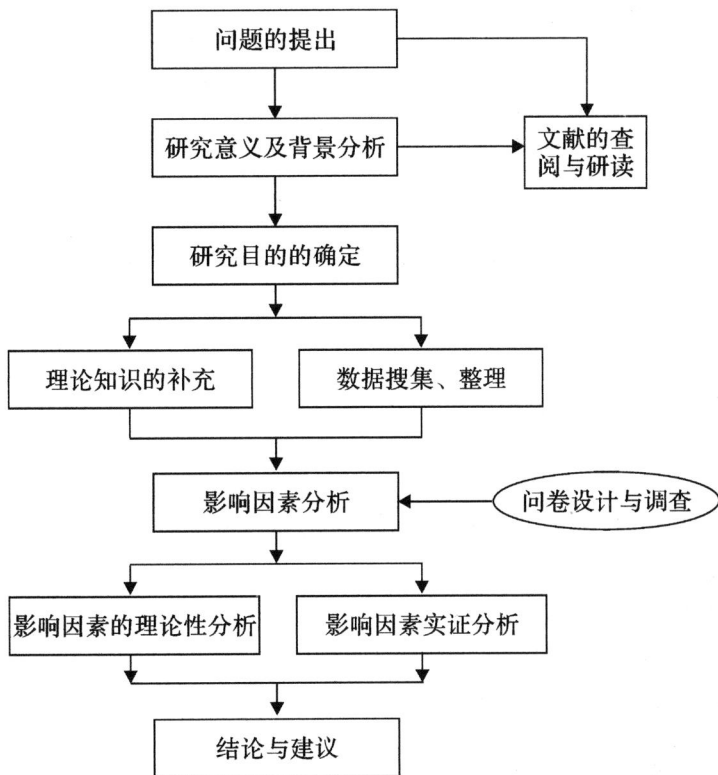

图 11-1 技术路线图示意

(三)可行性分析

可行性分析是对研究课题的总体设计方案及研究者具备的研究条件进行客观分析,比如研究问题是否具体可行、研究方法是否恰当、时间是否充足、资源是否有保障。在开题报告的撰写中,要列举出研究者在研究过程中可能遇到的困难,以及克服这些困难的解决方案。如果问题得不到解决,可能就会影响研究结果的准确性和可信性,开题报告就不能通过。

五、课题的创新之处和可预期的创造性成果

(一)课题的创新之处

创新是研究的生命和灵魂,可以体现在理论、研究方法、观点、研究技术、政策建议等方面,目的是表明这项研究不是简单地重复别人的研究工作和成果,而是进行新的创造,这也是课题研究的最突出的价值或意义所在。在开题报告中,创新点只能做预测性地填写,主要陈述独创性的研究内容将体现在哪些方面,并交代在本课题中将如何创新。

延伸阅读 11－4

学位论文创新撰写的主要内容

①发现新现象、新事实;②建立新概念或是对概念的新界定;③提出新观点、采用新视角;④对原有结论或实践方法的新论证;⑤补充新的论证材料、解释新的客观信息;⑥新方法的提出和应用;⑦新工具、新手段的发明和采用;⑧建立新(理论)体系,形成完整易用的系统。

任何研究创新应包括上述创新因素的一种或几种,否则该研究就不具有创新性。

(二)预期的成果

在科研项目立项申报书和开题报告中,要说明课题研究结束后,可能会取得哪些成果。学术上的成果主要包括学位论文、学术论文、研究报告、专著等。在开题报告中,还需要讨论这些成果有哪些可能的应用价值,可能的情况下还需要对其产生的社会效益做出预测评价。

六、课题研究的保障措施

课题研究的保障措施是对课题研究顺利开展并取得预期成果所需条件的分析与承诺,主要包括研究基础、研究保障等内容。研究基础应写明课题组成员完成的相关研究课题及取得的成果情况,研究保障主要写明该课题研究所需的文献资料、设施设备、时间、制度、学习培训及经费等条件和保障情况。在学位论文开题报告中,主要填写与学位论文研究有关的工作积累,包括已经取得的科研成果、已具备的研究条件和资料、存在的问题与解决方法等,以确保有足够的能力、时间和条件完成课题的研究。

七、列示主要参考文献目录

列示参考文献是将选题及撰写开题报告过程中所查阅的参考资料逐一列示出来。为了反映研究的科学依据及研究的基础,尊重他人的研究成果,向读者提供有用的信息,在开题报告后须列示出主要参考文献。

(一)参考文献书写格式

参考文献书写格式应符合《文后参考文献著录规则》(GB 7714—2005)。常用的参考文献编写项目和顺序规定如下:

1. 著作图书文献

[序号]作者.书名[文献类型标志].版次(第一版不著录).出版地:出版者,出版年:引用部分起止页码.

如:[1]陈时见.教育研究方法[M].北京:高等教育出版社,2007:223.

2. 学术期刊文献

[序号]作者.文章名[文献类型标志].学术刊物名,年,卷(期):引用部分起止页码.

如:[1]杨荣炎,张强.扬起创新的风帆——谈本科毕业论文创新[J].北京电子科技学院学报,2002,(12):35.

3. 学位论文参考文献

[序号]研究生名.学位论文题目[文献类型标志].保存地:保存单位,答辩年份:引用部分起止页码.

如:[1]柳多利.面向对外汉语教学的现代汉语比较句研究[D].北京:北京大学,2005:51-53.

4. 论文集参考文献

[序号]论文集作者.文章名[文献类型标志].编者.论文集名称,出版地:出版者,出版年:引用部分起止页码.

如:[1]辛希孟.信息技术与信息服务国际研讨会论文集:A集[C].北京:中国社会科学出版社,1994:22-30.

5. 电子文献

[序号]作者.文章名[文献类型标志].电子文献的出版者或可获得地(网)址,发表或更新日期/引用日期(任选).

如:[1]中华人民共和国教育部.关于做好全日制硕士专业学位研究生培养工作的若干意见[EB/OL].http://www.moe.edu.cn/publicfiles/business/htmlfiles/moe/s3493/201002/xxgk_82629.html,2009-03-19/2016-04-09.

(二)参考文献类型及其标志代码

根据国家标准《文献类型与文献载体代码》(GB 3469—83)规定,以单字母方式标识各种文献类型:期刊[J]、专著[M]、学位论文[D]、论文集[C]、专著和论文集中的析出文献[A]、报纸文章[N]、报告[R]、专利[P]、标准[S]、其他未说明文献[Z];以双字母方式标识各种文献类型:数据库[DB]、计算机程序[CP]、电子公告[EB];非纸张型载体电子文献,在参考文献标识中同时标明其载体类型:联机网上的数据库[DB/OL]、磁带数据库[DB/MT]、磁盘软件[CP/DK]、光盘图书[M/CD]、网上期刊[J/OL]、网上电子公告[EB/OL]。上述不同类型的参考文献标志代码见表11-1。

表 11 - 1　参考文献类型及其标志代码(GB/T 7714—2005)

文献类型和标志代码			电子文献载体和标志代码		
文献类型	标志代码	英文全名	载体类型	标志代码	英文全名
普通图书	M	Monograph/major work	磁带	MT	Magnetic tape
会议论文集	C	Conference proceedings/Collected papers	磁盘	DK	Disk
报纸	N	Newspaper article	光盘	CD	CD - ROM
期刊	J	Journal article	联机网络	OL	Online
学位论文	D	Dissertation			
报告	R	Report			
标准	S	Standard			
专利	P	Patent			
析出文献	A	Article from anthology			
其他文献	Z				
数据库	DB	Database			
计算机程序	CP	Computer program			
电子公告	EB	Electronic bulletin board			

第三节　开题报告撰写的注意事项

开题报告是研究者描绘的整个课题研究的"蓝图",也是今后对课题研究的进度、质量进行检查和鉴定的标准与依据。如果开题报告写不好,就无法发挥其应有的指导作用。所以,重视开题报告的撰写,对于成功完成课题的研究工作至关重要。在撰写开题报告时,应注意以下几个问题:

一、选题要科学、恰当

题目的选择是研究工作或学术论文写作的开端,研究题目规定着研究的总体目标和具体内容,也决定着研究过程中采用什么样的研究方法和手段。好的选题要符合这样几个标准:选题有研究意义和价值,符合专业培养目标,具有新颖性和前瞻性,研究边界清楚、研究范围或内容适宜,具有研究的可行性。

延伸阅读 11 - 5

选题应该注意的两个问题

1.题目宜小不宜大

题目过大是指所选的题目超过了学位论文的容量限制,或超过了作者的研究能力,例如选题为"幼儿园课程评价研究",这个选题中的"幼儿园课程"就涉及幼儿园健康、语言、科学、社会、艺术五大领域,范围太广,研究内容宽泛,很难深入研究。可以从小处入手,选择某一领域下的某一个感兴趣的话题,扎扎实实做下去。

2.要避免盲目性

在选题之前,一定要先熟悉前人做了哪些研究,通过文献查阅或请教老师、专家,了解所选题目的研究进展情况,达到了什么样的水平,存在什么样的问题和薄弱环节,从而避免选题过旧。另外,也要避免所选题目过新。选题过新是指题目超出了本学科领域内的理论与技术水平的发展,以目前的理论知识、技术水平、仪器设备、研究基础等条件,尚无法完成课题的研究任务。这种题目虽具有前沿性,但是不具备现实可行性,因此,也具有一定的盲目性。

二、研究视野要宽广、具有前瞻性

研究者不仅要对本专业领域的理论知识熟练掌握,也要关注相关人文社会科学领域的前瞻研究。尤其是现代社会自然科学与社会科学日益渗透、融合,各种综合性、交叉性的学科应运而生,可以研究的"空白点"也越来越多。因此,选题时思路要打开,视野要宽广,不要一味总结前人观点,而缺乏创新性。

三、文献综述要有述、有评

撰写文献综述时,最普遍的问题就是过多地堆砌文献,而少于对自己的研究工作介绍,只简单地罗列别人的看法,却缺乏对这些研究的述评乃至综合的分析。出现这种情况的原因是研究者对文献的研读不够深入、对研究背景的了解不够透彻、对研究方向上国内外的具体进展情况了解不够全面。因此,要想写好文献综述这一部分,首先要掌握大量"全"面的文献进行细细研读,从不同的角度分析文献,比如分析研究的理论支撑、考察研究方法的运用、分析研究的结果等,无论着眼于什么,总要与自己的研究目的相一致,客观地评述文献的贡献与不足。

四、研究方法要确切、可操作

研究方法是开题报告的重要内容之一,如果在表述研究方法时一笔带过,这样评审老师就难以给出研究方法的切实指导和建议。如果缺乏确切的、可操作的研究方法,就会使研究进度滞后,甚至无法开展研究工作。因此,首先从思想上应该重视,要掌握研究方法各方面的知识,然后在研究设计时具体问题具体分析,灵活地使用各种方法。

五、格式要严谨、规范

(一)书写体例要规范

开题报告的书写体例一般可以分为两种:一种是英文体例:1,1.1,1.1.1,每项都顶格,(1)

或①可用于段落内;另一种是中文体例:一,(一),1.,(1),①(或用于段落内),每项前应缩进两格。同一篇文章中不应同时并用两种体例,在教育类论文中我们一般选用中文体例。

(二)图表、数字、标点符号要规范

(1)表格一般采用三线表的规范格式,即全表只有 3 条主线,分别称为顶线、栏目线和底线。表序和表题在顶线上方居中书写。

(2)插图包括各种统计图(直条图、圆面图、线条图等)、示意图、结构图、流程图、照片等,其中统计图最为常见。与表格相反,插图的图序和图题排在图的下方居中。

(3)计数的数字,包括整数、小数、分数、百分数、比例和某些概数,不论其处于数据表、坐标图还是叙述性文字中,都要用阿拉伯数字。

(4)标点符号是辅助文字记录语言的符号,用来表达停顿、语气以及词语的性质与作用。需要注意的是,参考文献的序号一般使用方括号;标点符号不能写在行首;各级标题、图序、表序、图题、表题、公式后面都不加标点符号。

(三)语言表达要规范

注意学习使用科研论文特有的科学语言,行文应简练,文字应朴实,不可过于烦琐,不可使用过分夸张虚实、感情色彩过分浓重的文学语言,避免口语化。注意避免平时用惯了的简化词,要用规范书面语。

延伸阅读 11－6

毕业论文开题报告提纲和主要内容

一、毕业论文开题报告提纲

(一)开题报告封面:论文题目、系别、专业、年级、姓名、导师

(二)目的意义和国内外研究概况

(三)论文的理论依据、研究方法、研究内容

(四)研究条件和可能存在的问题

(五)预期的结果

(六)进度安排

二、毕业论文开题报告主要内容

(一)开题报告封面

论文题目、系别、专业、年级、姓名、导师

(二)论文的背景、目的和意义

1.论文的背景

2.理论意义

3.现实意义

本部分目的要明确,充分阐明该课题的重要性。

(三)国内外研究概况

1.理论的渊源及演进过程

2.国内有关研究的综述

3.国外有关研究的综述

本部分应结合毕业设计题目,与参考文献相联系,是参考文献的概括。

（四）论文的理论依据、研究方法、研究内容

要求本部分思想明确、清晰,方法正确、到位,应结合所要研究内容,有针对性。

（五）研究条件和可能存在的问题

（1）

（2）

（3）

（六）预期的结果

（七）论文拟撰写的主要内容

（论文提纲）

前言

　　一、

　　　（一）

　　　（二）

　　　（三）

　　　……

　　二、

　　　（一）

　　　（二）

　　　（三）

　　　……

　　三、

　　　（一）

　　　（二）

　　　（三）

　　结论

（八）论文工作进度安排

本部分内容要丰富,不要写得太简单,要充实,按每周填写,可2～3周,但至少分5个时间段,任务要具体,能充分反映研究内容。

（九）参考文献

本章概念

开题报告;文献综述。

推荐进一步阅读文献

[1] 朱旭东.学位论文开题报告研究[J].学位与研究生教育,2010(1).

[2] 李润洲.走出开题报告撰写的三个误区——一种教育学的视角[J].学位与研究生教

育,2014(2).

[3] 王富.中小学生实验活动与实践能力关系的研究开题报告[J].中国教育技术装备,2009(20).

[4] 鄢显俊.硕士论文开题报告常见问题分析——兼论学术研究的问题意识和学理意识[J].研究生教育研究,2013(6).

[5] 辛逸,黄延敏.开题报告质量控制的程序与要素[J].中国高教研究,2010(5).

[6] 李德煌,阮秀华.谈科研课题开题报告的撰写[J].福建教育学院学报,2004(1).

问答题

1.什么是开题报告?开题报告的功能有哪些?

2.如何才能写好文献综述?

3.撰写开题报告时要注意的问题有哪些?

思考与练习

初始开题报告

"灰色管理"地带的民工子弟学校的生存逻辑——兼论不同社会组织的互动分析(拟定)

前言(学术兴趣的缘起)

1.支教的实践经历(校方以教委微词为理由拒绝我们提出的"挂牌"要求)

——思考:学校与政府的互动,如何游走在合理性与合法性之间,达到合法生存的路径分析。

2.南大有关教育公平的论坛

——思考:NGO在其中扮演的角色及起到的作用;其他社会组织的力量;学校在争取合法性的道路上与其他社会力量的互动模式;从传统的差序格局的社会网络到新社会网络的构建。

3.学校社会工作的教学经历

——思考:外在的社会力量是否能起到部分作用,比如社工、学校社工,如何起到桥梁作用,帮助各类资源的配置……

第一章 导论(背景化的描述)

一、问题的提出(民工学校市场化的形成)

农民进城—子女教育—教育制度的漏洞—农民工的经济、家庭、对教育期望等因素分析—空间出现—盈利是支持学校遍地开花的动力之一—学校的生存逻辑—生存模式—与政府、NGO、媒体、同行的关系—网络的建构……

二、文献综述

(1)国内目前有关民工学校的学术进展概述(研究的角度、内容等);

(2)国家与社会;

(3)灰色理论/韦伯:形式合理性与实质合理性;

(4)社会资本与社会网络(关系的构建与网络的形成,资源的获得等)。

三、相关概念的界定

(1)民工子弟学校;(2)"灰色管理"模式;(3)生存逻辑……

四、研究假设

五、研究方法:文献法,口述史,个案分析,比较研究,横向比较,纵向深剖……

第二章　(民工学校与不同社会组织的互动,题目待定)

一、互动逻辑之一:与政府部门的交集(中央、教育局、地方政府……)

(1)描述;(2)分析。

二、互动逻辑之二:与非政府主体的交集(NGO、媒体、志愿者)

(1)描述;(2)分析。

三、互动逻辑之三:与其他办学主体的交集(同行,即其他民工子弟学校)

假设:不存在博特所说的社会资本的竞争关系,而是互动、共享关系。

——是否存在资源的互补? 地域的势力? 等等。

第三章　民工学校面临的困境与机遇

一、困境

(1)流动性:学生的流动、校址的流动、教师的流动。

(2)排斥与不适:公办学校吸纳民工学校毕业学生的高门槛(赞助费等)。

(3)文化差异:学生进入公办学校后,一方面存在学业进度的不适,另一方面存在不同文化的适应,进而可能出现心理问题。

(4)学校与家庭的互动不足:家长对子女教育的低期望。

二、机遇

相关政策的出台、NGO的逐步健全……

第四章　结论与讨论

一、民工学校是中国特定的户籍制度、教育制度与城市化进程等多方因素共同作用下的特殊产物。其存在具有一定的长期性。

二、对不同社会组织间的互动模式分析

三、相关建议:对政府/对非政府主体/学校社工的推动/自身

结语

(资源来源:朱志勇,邓猛.教育研究方法(论)的"科学化"抑或"本土化"——兼论学位论文的开题报告[J].教育研究与实验,2006(1):3－4.)

修改后的开题报告

基于 N 个民工子弟学校的生存分析

引言

第一章　导论

一、研究问题的提出(选题意义)

二、国内外研究文献综述(研究角度、研究内容、研究趋势)

三、研究假设与相关概念的界定:①研究假设;②相关概念界定

四、研究的理论支点

五、研究的方法

六、论文结构

第二章　生存背景与生存空间

一、生存背景

学校出现的制度化背景：

（1）二元结构、户籍制度限制教育资源的流动。

（2）义务教育的"缺位"（未包括城市流动人口子女）。

二、生存空间

①市场的需求；②道义的理性：存在合理性、教育的无差别性、教育公平分析；③法律上的地位（三种类别：A.合理合法：作为公办的补充，有正式的办学证；B.合理不合法：非正规的办学，无证；C.不合理不合法：纯粹盈利，卷款私逃）。

第三章　生存价值

一、学校现状

二、功能分析（正负功能）

第四章　生存模式

一、适应性（流动性强，历次搬迁……）

二、自主性（市场经营主体，自我组织、自负盈亏……）

三、互动性（多方社会资本的运用：人脉、人力、财力、物力、精神……）

第五章　生存展望与讨论总结

（资料来源：朱志勇，邓猛.教育研究方法（论）的"科学化"抑或"本土化"——兼论学位论文的开题报告[J].教育研究与实验，2006（1）：6.）

从上面开题报告的相关内容，谈谈如何撰写开题报告。

操作训练

针对学前教育某一主题撰写教育研究开题报告。

第十二章
研究资料的分析与结果的呈现

导读

这只母鸡值多少钱?

有个年轻人很多天没有吃东西了,当他饥肠辘辘地路过一个地方的时候,他发现路边有只母鸡。他立即就把这只鸡抓来,杀掉煮熟给吃掉了。当他正要吃完的时候,这只母鸡的主人,一个老奶奶出现了。老奶奶要年轻人赔偿她损失。年轻人很爽快地答应了,从身上取出了1两银子说:"现在市场上一只鸡平均售价不到1两银子,我看您老人家年纪比较大了,就多给您些吧,按照1两银子给您!"可老人听后很生气,她说:"我全家的唯一的收入就指望这只老母鸡下蛋了。它每天都能够下1只鸡蛋,我可以拿去卖钱。你给我一只鸡的价钱,我用这钱买来的母鸡不一定能够每天都下蛋。如果我从小鸡买来养,还需要很多的时间花费。你怎么能够只给我1两银子?你最少应该给我5两银子!"年轻人和老妇人为了鸡的价格吵了起来,最后他们决定一起去官府,希望官府帮忙给这只鸡定个让双方都满意的价格。

思考

1.如果你是主审本案件的法官,请问你认为这只母鸡值什么多少钱?

2.你从本故事中学到了什么?

抛砖引玉

可以考虑:①平均数的含义;②特殊事件的意义;③对同一数据会有不同的解读;④量与质的处理结合;等等。

第一节　研究资料的分析

一、量的研究资料分析

对于量的研究资料分析主要是基于数学概率论基础上的统计分析,主要有描述统计和推断统计两种。

(一)描述统计

1.描述统计概述

描述统计主要是对资料进行整理、分类和简化,描述数据的全貌以表明研究对象的某些性质。描述统计包括数据的初步整理、数据集中趋势和离散趋势的度量以及相关关系的度量几个方面。描述统计的主要目的是通过统计设计将研究数据进行归纳和分组,通过计算得到各种统计量,使纷繁的数据清晰直观地显示研究对象的特点和规律,以便于进一步的研究分析。

2.常用的描述统计量

常用的描述统计量有:集中量数、离中量数和相关系数。

(1)集中量数。

集中量数是一组数据的平均值,代表着研究对象的一般水平,描述数据的集中趋势和典型特征。集中量数一般有:算术平均数(M)、中数(M_d)、众数(M_o)。通常在 SPSS 统计软件包中,采用打开输入数据文件,点击"analyze"选项下面的"descriptive statistics",再继续点击"descriptives",打开"descriptives"对话框后,选定要描述的变量名称进入"variable"选项框,激活"options"按钮,在打开的对话框中勾选需要的选项,选好后点击"continue"按钮返回,最后点击"ok"按钮,运行程序,即可得到需要的集中量数。

(2)离中量数。

离中量数可以说明集中量数对变量数列的代表性如何:差异量数越小,集中量数的代表性越大。当描述数据的分散情况以及各数据之间差异程度时,就需要运用离中量数和离中趋势。离中量数一般常有的有:方差(Variance,也称变异数、均方,常用 S^2 表示)、标准差(方差的算术平方根,常用 S 或 SD 表示)、差异系数(CV)、全距、四分位差等。在教育研究中也经常用到标准分数 Z 表示一个数据在团体中的相对位置,进行团体间比较。其在 SPSS 中的运行对话框过程与集中量数的过程相一致。

(3)相关系数。

相关指事物、现象之间的相互关系。变量之间的数值叫相关系数,常用 r 表示,其值从 -1.00 到 $+1.00$。相关有正相关、负相关和零相关。在 SPSS 中,计算相关系数时,点击"analyze"选项下面的"correlate",再继续点击"bivariate",打开"bivariate correlations"对话框后,选定要计算两列以上的变量名称进入"variable"选项框,在"correlation coefficients"下面的选项对话框"Pearson"、"spearman"等中根据自己研究需要勾选,选好后点击"continue"按钮返回,最后点击"ok"按钮,运行程序,即可得到需要的相关系数。

(二)推断统计

1.推断统计概述

教育研究不可能对研究的对象全体逐一进行研究,需要从可获取的总体中抽取一定的样本进行研究,然后用样本的统计量去估计总体的参数,这样就产生了样本估计和推测总体等问题。这种采用样本数据所提供信息来推断研究总体情况的统计方法,称为推断统计。推断统计是对概率论的应用,它主要考察三种差异:第一,测量值与真实值的差异;第二,数据中不同来源的变异对总变异影响的差异;第三,总体和样本之间的差异。

2.推断统计的主要内容

推断统计主要包括两方面:总体参数估计和假设检验。

(1)总体参数估计。

总体参数估计分为点估计和区间估计两类。点估计就是在总体参数未知时,用一个特殊的样本统计量估计总体。区间估计指用一个置信区间估计总体参数。它是从点估计值和抽样标准误出发,按给定的概率值建立包含待估计参数的区间,其中这个给定的概率值称为置信度。区间估计的基本计算思想都相同,首先必须根据置信度计算出标准误,然后根据下列公式计算出区间,计算公式为:

$$A \pm Ba S_E$$

式中:A 为样本统计量;Ba 为分布形式,如 Z、t、χ^2 等;S_E 为统计样本量的标准误。

(2)假设检验。

在检验研究中,根据已有理论或者研究假设做出的统计假设 H_1 称为备择假设,与之对立的假设称为虚无假设 H_0(也称为零假设)。研究者通过对 H_0 进行统计检验,决定是接受还是拒绝 H_1 的过程便是假设检验。假设检验建立在概率论基础上,通过检验拒绝在一次抽样研究中出现的小概率事件的不可能的虚无错误。常常把概率小于 0.05 或 0.01 的事件称为"小概率事件",这个概率也称为显著性水平。

延伸阅读 12-1

假设检验的基本步骤

第一步:建立假设,确定检验水准 α。

假设有零假设(H_0)和备择假设(H_1)。如果拒绝 H_0,就要接受 H_1。根据备择假设不同,假设检验有单、双侧检验。检验水准用 α 表示,说明该检验犯一类错误的概率,通常取 0.05 或 0.10。

第二步:根据研究目的和设计类型选择适合的检验方法。

第三步:确定 P 值并做出统计结论。

在相同自由度的情况下,单侧检验的 t 界值要小于双侧检验的 t 界值。单侧检验更容易出现阳性结论。当 $P>0.05$ 时,接受零假设,认为差异无统计学意义,或者说二者不存在质的区别。当 $P<0.05$ 时,拒绝零假设,接受备择假设,认为差异有统计学意义,也可以理解为二者存在质的区别。但即使检验结果是 $P<0.01$,甚至 $P<0.001$,都不说明差异相差很大,只表示更有把握认为二者存在差异。

(3)常用检验方法。

检验研究中常用的检验方法有 Z 检验、t 检验、F 检验、卡方(χ^2)检验等。

① Z 检验与 t 检验。

对总体正态分布,方差已知的样本的研究数据的平均值进行差异程度检验时,采用 Z 检验或 t 检验。其中样本数大于 30 时,选用 Z 检验;样本数小于 30 时,采用 t 检验。两种检验均分为独立样本检验和相关样本检验。

运用 SPSS 计算独立样本检验时,点击"analyze"选项下面的"compare means",再继续点击"independent-samples T test",打开"independent-samples T test"对话框后,选定要计算的变量名称进入"test variable",将要比较两种水平的变量选进"grouping variable"选项框,单击"define groups"按钮激活对话框,在"use specified values"呈现后分别输入自己设置的变量的两个对应水平的数字,输入好后点击"continue"按钮返回,最后点击"ok"按钮,运行程序,即可得到独立样本检验结果。

进行相关样本检验时,点击"analyze"选项下面的"compare means",再继续点击"paired-samples T test",打开"paired-samples T test"对话框后,选定要计算的变量名称进入"paired variable"选项框,选好后点击"continue"按钮返回,最后点击"ok"按钮,运行程序,即可得到相关样本检验结果。

②F 检验。

F 检验常用于独立样本的方差的差异显著性检验,它属于双侧检验。采用 F 检验时必须满足三个基本假设:第一,总体正态分布;第二,变异可加;第三,各处理内方差一致。

这里仅以单因素完全随机设计数据的 SPSS 运行来说明 F 检验点击顺序,感兴趣的读者可以继续阅读其他相关的教材。在 SPSS 中,点击"analyze"选项下面的"compare means",再继续点击"One-Way ANOVA",打开"One-Way ANOVA"对话框后,将要比较的结果变量选进"dependent list"对话框,将要比较三个水平的变量选进"factor"选项框,单击"option"按钮激活对话框,勾选对话框中"descriptive"中需要的描述数据,再点击方差齐性检验对话框"homogeneity-of-variance",全部选好后点击"continue"按钮返回。需要进行多重比较时,点击"post hoc"按钮,在激活对话框后,选择"bonferroni"(修正的最小显著差数法),点选"s-n-k"和"Duncan"选项。选好后点击"continue"按钮返回,最后点击"ok"按钮,运行程序,即可得到方差分析结果。

③卡方(χ^2)检验。

卡方检验一般用于计数数据的检验,它可以对单组样本、多组样本态度的差异程度进行检验,还可以用于样本方差和总体方差差异检验等。

这里仅以单样本的 SPSS 运行来说明卡方(χ^2)检验点击顺序,感兴趣的读者可以继续阅读其他相关的教材。在 SPSS 中,点击"analyze"选项下面的"nonparametric test",进入后激活"chi-square",进入"chi-square test"对话框后,将要比较的变量选入"test variable list",再点击选择"expect values",激活"values"对话框后在其右侧依次输入自己设定的数值,如果需要指定加权变量,则从"data"进入"weight cases",再继续点击"weight cases by",打开"weight cases by"对话框后,将要加权的变量选进"frequency variable"对话框,点击"continue"按钮返回。选好后点击"ok"按钮,运行程序,即可得到卡方检验结果。

延伸阅读 12-2

多元分析方法

多元分析方法主要有多元回归分析(包括路径分析)、因素分析、判别分析、聚类分析、主成分分析、经典相关分析、多元方差分析和协方差分析、对数线性模型分析、潜结构分析等。多元分析方法的选择举例见表 12-1。

表 12 - 1　多元分析方法的选择举例表

统计方法	因变量类别	自变量类别	一般特征和目的
多元回归分析	连续变量	连续变量最理想,实际可包含各种类型变量	说明一个连续相关变量同若干独立变量间关系的广度、方向和强弱程度
方差分析	连续变量	全部是称名变量	说明一个连续相关变量和一个或多个称名独立变量间关系
协方差分析	连续变量	称名变量和连续变量作控制变量	除与方差分析目的相同外,还可控制一个或多个连续独立变量的影响
判别分类	称名变量	连续变量最理想,实际可包含各种类型变量	确定如何用一个或多个独立变量来区别某一名义相关变量的不同类别
因素分析	连续变量最理想,实际可包含各种类型变量;无明确的独立变量或相关变量;结果中有关因素可作为下一步分析的独立变量或相关变量		用若干变量说明一个或多个新的合成变量
对数线性模型分析	名义变量	大部分是名义变量,有时可是顺序变量	说明一个名义相关变量同若干名义或顺序独立变量间的关系,也可用于仅有相关变量时

二、质的研究资料分析

质的研究获取的资料有两种书面文本,由系统引导的方法(systematic elicitation)产生的单词或词组;自由组织的文本(free-flowing text),如叙述、谈话、开放性访谈问题的回答。对于不同的文本采取的数据分析方法不同。

(一)对系统引导方法产生数据的分析

1.对系统引导方法数据的收集方法

系统引导的方法识别属于一个文化范畴的条目列表(list of items)并确定它们之间的关系。文化范畴包含了一种语言中"属于一类(belong together)"的一系列单词。有些范畴很大而且内容丰富,而另一些范畴相对而言就小得多。有些条目含义相对比较固定,有些则经常变化。对于系统引导方法的数据收集的方法主要有:自由列表(free lists)、配对比较、归堆分类(pile sorts)、三个一组的测试(triad tests)、框架替换。

(1)自由列表。

自由列表指研究者将清单中条目被提及的频率和顺序解释成条目显著性的指标,某些条目在不同的列表中同时出现以及在不同列表中出现相似的条目都可以用来测量条目间的相似性。

(2)配对比较、归堆分类、三个一组的测试。

这3种方法主要用来探究条目间关系。三个一组主要指在三个一组测试中,研究者拿出一系列的三件套物品让每位答题者"选出最相似的两件物品"或"挑出差异最大的一件物品"。配对物品之间的相似性就是人们选择将这两件物品放在一起的次数。

（3）框架替换。

框架替换指研究者让每位答题者将一份清单中的一系列事情中的每个事物和一系列属性连接起来。

2.对系统引导数据的分析方法

研究者利用系统引导数据来建构人们思维的模型。分析这些数据的方法主要包括主成分分析（componential analysis）、分类法（taxonomies）、心智图（mental maps）和对应性分析（correspondence analysis）。

（1）主成分分析。

主成分分析产生出文化范畴中各要素的正式模型，分类法展示出某个范畴中各要素间的层级关系。Bernard(1994)，Bernard & Ryan(1998)认为，主成分分析（或属性分析）是用于研究意义的内容的一种正式的定性研究方法。这种方法是语言学家开发出来的，用以识别将两种声音区别开来的特点和规则，人类学家在 20 世纪 50、60 年代对这种方法进行了改进。主成分分析以有特色的特征为基础，任意两种事物都可以用一些最少组（2^n）的二元特征——存在或不存在的特征加以区分。如用两种特征可以区分四种事物（即 $2^2 = 4$），三种特征可以区分八种事物（$2^3 = 8$），等等。其技巧是用最少的特征去最清楚地描述所感兴趣的范畴。表 12-2 显示出描述马种类只需要三个特征。

表 12-2　对六种马的主成分分析（Andrade,1995）

名称	雌性	阉割	成年
母马	＋	－	＋
种马	－	－	＋
阉割的雄马	－	＋	＋
阉割的马驹	－	＋	－
小雌马	＋	－	－
小雄马	－	－	－

从表 12-2 可以看出，主成分分析产生的是以特征之间的逻辑关系为基础的模型。这些模型不能说明不同人在词语意义理解上的差别。当事物之间关系没有很好地加以定义时，分类法或心智模型可能会派上用场。没有任何迹象表明主成分分析反映了"人们实际上是如何思考的"。

（2）分类法。

分类法也称民俗分类法（folk taxonomies），指在一系列的词语中抓住层级结构，通常以分叉的树形图来表示。图 12-1 是 Erickson(1997)所作研究的分类，描述了临床医生对避孕理解的分类。研究者可以通过使用连续的归堆分类来直接得出民俗分类法，这需要人们不断地对成堆自由堆放的事物进行再分类直到每件事物都找到自己的位置。也可以根据配对比较、归堆分类和三个一组测试得出的相似度的数据进行聚类分析来创建分类模型。分层聚类分析

(hierarchical cluster analysis;Johnson,1967)建立了一个分类树,每件事物只出现在其中的一个集合中。分类法会遇到的问题有:①因为不同的人会提供不同的词语来指同一类事物,因此在民俗分类法中常见中间信息提供者的差异(interinformant variation)。②有时人们无法给某些类别加上标签,它们无法轻易找出来,这些类别即使冠以称谓也可能是模糊不清的,并可能与其他类别重叠。

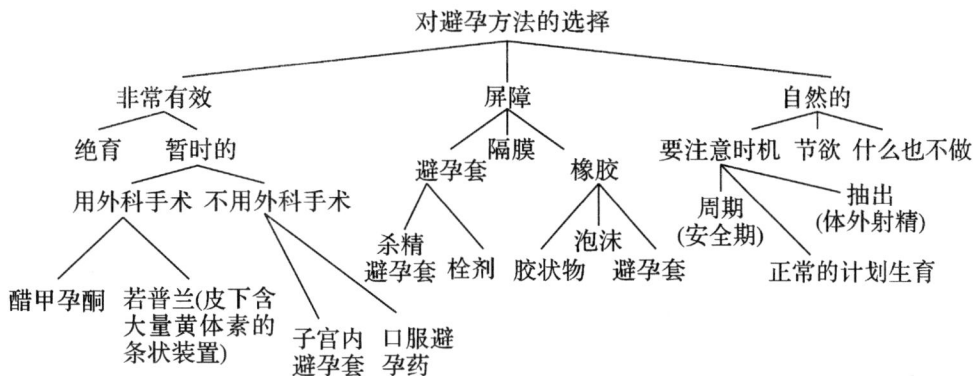

图 12-1 临床医生对避孕法的分类(Erickson,1997)

(3)心智图。

心智图是对事物之间相似性的视觉展示,不论这些视觉是否是按层级关系组织的。Kruskal 和 Wish(1978)认为,制作这些图的一个常用方法就是在一组对象中收集关于认知相似性或差异性的数据,然后将多维定标(multidimensional scaling)或 MSD 运用到相似性分析中。图 12-2 是郭文斌、方俊明、陈秋珠(2011)对从中国知网中查询到的 2000—2010 年的关于自闭症研究的796 篇文献的心智图视觉展示。

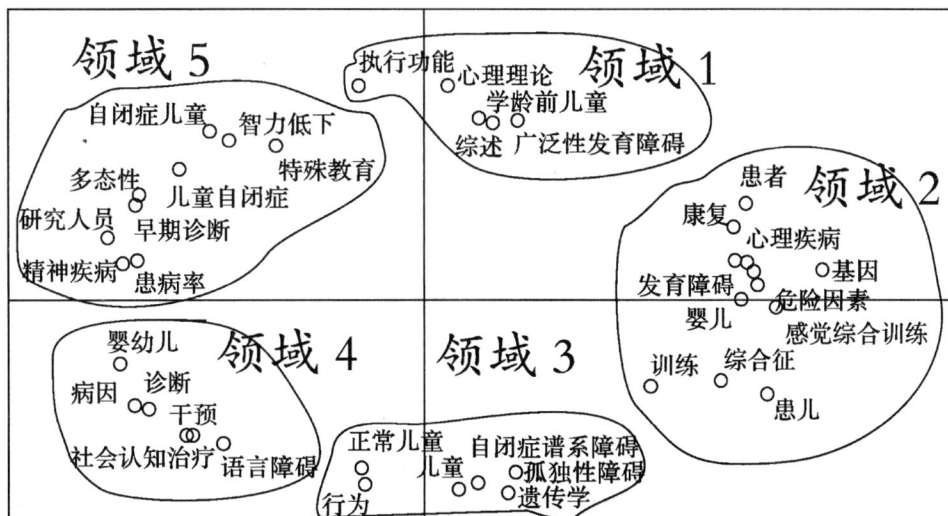

图 12-2 自闭症研究的心智图

从图 12－2 中,可以清晰地看到 796 篇文章围绕自闭症研究 5 个相应的领域展开,显示了心智图在将模糊的结构变为多维度的清晰效果方面具有较强的优势。

(4)对应性分析。

Weller 和 Rommy(1990)认为,来自框架替换工作的数据可以用对应性分析显示出来。对应性分析将行和列调整为同样的空间。比如,Kirchler(1992)分析了分别死于 1974、1980 和 1986 年的经理人的 562 份讣告。他在讣告用到的形容词中找出了 31 种描述类别,然后用对应性分析来展示,随着时间的推移,显示了这些类别是如何与这些男性和女性经理人联系起来的。图 12－3 显示,死于 1974 年和 1980 年的男性和女性经理人被他们生前的朋友和家人看作是积极、聪明、杰出、负责任和经验丰富的专家。尽管死于 1986 年的经理人仍旧受到尊重,他们更多的是被描述成企业家、观念上的领袖和决策者。对女性经理人的理解也有变化,但她们也没有变得与男性经理人更像。在 1974 年和 1980 年,女性经理人因为是好人而被记住。Kirchler 将这些数据解释为:性别模式在 20 世纪 80 年代早期发生了变化。1986 年的时候,男性和女性经理人都被看作是为成功而工作,但男性以他们丰富的知识和专业性给同事们留下了深刻的印象,而女性经理人则以动机和投入见长。

	能干的				
		开括者	可爱的 女性 1980		
	像同志的 尽责的	友善的			值得敬慕的 女性 1974
积极的	男性 1980	突出的			
有才智的	男性 1974				
富有经验的	专家	支撑的	忠诚的		
诚实					
受人尊敬的					
组织者			工作导向的		
企业家		导师	无私的		
精神	男性 1986				
观念的领导者 决策者		喜社交的 关心人的	和蔼可亲的 有远见的		
	高度负责的				
公正的	有勇气的 女性 1986				

图 12－3　根据讣告发布的年份和性别对 31 个描述类别所做的对应性分析

(二)对自由组织文本产生数据的分析

大多数定性数据都是以自由组织文本的形式出现的。一方面文本被分割成最基本的有意义的单元——单词;另一方面,只有在大段的文本中才可以找出意义。

1. 对自由文本的单词分析

对自由文本单词分析的方法主要有:上下文关键词、词语计数(word counts)、语义网络分析(semantic network analysis)和认知地图(cognitive map)等方法。

(1)上下文关键词。

上下文关键词指研究者创建出上下文中的关键词清单,在文本中找到该关键词或词组所出现的所有位置,并在其出现处标上相应的数字,产生索引(concordance)。

(2)词语计数。

词语计数适用于揭示从田野笔记到对开放式问题回答的任何题材文本中概念的组织模式(patterns of ideas)。它既不考虑词语出现的上下文,也不考虑词语是被用作肯定还是否定,这样的提炼不仅可以帮助研究者识别出重要的结构,而且还能为组群间的系统比较提供数据。

(3)语义网络分析。

语义网络分析也称结构分析,它主要致力于研究从事物的关系中显现出来的性质。1959年 Charles Osgood 创建了词语联合发生矩阵(word co-occurrence matrices),并应用因子分析和空间图(dimensional plotting)来描述词语之间的关系。词语分析和语义网络的分析优势在于:数据的处理是由计算机来做的。

(4)认知地图。

认知地图结合了人类编码者的直觉知识和语义网络分析的定量方法。Carley 和Palmquist(1992)认为:如果认知模型或图式存在,它们就被表达在人们的讲话文本之中,并能被表现为概念的网络。他声称,即使是一块非常小的文本也将包含描述模型所必需的信息,特别是严密定义的生活舞台所必需的信息。但不同编码者可能会因为不同的编码而出现不同的认知地图。因此,本土语言分析能力是使用认知地图的必要条件之一。

上述的这些技术都是将词语从自由文本出现的上下文中移开,微妙、细微的差别很可能因此而丢掉。因此,研究者还需要能够对整个文本进行分析。

2. 对自由文本的整体分析

对自由文本的整体分析方法主要有:扎根理论、图式分析、经典内容分析、内容词典、分析性归纳、人种学决策模型(ethnographic decision models,也翻译为民族志决策模型)。

(1)对自由文本整体的编码。

对自由文本整体的编码分为 4 个具体步骤,分别为:阅读原始资料;登录;寻找"本土概念";建立编码和归档系统。在实际操作时第 2 步和第 3 步有时可以同时进行,也可以有意识地将步骤 3 分出来进行重点分析。

延伸阅读 12 - 3

质的研究资料编码的步骤及注意事项

质的研究资料编码的步骤及注意事项见表 12 - 3。

表 12 - 3   质的研究资料编码的步骤及注意事项

步骤	重点注意事项
阅读原始资料	认真阅读原始资料,熟悉资料的内容,仔细琢磨其中的意义和相关关系。在对资料进行分析之前,研究者起码应该通读资料两遍,直到感觉已经对资料了如指掌,完全沉浸到了与资料的互动之中
登录	要求研究者具有敏锐的判断力、洞察力和想象力,不仅能很快抓住资料的性质和特点(尤其是隐藏在语言下的深层意义),而且能很快在不同概念和事物间建立联系
寻找"本土概念"	为了保留资料的"原汁原味",登录时应该尽量使用被研究者自己的语言作为码号,可以更加真切地表现他们的思想和情感感受
建立编码和归档系统	编码本中的码号不宜过多,应该比较集中地反映原始资料的内容。第一次登录时采用的码号不应该超过三十到四十个。编码本中的码号系统应该根据资料内容的变化以及码号本身的变化而变化

(2)标注文本。

在定性研究中,编码服务于两个截然不同的目的。作为标记符的代码是和扎根理论及图式分析相联系的,作为值的代码是和经典内容分析及内容词典相联系的。这两种类型的代码不是互相排斥的。

(3)分析文本块。

最普遍的分析整体文本的模型有:扎根理论、图式分析、经典内容分析、内容词典、分析性归纳和人种学决策模型。本教材重点介绍扎根理论,对图式分析、经典内容分析、内容词典、分析性归纳和人种学决策模型感兴趣的读者,可以阅读《定性研究(第3卷):经验资料收集与分析方法》一书的 838 - 844 页。

扎根理论属于一种描述性研究方法,它致力于发展理论以对基于现实世界的数据进行理解。扎根理论方法的最终目标是从扎根于现实的基础上引申出理论来。它通过对待解决问题相关数据的采集与诠释来发现、发展和有条件地确定理论。研究者希望这种理论能引发对研究现象的更好的理解以及对现象进行控制的想法。虽然研究者将扎根理论设计成一个精确和严格的过程(见图 12 - 3),但在此过程中创造力也是尤为重要的。Strauss 和 Corbin(1990)认为扎根理论是要"从旧秩序中创造出新秩序",即研究者要提出具有创新性的问题,并以独特的方式来阐述数据。Glazer 和 Strauss(1967)称这一过程为"持续的比较法",在比较和对比主题与概念时,询问:什么时候? 为什么? 在什么情况下这些主题会出现在文本中? 通过不断地询问最后得出新的发现。

以上关于质的研究的数据分析方法,可以用图 12 - 4 来进一步表示。从图 12 - 4 可以看出,研究者能够运用一种方法来分析不同类型的数据,也能够用多种方法来分析同一个数据。文本分析方法既可以采用量的分析方法,也可以进行质的分析方法。每种方法都各有所长,也各有所短,没有一种方法面面俱到。对文本分析的人应该打破质的研究与量的研究的边界,一定要牢记方法仅仅是工具,它们属于每一个人!

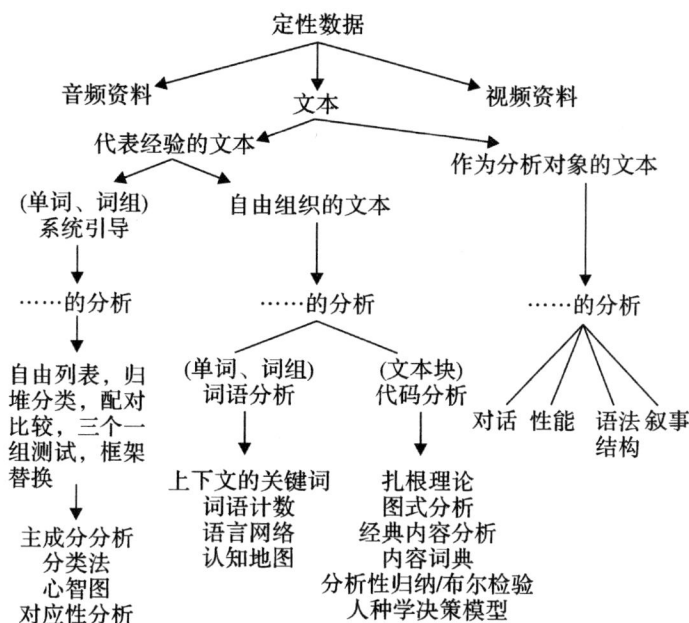

图 12 - 4 定性数据的分析方法

延伸阅读 12 - 4

扎根理论的具体步骤及内容

扎根理论的具体步骤及内容见表 12 - 4。

表 12 - 4 扎根理论的具体步骤及内容

步骤	内容
开放编码	以测验、比较概念化和分类的方式描述数据的过程
轴向编码	在开放编码后重新组织数据的过程,在概念之间形成新关系
选择编码	选择主要现象(中心类别),在其周围其他现象构成若干组(次要类别),安排分组,研究结果如有需要可重新分组
过程	行为和相互作用以序列或系列顺序发生
处理系统	分析行为和相互作用与其状态和结果成何关系
条件矩阵	帮助研究者了解所研究现象与各种条件和后果间关系的一个图表
相关研究	对两变量间关系的判断

第二节　研究结果的呈现

学前教育本科生教育研究成果呈现主要有公开发表的学术论文与撰写学位论文两种方式。

一、学术论文

(一)学术论文概述

学术论文也可称为理论性研究报告,主要指研究者针对某一问题,以一定的主线来展开,表明自己的观点、认识。内容主要以理论分析为主,主要目的是讲清道理,阐述某事物、问题的理性认识,论述的重点不仅在于说明是怎么做的,更要说明为什么这样做。要从教育理论的角度提出教改实践的理论依据以及一定的事实依据。学术论文一般要说清楚四方面问题:欲研究或解决什么问题;为什么要选择研究这个问题;如何研究和解决这个问题;这个问题解决的结果如何。

(二)学术论文的基本构成

一般学术论文由题目、作者信息、摘要、关键词、前言、正文、结论、注释和参考文献、附录等几部分组成。

1.题目

题目是学术论文内容的概括,它要向读者说明研究的主要问题,因此学术论文题目一定要简练、精确、实在、有新意,使读者一看便明了研究的问题和范围。题目一般以 10~15 字最合适,最长不要超过 20 字,如果超过了 20 字,最好添加副标题。

2.作者信息

作者信息主要包含作者姓名、单位、邮编等基本信息。如果有基金项目资助也可以通过脚注的方式进行说明。

3.摘要

摘要是研究的主要内容与结构的简介,目的是使读者通过概括简洁的文字,了解全文的主要内容和结论。摘要一般以 200 字左右较好,最长不要超过 300 字。摘要虽然在文章的前面,但却是在文章写成之后才写的。论文摘要一定要精心撰写,具有吸引力,要让读者看了论文摘要想继续浏览论文的相关内容。

4.关键词

关键词指从一篇文章中选出的学术词汇,它们要在文章中进行详细的界定或者说明。一般一篇文章中的关键词以 3~5 个为好,最多不要超过 10 个,更不要硬凑一些一般用语作为关键词。

5.前言

前言也称序言、导言,写在正文之前,用于说明写作的目的、研究的意义、问题的提出等。前言部分要简明扼要、开门见山,直截了当地阐明研究的目的和意义。

6.正文

正文指文章的主体核心结构部分。正文中,要对研究内容进行全面的阐述和论证。一般的学术论文采用两种论证方法:一是实践证明,即用作为实践结果的客观事实来检验;二是逻辑证明,即用一个或几个真实判断来论证、确定另一个判断的真实性。在写作时,要以观点为轴心贯穿全文,用材料说明观点,观点与材料统一,用观点去表现主题,使观点与主题相一致。正文写作时,一定要注意结构的严谨性、表达的简明性、语义的确切性、论点的鲜明性、论据的充分性。正文的引用要准确、规范。正文的层次不宜过多,一般论文的层次数字序号采用一、

(一)、1、(1)的形式。

7. 结论

结论指经过研究后形成的总体论点。结论应指出所得到的研究结果是否支持研究假设，或解决了哪些问题，还有什么问题尚待进一步探讨。有的论文可以不写结论，但应作简单总结，或提出若干建议。有的论文还要从理论上对研究结果的意义进行分析和评论，对研究结果做进一步的分析。同时，指出研究结果的局限性和存在问题。

8. 注释、参考文献和附录

学术论文引用别人资料时候，经常采用参考文献或者注释形式注明参考的文章、书目等。注释一般以脚注的形式呈现在引用页码的下端，参考文献则附在论文的末尾。对于研究论文采用的量表工具或者其他信息则统一以附录的形式放在参考文献之后。

有的时候，有的文章还获得了其他机构或者个人的资助或者帮助，需要添加致谢。

(三)写作学术论文中常见的问题

1. 题目中存在的问题

①题目和内容不符，文不对题；②题目的中心不突出、不鲜明，研究的问题和界限不清楚；③用词不确切、不精练。如"数学作业分类实验的研究初探"，这样的提法不妥，既是实验就不宜再用初探。如果别人已经研究很多了，再用"初探"也显得不合时宜。针对上述问题，研究者应该对文章的题目仔细斟酌，使文章的题目起到画龙点睛的作用，给人留下深刻印象。

2. 文章内容中存在的问题

①内容狭窄。许多论文只写是怎么做的，怎样具体操作的，而不写为什么要这样做、想达到的目的是什么、做法和目的之间的关系是什么等。②罗列事实，线索繁杂，没有提炼出自己的基本观点和做法。③人云亦云，缺乏新意，论文给人似曾相识之感。针对这些问题，研究者在写作过程中，一定要对材料进行精心的整理、取舍、归纳、概括和提炼，在文章内容中凸显自己研究的创新和与已有研究不一致之处。

3. 文章结构中存在的问题

①文章缺乏严密的内在逻辑联系；②整个论文标题混乱；③文字表达不够准确；④写作的格式不符合科研论文要求；等等。针对这一问题，论文撰写者应该注意：明确主题，选择相关材料；拟订提纲，形成科学合理的结构；注重语言文字的表达。

不同的杂志对于投递稿件的内容、格式以及参考文献的呈现方式等会有一定的出入，因此，为了提升稿件的命中率，投稿者一定要在投稿前，仔细阅读要投递的杂志的采稿通知(或者说明)，按照要求仔细修改论文的格式。

4. 学术论文的评价

评价一篇学术论文一般应从问题陈述、选题意义、研究方法、研究创新、分析深度、文章的结构和文字表达等方面去评价。重点是看论文所涉及的研究课题的价值和研究者是否正确地解决了研究问题，或解决问题过程是否包含着创造性，是否达到研究目的。

二、学位论文

(一)学位论文概述

学位论文是学术论文的一种形式，它指为了获得所修学位，被授予学位的人按要求所撰写的论文。学位论文在内容、格式等方面比学术论文有更为严格的要求。我国学位论文有:学士论文、硕士论文、博士论文三种。创新是学位论文的灵魂。称得上科学研究成果的学位论文,一定要有新发现(finding)、新假设或新理论。学位论文要回答三方面的问题:创新点是什么(what),要清晰表述所提出的新发现、假设和理论,界定相应概念和变量的内涵及外延;为何要提出此创新点(why),要交代创新点提出的实际和理论背景,既说服自己也让读者感到这样的创新点的确有学术和实际意义,值得费精力去研究;回答这个创新点是否成立的质疑(where true of false),提出证据和论据来支持论文的创新点。

(二)学位论文的基本构成

学位论文的基本构成包括六大部分:题目、摘要、绪论、方法、结果和讨论、参考文献。

1.题目

学位论文的选题必须具有:学术性、创新性和系统性。

(1)学术性。

学术性指学位论文的题目应当具有鲜明的专业化特征,要选取能够体现本学科较高的学术价值和研究意义的题目进行研究。学位论文选取的题目,是那些尚未得到描述、解释、评估或证明的主题,对于那些已经得到解决和常识的问题不应该作为学位论文的选题。

(2)创新性。

创新性指学位论文题目可以是独创的,也可以是基于原有研究成果的继承和发扬,但创新性应该是学位论文选题的根本。

(3)系统性。

系统性指学位论文是一个综合的工程,它是对事物某方面比较深入、全面的研究。学位论文选题必须具有较大的取材范围和较宽的研究视野。

2.摘要

(1)摘要概述。

摘要虽然是撰写者在学位论文正文完成后才开始写的,但读者却是首先阅读摘要。因此,摘要应有单独的可读性,要开门见山地清晰地告诉阅读者论文的创新点及其价值所在,吸引住阅读者,产生良好的第一印象。学位论文的摘要是一篇论文的微型版本,供读者粗略判断其价值,因此,摘要必须用最精炼、浓缩的语言,简短扼要。一般学位论文的摘要800字已足够。

(2)摘要的组成部分。

一般学术论文摘要包含三个组成部分:问题说明、创新点和论证途径的说明。

①问题说明。

问题说明要指明论文要解决的问题,问题界定要清晰,令读者意识到此问题的价值所在。

②创新点。

创新点应占摘要大部分篇幅,以重点阐述研究工作与众不同的新发现为主。

③论证途径的说明。

论证途径的说明主要说明作者在论证方法和技术上有改进和创新之处。

(3)摘要写作中易出现的问题。

①引导性和支持性的解释过多。

所谓引导性、支持性的解释主要包括:研究历史回顾、文献综述、概念和名词解释、图表和文献索引,这些一般都不应放入摘要。除此之外,正文和摘要中都不能出现"销售论调"(sale pitch)。如作者自己写"本文有重大的理论和实用价值""本文分析中肯""本文无疑作出了重要贡献"等，这是学术论文很忌讳的事情。此外，摘要中使用"首先提出……""独创"之类的语言要特别慎重。

②归纳论文的创新点时，只说"做了"或"研究了"什么，而不说"做出了""研究出了"什么。"做了""研究了"只表明在哪些方面做研究，而评阅者和读者所关心的作者在这些方面作出了什么贡献却看不出来。所以，创新点的表述要反映出研究工作的结果。

3. 绪论

(1)绪论概述。

学位论文首先都要点题，常以"问题提出"或"绪论"为标题，目的是为了阐明问题。

(2)绪论包含的内容。

一般绪论部分包含三部分：问题的提出及其背景；文献综述；假设表述。有时还加上关键术语界定内容。

①问题提出及背景。

问题提出及背景是对问题的实际背景和价值做出说明。问题阐明的好，可引发读者的兴趣并进一步读下去。学位论文首先要提出本论文研究的问题。提出的问题要明确，主题只能有一个，贯穿于论文始终，切忌贪大求全，目标多样。学位论文的问题提倡"小题目，大文章"。学位论文的问题明确意味着聚焦于若干关键概念，并将围绕这些关键概念进行研究工作。作为学位论文的研究，不仅需要明确问题，提出假设，进行论证，不断深入，还需要登高望远，把握总体，发现本领域中的关键问题。如果读者看过问题提出及背景后，觉得作者提的问题清晰而且有实际意义，感到问题提得很中肯和巧妙，原来也模糊地意识到却没有像作者这样明确提出来，并急着要看下去，这就是作者点题的成功。

②文献综述。

a. 文献综述概述。

文献综述是对研究问题理论背景和价值的阐明，用来引出论文的主题。文献综述是分析和描述前人在此研究领域已经做了哪些工作，进展到何种程度，描绘本文攀登高峰的起点。文献综述部分反映了作者研究工作的基本功和文献阅读量。是否找到研究问题的关键文献，是否抓准文献的要点，评述是否切中要害，是否有独到见解，等等，都可以从综述部分看得出来。因此，综述不仅要围绕论文研究创新点来进行，而且还要学习前人的成果，为自己的论文服务。综述部分是"依仗别人，抬高自己"，把"前人肩膀"弄清楚，然后作为依托来凸显自己。

b. 文献综述的文章选取标准。

第一，撰写文献综述时，心中一定要明确本论文的主题和假设所在，围绕主题和假设来筛选文献，从远而近，先谈关系最弱的文献，最后谈关系最密切的文献，从学术角度说明自己提出主题和假设的缘由。

第二，综述部分所用的文献，应主要选自学术期刊或学术会议的文章。一则这些文章反映研究最近成果，一则这些文章是按学术论文规范撰写，有论证，可以作为引用的根据。教科书或其他书籍，一般介绍比较成熟的知识，也可引用，但在文献目录中所占比重，只是小部分。至于大众传播媒介如报纸、广播、通俗杂志中的文章，一些数据、事实可以引用，但其中的观点不能作为论证问题的依据。

c. 撰写文献综述的三忌。

一忌讲义式,未能将论文的主题和假设作为主线来筛选和评述文献,而是教科书式地将与研究课题有关的理论和学派简要地陈述一遍,以致综述部分反映不出论文的特色,同一领域的文献综述似乎可以在多篇博士论文中相互套用。二忌主观设置"靶子"。千万不能贬低人家抬高自己,要如实地描述前人已作出的贡献,特别是批评前人的不足或错误时更要慎重,一定要读懂和引用被批评者的原文,不能从二手甚至几手材料来判定原作者的"错误"。三忌含糊不清。采用了文献中的观点和内容却不注明来源,模型、图表、数据不注出处。这样,实际上"吃亏"的还是作者。学术论文的评阅者一般能够看出有些观点和内容并非出自作者,但论文又未交代清楚哪些工作属于作者,哪些属于前人,评阅者难以明确判断作者的贡献,即使作者有重要创新,评语中也只能留有余地,没有把握写出充分高的评价。

③假设的表述。

a.假设的表述概述。

假设表述这部分篇幅不大,只是陈述假说,或者说表达本文的创新点,在全文中起到承上启下提纲挈领的作用。它既是对实际问题观察思考和纵览前人研究工作的结果,又是本论文随后论证工作的起点和目标。阐明问题部分可简括为以下几项任务:第一,告诉读者本文研究什么,描述所要研究的具体问题。第二,描述与研究问题相关的实际和理论背景,告诉读者这个问题的研究价值所在。第三,提出作者对所研究问题的主观答案,即陈述本文提出的假设。论文后续部分便是论证和验证这些假设,假设表述合理的话,应该清晰地表达主观预定的变量之间的关系。这些假设必须符合可检验、验证的要求。提出和验证一项假设或理论以后,别人有兴趣去做后续研究工作,这才显示其真正的理论意义。

b.主题和假设树。

主题和假设树是一篇学位论文写作的纲领。主题是一篇学位论文或一项研究中对主要研究问题的主观答案。"主题先行"指写作学位论文前要先构造好假设树,就像临床医生要考虑提出什么问题做什么化验检查,科学研究人员则要考虑收集什么数据等。取得各种证据以加强或削弱某种论点存在的可能性,这是探索性推断过程。学位论文中,提出的假设是为了进一步收集数据和证据去验证它。作为一篇论文的写作纲领,假设的表述显得十分重要。

c.假设表述存在的问题。

学位论文写作中,研究者形成假设的初期,所提出的概念往往比较抽象难以直接验证,须进一步对这些概念赋予操作性定义。一旦具有操作性定义,这些概念就可以观测赋值,称作变量。最终,假设还要表述为变量和变量间关联的形式。假设陈述是否具体、清晰到变量的层次,可以从两方面来判断。第一,是否能据以收集数据和证据进行验证。第二,是否能定量分析。定量的概念,理解不能太窄,数学模型求解和优化计算固然是定量分析,聚类分析以及优先顺序排列等也是定量分析。

4.方法

(1)概述。

方法部分要详细描述论证和验证过程,使读者可以根据论文描述的方法,独立地重复此项论证和验证工作。方法部分中研究者应和读者共享研究过程中的经验,并帮助读者在今后进一步研究和应用中避免走弯路。

(2)包含的主要内容。

方法部分包括三项主要内容的描述:研究主体、论证框架及步骤和数据分析。

①研究主体。

教育研究主体包括主体本身的特征以及主体所处的总体结构。研究主体中对样本设计应该重点交代,交代清楚抽样总体、抽样方法和样本规模。

②论证框架及步骤。

论证过程一定要围绕绪论中提出的假设来组织。论证过程好似要画活这株假设树,主题是树干,假设是主要支干,一定要描绘清楚,其他一些次要树枝和树叶,只是必要时才描绘它。有些论文研究的主题本身就是支干,这种情况下,应着重描绘这个树枝。论文中论证过程要从评阅者和读者的视角来选择评阅者关心的内容进行表述。论证过程以主题、假设为纲领,支持论点和论据的材料就用,不支持或支持程度弱的材料就不用。论证过程要围绕"阐明问题"阶段所提出的假设树来组织,论证框架设计首先要设定假设树基层假设的变量间关系。假设表述以后,便要交代收集数据和验证假设的方法和手段,让读者对验证方法的思路及总体安排心中有数并且放心。

③数据分析。

数据的收集、整理、分析和结果的解释应前后呼应,逻辑上构成整体。数据的表达应能满足读者重新计算和验算的要求。图表和论文文字部分要形成整体,尽量和文字部分接近。对于每个图表,文字部分都要有此图表目的和作用的解释,并对图表内容给予说明和评述。表格是为了显示数据形式的证据,表格中各行列数字通常应包括统计特征值如平均数、均方差,必要时还包括 t 或 F 等统计检验结果。图形常用来表示变量间关系。表格和图形要避免零乱,让读者能直观地了解其含义。图表都要标号,正文提及时可用"图 X"等字眼,而不说见下表或次页等。

5. 结果和讨论

结果及讨论都在结论部分来写,主要阐明假设验证结果(即论文的主要创新)。结论部分的结果和讨论最好分开表达,结果用来"中性"地叙述验证和论证结果,讨论用来表达学位论文作者对结果具有的理论和实际价值的看法。结果部分最好开门见山地列举本文的主要创新点,该创新点应和摘要部分的创新点前后一致,但可将分析结果和重要的输出图表列举出来,方法上的新意和特点也可写出来。1 篇学位论文结果部分列出的创新点有 3～4 个就很不错,分量重的话 1 个就够了。分析和讨论也经常放在一起,但分析要围绕研究者的假设展开,描述新发现取得的过程。分析过程的描述应该摆事实、数据和论据,强调叙述过程的客观和科学性。至于研究者对此结果的看法和议论,则体现在讨论部分。讨论部分包括分析结果的理论和实际意义。应该警惕从结果引申出结论时犯"过度引申"错误。要用分析结果的实际内容来说话,不要抽象地使用"重大突破""重大创新"之类的言辞。即使真的取得理论上的突破,只要将突破处描述清楚即可。结论最后还须结合本论文工作实践,特别是存在的缺陷和不足,提出进一步研究的设想和建议。评阅者阅读结论后,脑海中如能对该论文的创新点形成印象,并初步认为创新点明确、适当和有价值的话,表明结论撰写成功。

6. 参考文献

参考文献部分应列出所有在论文写作过程中引用到的文献。参考文献大部分在问题提出和文献综述中引用。论文引用文献和参考文献清单内容要完全匹配。参考文献的构成中,学术期刊和学术会议论文应占大多数,书籍占少数,因为论文出版周期较快,能够比书籍更好地反映研究前沿。如果参考文献的清单太长,可以分"论文""书籍"等分类列出。没有参考文献的论文不能算作学术论文。

除此之外,学位论文有时需要附录。附录指那些重要性还不足以放入正文内,或者占用篇幅太长和正文其他内容不相称的资料。附录通常有原始数据、数据分析、计算过程、程序等。问卷设计的构思可写在正文中,而设计出的问卷、卷首信、必要时可放在附录中。

(三)学位论文的评价

评价学位论文的价值大小,主要通过下面5个方面的标准来衡量:

(1)论文有没有研究者自己的实际工作和贡献。

(2)论文有哪几个创新点,这几个创新点是否成立。

(3)这些创新点的分量如何。

(4)这些创新点的论据是否充分,方法及其应用是否科学、正确。

(5)论文作者文献综述中的见解和专业知识运用的水平及写作能力。

延伸阅读 12-5

学位论文答辩的 3 点技术注意事项

首先,要分析听众的心理。答辩委员想在最短时间内听到最精华的内容来判断论文是否合格。因此,能用越短的时间表述取得答辩委员的首肯,表明讲述越成功。

其次,根据答辩委员的需求取材和组织讲稿。答辩会上介绍论文内容时间有限,因此答辩者要对论文文本重组,让答辩委员认同和赞许论文中的创新工作及其价值。要制作课件,但答辩会上不要照本宣读,屏幕显示一个提纲,必要时再显示口头难以表达的图、表或数学模型即可。应该重点围绕创新点来讲,应该讲得理直气壮、头头是道。

第三,答辩委员对论文提问主要是考察学位论文写作者的独立思考和判断能力,碰到即席提问后不要匆忙地去回答许多言不及义的话,回答问题要体现自己的水平,回答内容重在准确、中肯,三言两语回答在点子上最好。有时真的碰到不会回答的问题,实事求是最为重要,工作做得不够或考虑不周,谁的论文都会有,无妨如实说明。

本章概念

描述统计;推断统计;集中量数;离中量数;相关系数;总体参数估计;假设检验;Z 检验;t 检验;F 检验;卡方(χ^2)检验;系统引导的方法;自由列表;归堆分类;三个一组的测试;主成分分析;分类法;心智图;对应性分析;上下文关键词;词语计数;语义网络分析;认知地图;扎根理论;学术论文;学位论文。

推荐进一步阅读文献

[1] 李方.论教育论文评价的标准[J].教育理论与实践,2004(1).

[2] (美)拉尔夫·罗斯诺,米米·罗斯诺.心理学论文写作:基于 APA 格式的指导手册[M].刘文,译.重庆:重庆大学出版社,2010.

[3] 解腊梅,梁建梅.中小学教师怎样进行课题研究(十):教育科研成果的表达[J].教育理论与实践,2008(10).

［4］杨文. 幼儿教师撰写教育科研论文应注意的几个问题［J］. 学前教育研究, 2009(6).

［5］郭文斌, 周念丽, 方俊明. 我国学前教育研究热点知识图谱［J］. 学前教育研究, 2014(1).

［6］郭文斌, 周念丽, 方俊明, 刘一. ASD 儿童社会认知事件图式特征分析［J］. 学前教育研究, 2012(9).

问答题

1. 什么是描述统计? 它有哪些具体方法?

2. 什么是推断统计? 它有哪些具体方法?

3. 学术论文由哪些部分构成? 各部分撰写时有哪些要求?

4. 学位论文由哪些部分构成? 各部分撰写时有哪些要求?

操作训练

选择 1 篇学术论文或者学位论文并结合本章内容对其进行评价, 如存在问题则指出并予以修改。

参考文献

[1] 张燕,邢利娅.学前教育科学研究方法[M].北京:北京师范大学出版社,2014.

[2] 王等等.值得思考的几个教育现象[J].当代教育论坛,2004(11).

[3] 中央教育科学研究所教育理论研究中心.我国当前十大教育热点问题[J].基础教育参考,2011(9).

[4] 刘晓晓,莫书亮,王红敏,田莉,刘玉平.3～5岁儿童的分享行为与心理理论和所有权认知的关系[J].学前教育研究,2013(1).

[5] 徐雨虹.新制度经济学视角下的我国学前教育投资制度研究[D].上海:华东师范大学,2007.

[6] 郭文斌,周念丽,方俊明.我国学前教育研究热点知识图谱[J].学前教育研究,2014(01).

[7] 王文婧.幼儿问题行为与同伴接纳的关系及干预研究[D].石家庄:河北师范大学,2010.

[8] 王彤音.5～6岁幼儿助人行为的认知研究[D].武汉:华中师范大学,2014.

[9] 李丽.5～6岁幼儿区域互动中同伴互动行为的研究[D].武汉:华中师范大学,2011.

[10] 陈建锋.N市两园大班幼儿手机使用情况调查研究[D].南京:南京师范大学,2015.

[11] 贾蕾.儿童社会观点采择与分享行为的关系研究[D].天津:天津师范大学,2004.

[12] 刘晓晓,莫书亮,王红敏,等.3～5岁儿童的分享行为与心理理论和所有权认知的关系[J].学前教育研究,2013(1).

[13] 薛媛媛.中班幼儿同伴冲突研究——以区域活动为观察场域[D].长春:东北师范大学,2014.

[14] 沟伟伟.幼儿园户外活动安全隐患及预防对策研究[D].西安:陕西师范大学,2016.

[15] 李晶晶.5～6岁幼儿家庭读写环境与其早期阅读能力的相关研究[D].天津:天津师范大学,2010.

[16] 陈建锋.N市两园大班幼儿手机使用情况调查研究[D].南京:南京师范大学,2015.

[17] 皮悦明.学前儿童社会网络及其特点研究[D].西安:陕西师范大学,2016.

[18] 刘秀丽,车文博.学前儿童欺骗及欺骗策略的发展研究[J].心理发展与教育,2006(4).

[19] 牛婉羽.3～6岁幼儿分享行为与家庭教养方式的实验研究[D].西安:陕西师范大学,2016.

[20] 陈伙平,王东宇,丁革民,等.教育科学研究方法[M].福州:福建教育出版社,2014.

[21] 裴娣娜.研究方法导论[M].合肥:安微教育出版社,2016.

[22] 陶保平,钱琴珍.学前教育科研方法[M].上海:华东师范大学出版社,2014.

[23] 杨世诚.学前教育科研方法[M].北京:科学出版社,2007.

[24] 王琼.时间取样观察法在幼儿园的运用[J].齐齐哈尔师范高等专科学校学报,2013(2).

[25] 杨世诚.学前教育科研方法[M].北京:科学出版社,2007.

[26] 张金梅.对美国一所托幼中心全日班一日活动的观察与反思[J].学前教育研究,2008(3).

[27] 华国栋.教育研究方法[M].南京:南京大学出版社,2005.

［28］田学红.教育科学研究方法指导［M］.杭州:浙江大学出版社,2006.

［29］梁永平,张奎明.教育研究方法［M］.济南:山东人民出版社,2008.

［30］养晓萍.教育科学研究方法［M］.重庆:西南师范大学出版社,2006.

［31］温忠麟.教育研究方法基础［M］.北京:高等教育出版社,2009.

［32］刘晶波.学前教育研究方法［M］.北京:人民教育出版社,2006.

［33］王坚红.学前儿童发展与教育科学研究方法［M］.北京:人民教育出版社,2006.

［34］叶澜.教育研究方法论初探［M］.上海:上海教育出版社,2014.

［35］(美)芭芭拉·M·纽曼,菲利普·R·纽曼.发展心理学［M］.西安:陕西师范大学出版社,2005.

［36］威廉·维尔斯曼.教育研究方法导论［M］.北京:教育科学出版社,1997.

［37］(美)R. L. Solso,M. K. Maclin.实验心理学——通过实例入门［M］.7 版.北京:中国轻工业出版社,2004.

［38］温忠麟.教育研究方法基础［M］.北京:高等教育出版社,2004.

［39］余嘉元.教育与心理测量［M］.南京:江苏教育出版社,1987.

［40］陈帼眉.学前儿童发展与教育评价手册［M］.北京:北京师范大学出版社,1994.

［41］张宝臣.学前教育科学研究方法［M］.上海:复旦大学出版社,2009.

［42］竺培梁.韦克斯勒智力量表最新版本评介［J］.上海师范大学学报(哲学社会科学),2001(3).

［43］陈中永.瑞文测验评介［J］.应用心理学,1985(1).

［44］王雪萍,吴剑波,敖慧斌.画人智力测验研究概述［J］.赣南医学院学报,2003(5).

［45］彭聃龄.普通心理学［M］.北京:北京师范大学出版社,2012.

［46］程丽英.苗苗为什么不受欢迎——对一个被忽视幼儿的个案研究［J］.山东教育,2008(18).

［47］刘电芝.教育与心理研究方法［M］.重庆:西南师范大学出版社,1998.

［48］陈向明.教师如何做质的研究［M］.北京:教育科学出版社,2001.

［49］李咏吟.个案研究［M］.台北:五南图书出版公司,1987.

［50］应国瑞.案例学习研究——设计与方法［M］.张梦中,译.广州:中山大学出版社,2003.

［51］杨丽珠.教育科学研究方法［M］.大连:辽宁师范大学出版社,1995.

［52］吴靖,陈金赞.实用教育科研指南——方法与案例［M］.北京:文化艺术出版社,1992.

［53］周家骥.教育科研方法［M］.上海:上海教育出版社,1999.

［54］刘文霞.教育科学研究方法［M］.呼和浩特:内蒙古大学出版社,1993.

［55］钟以俊,龙文祥.教育科学研究方法［M］.合肥:安徽大学出版社,1997.

［56］张景焕,陈月茹,郭玉峰.教育科学方法论［M］.济南:山东人民出版社,2000.

［57］谢春风,时俊卿.新课程下的教育研究方法与策略［M］.北京:首都师范大学出版社,2004.

［58］郑金洲,陶保平,孔企平.学校教育研究方法［M］.北京:教育科学出版社,2003.

［59］孙菊如,周新雅.学校教育科研［M］.北京:北京大学出版社,2007.

［60］陈时见.教育研究方法［M］.北京:高等教育出版社,2006.

［61］王景.教育叙事研究的内涵与特点及局限性［J］.继续教育研究,2009(3).

［62］丁钢.教育经验的理论方式［J］.教育研究,2003(2).

［63］王枬.教育叙事研究的兴起、推广及争辩［J］.教育研究,2006(10).

[64] 陈德云.教师的实践性反思与叙事研究[J].全球教育展望,2002,(11).

[65] 玉华.教师职业"叙事研究"素描[J].教育理论与实践,2003(6).

[66] 苗洪霞,徐瑞.教育叙事研究的理想追求与现实困境[J].教育发展研究,2007(9).

[67] 钟铧.教育叙事研究报告的格式与撰写[J].重庆高教研究,2016(3).

[68] 傅敏,田慧生.教育叙事研究:本质、特征与方法[J].教育研究,2008(5).

[69] 刘良华.教师如何做教育叙事研究[J].中国教师 2009(9).

[70] 王琦玉.刍议教育叙事与学前教育研究[J].西北成人教育学报 2008(2).

[71] 徐勤玲.国内教育叙事研究的问题、原因及对策[J].教育导刊,2006(9).

[72] 贾飞.国外叙事研究应用及进展[J].无锡职业技术学院学报,2008(1).

[73] 马文华,孙爱琴.浅议教育叙事研究方法与学前教育研究[J].教育教学研究,2014(20).

[74] 周卫蔚.研究生学历的幼儿教师专业生活的叙事研究[D].长沙:湖南师范大学,2015.

[75] 段宇鹰.一位幼儿教师的随机教育叙事研究[D].哈尔滨:哈尔滨师范大学,2016.

[76] 华国栋.教育研究方法[M].南京:南京师范大学出版社,2013.

[77] 胡中锋.教育研究方法[M].北京:清华大学出版社,2011.

[78] 赵新云.教育科学研究方法[M].北京:中国人民大学出版社,2009.

[79] 杨影.蒙台梭利课程本土化的个案研究——基于 Z 幼儿园的蒙台梭利教育实践[D].长春:东北师范大学,2015.

[80] 李方.论教育论文评价的标准[J].教育理论与实践,2004,24(1).

[81] 李怀祖.管理研究方法论[M].西安:西安交通大学出版社,2004.

[82] 董奇.心理与教育研究方法[M].北京:北京师范大学出版社,2004.

[83] 莫雷,温忠麟,陈彩琦.心理学研究方法[M].广州:广东高等教育出版社,2007.

[84] (美国)诺曼·K·邓津,伊冯娜·S·林.肯定性研究(第 3 卷):经验资料收集与分析方法[M].风笑天,等,译.重庆:重庆大学出版社,2007.

[85] (美)Randolph A. Smith,Stephen F. Davis.实验心理学教程:勘破心理世界的侦探[M].郭秀艳,等,译.北京:中国轻工业出版社,2006.

[86] 解腊梅,梁建梅.中小学教师怎样进行课题研究(十):教育科研成果的表达[J].教育理论与实践,2008(10).

[87] 李方.现代教育研究方法[M].广州:广东高等教育出版社,2004.

图书在版编目(CIP)数据

学前教育研究方法/陈秋珠,郭文斌编著.—西安:
西安交通大学出版社,2017.6(2022.7 重印)
ISBN 978 - 7 - 5605 - 9766 - 9

Ⅰ.①学… Ⅱ.①陈… ②郭… Ⅲ.①学前教育-研究
方法 Ⅳ. ①G610 - 3

中国版本图书馆 CIP 数据核字(2017)第 144509 号

书　　名	学前教育研究方法	
编　　著	陈秋珠　郭文斌	
责任编辑	王建洪	

出版发行	西安交通大学出版社	
	(西安市兴庆南路 1 号　邮政编码 710048)	
网　　址	http://www.xjtupress.com	
电　　话	(029)82668357　82667874(市场营销中心)	
	(029)82668315(总编办)	
传　　真	(029)82668280	
印　　刷	陕西金德佳印务有限公司	

开　　本	787mm×1092mm　1/16	印张 14.5	字数 346 千字
版次印次	2017 年 8 月第 1 版　　2022 年 7 月第 4 次印刷
书　　号	ISBN 978 - 7 - 5605 - 9766 - 9
定　　价	34.80 元